LA INTELIGENCIA ARTIFICIAL O EL DESAFÍO DEL SIGLO

Anatomía de un antihumanismo radical

Sadin, Éric
La inteligencia artificial o el desafío del siglo: anatomía de un antihumanismo radical
1a ed. 3 reimp. - Ciudad de Buenos Aires: Caja Negra, 2023
328 p.; 20 x 13 cm. - (Futuros próximos; 31)

Traducción de Margarita Martínez
ISBN 978-987-1622-86-3

1. Tecnologías. 2. Inteligencia Artificial. 3. Ensayo Político
I. Martínez, Margarita, trad. II. Título
CDD 306.46

Título original: *L'intelligence artificielle ou l'enjeu du siècle. Anatomie d'un antihumanisme radical*

Cet ouvrage a bénéficié du soutien des Programmes d'aide à la publication de l'Institut français.
Esta obra cuenta con el apoyo de los Programas de ayuda a la publicación del Institut français.

Caja Negra Editora

Buenos Aires / Argentina
info@cajanegraeditora.com.ar
www.cajanegraeditora.com.ar

Dirección Editorial:
Diego Esteras / Ezequiel Fanego
Producción: Malena Rey
Asistente Editorial: Sofía Stel
Diseño de colección: Consuelo Parga
Maquetación: Tomás Fadel
Corrección: María Ragonese

ÉRIC SADIN

LA INTELIGENCIA ARTIFICIAL O EL DESAFÍO DEL SIGLO

Anatomía de un antihumanismo radical

Traducción / Margarita Martínez

CAJA NEGRA 03
FUTUROS PRÓXIMOS

ÍNDICE

A Élise

INTRODUCCIÓN

EL SUPERYÓ DEL SIGLO XXI

Podría llamarse Audrey, Kaylee, Jasmine o Kimiko. Tendría aproximadamente cuarenta años, dos hijas cursando el colegio secundario y estaría divorciada según un régimen de tenencia compartida. Viviría en una ciudad francesa promedio, una capital del norte de Europa, o en Johannesburgo, Chicago, o alguna metrópolis asiática. Durante unos diez años habría ocupado un cargo como asesora financiera dentro de un grupo bancario internacional. La reducción de los empleados por la presión de la competencia y la racionalización en aumento de los métodos gerenciales habría llevado al departamento de recursos humanos a despedirla pese a sus servicios leales y sus excelentes informes de desempeño anuales. Hasta ahí, habría gozado de un tren de vida confortable que le hubiera permitido, gracias a un préstamo, comprarse un departamento de dos habitaciones en las afueras, aunque cerca del núcleo urbano, privilegiar una alimentación sana, salir cada tanto con sus hijas o con sus amigos y regalarse todos los años algunas semanas de vacaciones junto al mar.

Pero desde que la despiden, su vida cotidiana se vuelve más austera. Envía decenas de currículums, recibe numerosas cartas alabando sus competencias pero señalando que no corresponde con exactitud al perfil que se busca. Comienza a sentir dudas sobre su futuro profesional, sobre su capacidad para asumir cargas. La va invadiendo insidiosamente una depresión latente.

Pero sabemos que después de la crudeza del invierno llega el radiante florecer de la primavera. Un buen día, recibe un mensaje de texto que le indica que tiene una entrevista de trabajo para el día siguiente. A pesar de su nerviosismo, se prepara del mejor modo posible, se preocupa por repasar y luego sintetizar aquellos puntos que juzga primordiales. Desde que se despierta, se prepara minuciosamente asesorada por su hija mayor, que entiende de estilos en el vestir. Dos mujeres y un hombre la reciben con cordialidad. El puesto tiene que ver con la venta de contratos de seguros de vida a particulares. Se le formulan varias preguntas, principalmente de orden técnico. Quizás a veces muestra dudas o se toma algo de tiempo para responder, pero sus palabras siempre son sensatas y apropiadas. Un súbito rayo de sol ilumina su rostro, revelando una expresión afable. Una vez terminada la conversación, le avisan que próximamente se comunicarán con ella. Inmediatamente después, discuten su caso. Dos personas consideran que parecía invisibilizada, o que manifestaba una reserva quizás perjudicial. La tercera argumenta que esos rasgos serían molestos si sus palabras hubieran sido inconsecuentes, pero pasó exactamente lo contrario. Esa persona piensa que lo que observaron es un signo de escucha y de apertura a los otros, y que eso es lo que se está pidiendo hoy en día, es decir, saber sostener una relación con los potenciales clientes construida con autenticidad y empatía; además, su trayectoria juega a su favor. Finalmente, se aprueba su postulación. Festeja la feliz noticia en familia, en un restaurante de su barrio que les gustaba frecuentar. Todos celebran con alegría ese momento de renovación.

Seguimos hablando de ella. Tomamos el mismo caso de referencia, pero los hechos tienen lugar mucho más recientemente, o quizás mañana mismo. Esta vez la mujer ya no se molesta en enviar cartas de postulación: su asistente digital, que la conoce mucho mejor, se ocupa de dialogar con distintos agentes conversacionales y transmiten, a demanda, todo tipo de información relativa a su protegida. En un momento dado, ve una notificación que le sugiere conectarse sin demora a la plataforma Pymetrics. En la página de acceso, distingue un panel donde hay doce juegos en los que debe participar sucesivamente. En uno, por ejemplo, hay que tocar la pantalla cuando aparece una bola roja sobre la imagen; en otro, hay que desplazarse por medio del índice a lo largo de un laberinto; en otro hay que clasificar cartas de la baraja según reglas que hay que decodificar intuitivamente. Una vez cumplidas todas las tareas asignadas, aparece un mensaje: "Nuestros ejercicios fueron elaborados en base a estudios de la ciencia del comportamiento unánimemente reconocidos. Nos permiten recolectar, en tiempo real, cientos de miles de millones de datos que miden objetivamente noventa rasgos de su personalidad, tales como la creatividad, la adaptabilidad, la reactividad, la flexibilidad, los niveles de atención, la perseverancia o las capacidades de decisión. Estos test, que surgen de nuestra cultura de la innovación permanente, hacen posible una selección eficaz, predictiva, no sesgada, y perfectamente ajustada. Con su puntaje, tenemos el placer de anunciarle que usted ha sido seleccionada para pasar al siguiente nivel de la evaluación".

Ve la imagen digital de un pingüino que le sonríe de oreja a oreja y le declara, con una voz cuasi infantil, que se llama Recrutello. El pingüino le pregunta por sus gustos, sus hobbies, sus aspiraciones, hasta algunos de sus sueños más íntimos. Le pide que deletree rápidamente y sin confundirse todas las letras del alfabeto, que cante una melodía de su elección, y finalmente que use todo su poder de seducción para incitarlo a un encuentro inmediato usando las palabras justas y dirigiendo su mirada más cautivante al visor de su *smartphone*. El intercambio se interrumpe de repente y aparece una leyenda donde se le agradece su disponibilidad. Se cierra de modo entusiasta: "Buscamos la más perfecta concordancia en todo". Se siente muy desconcertada: nunca tuvo que adaptarse a semejante formato. Algunos instantes más tarde, le envían un informe de la evaluación: "Luego de su presentación en esta conversación aumentada, lamentamos informarle que, pese al alto grado de compromiso y sus innegables capacidades proactivas, no quedó seleccionada porque no la consideramos compatible con Recrutello. Su sensibilidad demasiado acentuada le impediría responder con la determinación requerida a los objetivos operacionales que se definen día a día en los *war rooms* matinales, y le imposibilitaría integrarse plenamente a la *task force* que opera en el lugar. Le aconsejamos trabajar sobre la neutralización de sus inclinaciones expresivas". Una lágrima de tristeza resbala de sus ojos mientras recibe una propuesta de una empresa *start-up* que le ofrece un mes de abono gratuito para utilizar un *coach* virtual especializado en mejorar las competencias emocionales.

LA EMERGENCIA DE UNA *ALETHEIA* ALGORÍTMICA

Hay un fenómeno destinado a revolucionar de un extremo a otro nuestras existencias. Se cristalizó hace muy poco tiempo, apenas una década. Sin embargo, nos cuesta apresarlo del todo, como si estuviéramos todavía pasmados por su carácter repentino y su potencia de deflagración.

Comentamos en todo momento algunas de sus consecuencias posibles, generalmente las que movilizan la parte más emotiva de nosotros mismos, pero sin buscar identificar nunca su causa, como deberíamos hacerlo, para captarla en sus encadenamientos sucesivos dentro de una perspectiva global. Podemos, sin embargo, identificar su origen: se trata de *un cambio de estatuto de las tecnologías digitales*. Más exactamente, del cambio de estatuto de una de sus ramificaciones, la más sofisticada de todas, que se ocupa de una función que hasta ahora nunca habíamos pensado atribuirle, y no solamente porque no formaba parte de nuestro imaginario, sino porque existían límites formales para hacerlo. De ahora en adelante ciertos sistemas computacionales están dotados –nosotros los hemos dotado– de una singular y perturbadora vocación: la de *enunciar la verdad*, al igual que los métodos de evaluación a los que se veía confrontada esta mujer con vistas a una eventual contratación, y que serían capaces, de acuerdo con una multiplicidad de criterios, de determinar si su perfil corresponde o no al puesto buscado. O como un asistente digital personal que estaría calificado para aconsejar un régimen alimentario que se supone más adaptado, o como un sistema de diagnóstico dermatológico concebido para detectar un tumor de piel, o como un procedimiento de vigilancia policial destinado a prevenir la inminencia de un peligro en una zona ya identificada.

De ahora en adelante, la carga conferida a lo digital no consiste solamente en permitir el almacenamiento, la indexación y la manipulación más sencilla de corpus cifrados, textuales, sonoros o icónicos con vistas a diferentes finalidades, sino en divulgar de modo automatizado el tenor de situaciones de toda índole. Lo digital se erige como una potencia *aletheica*, una instancia consagrada a exponer la *aletheia*, la *verdad*, en el sentido en que la definía la filosofía griega antigua, que la entendía como develamiento, como la manifestación de la realidad de los fenómenos más allá de sus apariencias. Lo digital se erige como un órgano habilitado para peritar lo real de modo más fiable que nosotros mismos, así como para revelarnos dimensiones hasta ahora ocultas a nuestra conciencia. Y en esto asume la forma de un *tecno-logos*, una entidad *artefactual* dotada del poder de enunciar, siempre con más precisión y sin demora alguna, el supuesto estado de las cosas. Podríamos afirmar que entramos en el estadio consumado de la tecno*logía*, que ya no designa un discurso que versa *sobre* la técnica sino un término que se haría acto por su facultad de proferir el verbo, el *logos*, pero con la única finalidad de garantizar lo verdadero. Este poder constituye la primera característica de lo que se llama "inteligencia artificial" y determina, en consecuencia, todas las funciones que le son asignadas.

El otorgamiento de esta facultad no proviene de una conjunción azarosa o de una serie de acontecimientos no premeditada. Por el contrario, fue condicionado por un factor determinante: una amplia parte de las ciencias algorítmicas toma de ahora en adelante *un camino resueltamente antropomórfico* que busca atribuir a los procesadores cualidades humanas, prioritariamente aquellas de poder evaluar situaciones y sacar conclusiones de ellas. Ningún artefacto, en el transcurso de la historia, fue resultado de una voluntad de reproducir de modo idéntico nuestras aptitudes, sino que más bien lo que se trató de hacer con ellos fue paliar nuestros límites corporales con la finalidad de elaborar dispositivos dotados de una mayor potencia física que la nuestra. Ninguno procedía de un calco escrupulosamente mimético de nosotros mismos sino de una dimensión protésica cuya intención era asumir las insuficiencias de nuestra condición, mientras que algunos otros también se basaron en referentes naturales o en principios teóricos. Lo que hoy hace específicas a un número creciente de arquitecturas computacionales es que sus modelos son el cerebro humano, que suponemos que encarna una forma organizacional y sistémica perfecta del tratamiento de la información y de la aprehensión de lo real.

La estructura del cerebro, hecha de neuronas, de sinapsis, de conductores eléctricos, de redes de transmisión, se convierte en el parangón a duplicar. Gran cantidad de investigaciones en desarrollo dentro de laboratorios públicos o privados se inscriben en esta perspectiva, y estas investigaciones se acompañan de un aparato retórico que pretende extraer de todo eso un prestigio simbólico. Vemos cómo se constituye un léxico completo que toma prestados elementos del registro de las ciencias cognitivas sin vergüenza alguna ni preocupación por la precisión terminológica. Se evocan chips "sinápticos", "neuromórficos", "redes de neuronas artificiales", "procesadores neuronales". Lo que de ahora en más se presenta como el nuevo grial tecnocientífico a alcanzar es lograr asignar a los sistemas una contextura supuestamente análoga a la de nuestro cerebro.

A tal punto esto es así que entramos en *la era antropomórfica de la técnica*. Pero no se trata de un antropomorfismo literal y estricto porque está marcado por una lógica propia, ya que se ve afectado por tres características. Primero, es un antropomorfismo *aumentado*, extremo o radical, que busca modelarse sobre nuestras capacidades cognitivas, ciertamente, pero presentándolas como palancas a fin de elaborar mecanismos que, inspirados en nuestros esquemas cerebrales, están destinados a ser más rápidos, eficaces, y fiables que aquellos que nos constituyen (al mismo tiempo que son tendencialmente inalterables). Luego, se trata de un antropomorfismo *parcelario*: no tiene como vocación abarcar la totalidad de nuestras facultades cognitivas y tratar, como nuestras mentes, una infinidad de asuntos, sino que está solamente destinado, en el estado actual de las cosas, a garantizar tareas específicas.

Por último, es un antropomorfismo *emprendedor*, que no se conforma con estar dotado solamente de disposiciones interpretativas, sino que está considerado como un poder capaz de emprender acciones de modo automatizado y en función de conclusiones delimitadas. Este triple devenir antropomórfico de la técnica pretende ser explorado, precisamente, a fin de conducir a largo plazo a una gestión sin errores de la cuasi totalidad de los sectores de la sociedad.

UN PODER CONMINATORIO

La inteligencia artificial no constituye una innovación más entre otras, sino que representa más bien un "principio técnico universal" basado sobre una misma sistémica: el análisis robotizado –generalmente operado en tiempo real– de situaciones de diverso orden, la formulación instantánea de ecuaciones, supuestamente las más acordes, y en general con vistas a emprender las acciones adecuadas correspondientes, sea por medio de intervenciones humanas o de modo autónomo por los sistemas mismos. Se supone que esta lógica se aplicará a largo plazo a todos los segmentos de la vida individual y colectiva en el marco de nuestras relaciones con nuestros cuerpos, con los demás, con el hábitat, o bien en el marco de la organización de la ciudad, de las redes de transporte, de los espacios profesionales de la salud, de las actividades bancarias, de las finanzas, de la justicia, de las prácticas militares, del futuro funcionamiento de los vehículos llamados "autónomos". En síntesis, la lista de las esferas involucradas o destinadas a estarlo sería demasiado larga; en verdad es virtualmente infinita. Porque, si lo vemos de cerca, asistimos a la emergencia de una *tecnología de lo integral*.

Por su sofisticación creciente, los dispositivos *aletheicos* están llamados a imponer su propia ley orientando los asuntos humanos desde lo alto de su autoridad. Y esto no ocurrirá de modo homogéneo sino en diversos grados, que pueden ir desde un *nivel incitativo* que opera en una aplicación de *coaching* deportivo sugiriendo tal o cual complemento alimentario, por ejemplo, hasta un *nivel prescriptivo* en el caso de la evaluación de un candidato para otorgarle o no un préstamo bancario, o en un *nivel coercitivo*, particularmente en el campo del trabajo, donde ya vemos sistemas que deciden gestos y además los ejecutan. De ahora en más hay una tecnología que reviste un "poder conminatorio" mientras el libre ejercicio de nuestra facultad de juicio y de acción se ve sustituido por protocolos destinados a provocar inflexiones en cada uno de nuestros actos o cada impulso de lo real con vistas a insuflarles, casi de "soplarles", la trayectoria correcta a adoptar. La humanidad se está dotando a grandes pasos de un órgano de prescindencia de ella misma, de su derecho a decidir con plena conciencia y responsabilidad las elecciones que la involucran. Toma forma un estatuto antropológico y ontológico inédito que ve cómo la figura humana se somete a las ecuaciones de sus propios artefactos con el objetivo prioritario de responder a intereses privados y de instaurar una organización de la sociedad en función de criterios principalmente utilitaristas.

EL TIEMPO DE LO EXPONENCIAL

La inteligencia artificial es la vanguardia de punta de lo que se llama "tecnologías de lo exponencial", cuya elaboración y ubicación en el mercado vemos realizarse a un ritmo cada vez más sostenido. Hoy esta vanguardia se ve favorecida por dos fenómenos concomitantes. El primero tiene su origen en el movimiento de informatización de la sociedad iniciado a inicios de los años sesenta, que hizo germinar progresivamente la idea de que las máquinas de cálculo están dotadas de una eficacia que debería indudablemente beneficiar la actividad de todos los sectores, en la medida en que facilitan la existencia de los individuos. Estos modos de aprehensión, que muy pronto se convirtieron en una doxa, llevaron a la generalización de la noción acrítica de "revolución digital" y, como corolario, al movimiento hoy en curso de digitalización integral del mundo. Los actores políticos y económicos vieron en ese movimiento la oportunidad histórica de operar una intensificación continua de los ciclos de rotación del capital entre empresas, entre empresas y personas, y entre las personas mismas a través de la economía de los datos y las plataformas, y mediante la optimización del funcionamiento a largo plazo de la casi totalidad de las entidades privadas o públicas. Vemos este proceso plasmado en la emblemática expresión "transformación digital" entendida como el objetivo a alcanzar para ir hacia una administración indefinidamente maximizada de las cosas.

El segundo factor que favorece esta extensión incesante se origina en el hecho de que la producción industrial actual no respeta una serie de fases que hasta hace poco tiempo estaban marcadas por diversas formas de indeterminación dentro de las búsquedas, o por la aceptación del fracaso como riesgo consustancial a la elaboración de cualquier prototipo, o incluso por la exigencia de tener que proceder a múltiples y minuciosos testeos de calidad –que vemos que cada vez hacen más falta–. Hoy, el ritmo marca la casi ausencia de lapso temporal entre la concepción y la comercialización de los productos mismos. La presión de la competencia y la primacía del retorno inmediato después de cualquier inversión prohíben toda latencia, toda evaluación concertada sobre el valor y la pertinencia de los productos. Las unidades de investigación y desarrollo deben probar sin demora y sin pausa que representan el acceso a nuevos beneficios. Estamos en el momento de los "ciclos de innovación", que siempre están más cerca unos de otros en la medida en que favorezcan una dinámica de entusiasmo permanente y que estén investidos por los dogmas conjugados del crecimiento y del aumento del supuesto confort de las personas (que, por el bien de la sociedad, no deben nunca dejar de crecer).

De ahora en más, las tecnologías digitales dictan el *tempo* de nuestras existencias y dan ritmo a la época. Este frenesí se encuentra apoyado, casi normalizado, en las nociones de "tecnologías de ruptura" y de "disrupción", conforme a la neolengua iconoclasta de "la innovación" contemporánea. Se constituyó un vocabulario de cariz bélico, como si la verdad de nuestra relación con el tiempo consistiera, en el marco de una forma de violencia, en aliarse con su "curso natural" que, como sabemos, está constituido por flujos heracliteanos ininterrumpidos. La cadencia de las evoluciones técnicas haría cuerpo entonces, milagrosamente, con las fluctuaciones cambiantes de la vida, debiendo imponerse de facto a nuestros relojes internos y a nuestras psiquis e induciendo como corolario una adaptabilidad permanente. Las computadoras cuánticas no harán sino consolidar e institucionalizar esta aspiración a confundir la sociedad con la *physis* eruptiva del mundo. Se trabaja sobre eso principalmente con ayuda de fondos públicos. Este avance exponencial, que deja entrever un horizonte teleológico, se vuelve a enlazar con la ideología del progreso que había sido tan aclamada desde el final de los "Treinta gloriosos" y que vuelve a encarnar la perspectiva de una suerte de consumación de la Historia, según la visión escatológica occidental del advenimiento de un régimen acabado de perfección.

In fine, la medida indefinidamente precipitada de los "ciclos de innovación" participa de una naturalización del desarrollo técnico-económico en curso que llega al punto de asimilarlo con un "tsunami", es decir, con un fenómeno casi imposible de contener por el hecho de una fuerza asimétrica, lo cual procede de una analogía inapropiada que contribuye a imponer la doxa de lo ineluctable. Ahora bien, lo que es propio de los artefactos es que no se derivan de ningún orden natural, sino que son el producto de la acción humana y que interfieren en los asuntos humanos. Usar el término "exponencial" les permite a los nuevos "revolucionarios" de nuestro tiempo, a los superhéroes emprendedores y otros *start-uppers* visionarios, que habrían entendido todo según la verdad de la época, y que incluso la personificarían, banalizar la idea según la cual las evoluciones técnicas, la inteligencia artificial en particular, se inscribirían en una trayectoria inevitable y virtuosa de las cosas en la que habría que entrar por interés de todos. Los demás, los incrédulos, los críticos y todos aquellos que aspiren a modos de existencia no sistemáticamente adosados a protocolos de guía automatizada, pasarán a ser cascarrabias, retrógrados que no entendieron nada del carácter excepcional y mesiánico de nuestra época, en la medida en que le corresponde a ella, según dicta el gran libro de la historia, erradicar todas las escorias de lo real. En los hechos, lo que caracteriza lo exponencial es que vuelve marginal (y aniquila a largo plazo) el tiempo humano de la comprensión y de la reflexión, privando a los individuos y a las sociedades de su derecho a evaluar los fenómenos y de dar testimonio (o no) de su consentimiento, en síntesis, de su derecho de decidir libremente el curso de sus destinos.

EL TERNERO DE ORO DE NUESTRO TIEMPO

La inteligencia artificial representa, desde inicios de los años 2010, el desafío económico que se juzga más decisivo y en el cual conviene invertir sin esperar y con determinación. Además de las empresas, también los Estados movilizan todos los medios necesarios para situarse en la vanguardia: de ahora en más, cada uno hace de ese objetivo una gran causa nacional. En las primeras filas encontramos a los Estados Unidos, que elaboran planes estratégicos de envergadura que lleva adelante especialmente la DARPA (Defense Advanced Research Projects Agency), la NSA (National Security Agency), la Secretaría de Defensa, y una miríada de universidades e institutos de investigación que se benefician de subvenciones federales. A instancias de su posición hegemónica en Internet desde mediados de los años noventa, los Estados Unidos pretende sostener su liderazgo en el campo de las tecnologías llamadas "cognitivas". Sin embargo, hay muchas naciones que no se quieren quedar en el segundo puesto y manifiestan su voluntad de comprometerse en cuerpo y alma en esta feroz competencia planetaria. Primero China, que tiene la ambición de "subirse a lo alto del podio" en 2030 gracias a programas planificados con mucha precisión: "Esta es la hoja de ruta del gobierno chino: 'Primero, seguir el ritmo de las nuevas tecnologías y de las aplicaciones de inteligencia artificial de acá a 2020; después, hacer avances capitales de aquí a 2025 y, finalmente, convertirse en el líder mundial indiscutible en el transcurso de los cinco años siguientes'".[1]

Canadá pretende erigirse como un "polo mundial de la inteligencia artificial" y sostiene empresas y laboratorios con ayuda de generosos fondos públicos. Rusia, casi inexistente desde hace décadas en la industria de la electrónica, cuenta con convertirse en un actor central en ese campo que, además, reviste ante sus ojos alcance geopolítico. Vladimir Putin declaró que "la nación que se convierta en líder de este sector será la que domine el mundo", y que no quiere que "cualquiera goce de una posición

1. Sarah Zhang, "La Chine, laboratoire du monde", *The Atlantic*, 16 de febrero de 2017, en *Courrier international*, nº 1395/96/97, 27 de julio al 16 de agosto de 2017.

monopólica". La lista de los países que desean implicarse en esta prometedora epopeya sería larga de declinar. Entre los más activos, figuran particularmente Israel, Japón, Corea del Sur... Los Emiratos Árabes Unidos llegaron al punto de crear un ministerio de la inteligencia artificial: "La inteligencia artificial será la próxima gran revolución. Queremos ser uno de los países mejor preparados para este objetivo".[2] Por su lado, Francia se vanagloria de poseer todos los atributos necesarios con vistas a devenir un actor de primer plano: una *Grande École* de matemáticas, "incubadoras de *start-up*", un sistema ya testeado de partenariado público/privado.[3] La región de Ile-de-France, entre otros territorios, identificó este sector como un eje fundamental de desarrollo en materia de innovación, y pretende convertirse en "la región europea líder en la materia".[4] Emmanuel Macron, ferviente evangelizador de la digitalización integral de la sociedad, a la que encara como el único horizonte político y económico radiante de nuestro tiempo, pretende, con ayuda de fondos públicos masivos, hacer del país un "*hub* mundial de la IA" y "atraer a los mejores investigadores del exterior".

Este estado narcótico frente a la extensión de las perspectivas anunciadas alienta una profusión de discursos de todo orden. Probablemente nunca hayamos escuchado tantos disparates a propósito de un fenómeno tan determinante. Es la gran narcosis de la época: nos damos cuenta

2. Pieter Van Nuffel, "Les Émirats arabes unis créent un ministère de l'Intelligence artificielle", *Le Vif*, 20 de octubre de 2017.

3. Ver el informe "France IA" encargado por el gobierno de Manuel Valls en 2016 y presidido por Christophe Sirugue.

4. "Se inaugurará un complejo especial de 60.000 metros cuadrados hacia 2020 en el campus de Paris-Saclay, que movilizará un presupuesto de 100 millones de euros. Según su presidente, Valérie Pécresse, 'el único criterio que va a contar es el siguiente: la creación de empleos'". Vincent Fagot, "Au CES de Las Vegas, Valérie Pécresse corteja a las *start-up* extranjeras", *Le Monde*, 11 de enero de 2018.

de que en ese plano se juegan evoluciones que serán decisivas, pero en lugar de trabajar, como deberíamos, para desbrozar la complejidad de los dilemas en juego a fin de dotarnos de los instrumentos correctos de comprensión y acción, dejamos que se expresen personas que se erigen como expertas sin cuestionarlas. La mayor parte de esas personas está movida por sus propios intereses y pretenden iluminar a la sociedad con sus luces mientras prodigan, contra una retribución contante y sonante, sus preciosos consejos a los responsables políticos y económicos.[5] Esta aproximación generalizada contribuye todavía más a alimentar gran cantidad de elucubraciones, a imagen y semejanza de aquella formulada por el astrofísico Stephen Hawking que, en 2014, había afirmado, junto con muchos otros científicos, que la inteligencia artificial estaba consagrada a largo plazo a erradicar la raza humana, cosa que decía inspirándose en un imaginario de la catástrofe inapropiado que fantaseaba con una rebelión futura de las máquinas. O el empresario Elon Musk, que en 2017 redactó, junto con ciento quince industriales e ingenieros, una carta abierta dirigida a las Naciones Unidas adelantando que "la carrera hacia la superioridad en IA de los Estados Unidos podría estar en el origen de una tercera guerra mundial". Estas palabras ineptas que provienen de personas que, en su mayor parte, trabajan (por el ejercicio de

5. Ver el valiente artículo de la investigadora en informática Huyen Nguyen: "Tengo que confesar algo, me siento como una impostora. Cada día recibo un mail de un amigo, de un amigo de un amigo, de una empresa cualquiera que me piden mi opinión sobre la inteligencia artificial [...] Me preguntan: '¿nos daría algún consejo en especial sobre nuestros productos de IA?'... Hablan de la inteligencia artificial como si fuera la fuente de la juventud en la cual todo el mundo quisiera bañarse. Y si uno no lo hace, se volverá viejo y terminará solo y abandonado. Piensan que yo sé cómo llegar hasta esa fuente [...] Quizás un día las personas tomen conciencia de que muchos expertos en IA no son sino impostores. Quizás un día los estudiantes entiendan que harían mejor si estudiaran cosas que verdaderamente importan". Huyen Nguyen, "Confessions d'une soi-disant experte en IA", *Le Monde*, 30 de agosto de 2017.

sus competencias o inyectando fondos poderosos) en la extensión de esas mismas tecnologías manifiestan una esquizofrenia patente, así como cierta mala conciencia que, cada tanto, no parecen poder contener.

Por su lado, Mark Zuckerberg, el fundador de Facebook, no comparte este alarmismo, ya que ve, por el contrario, la formidable oportunidad de "construir comunidades" que conduzcan siempre hacia el conocimiento más profundo de las aspiraciones de los individuos y de sus comportamientos, y ofreciendo a cambio una administración amable y continua de la vida gracias a las virtudes milagrosas de la inteligencia artificial.[6] Más allá de su falta de argumentación y de su dimensión sensacionalista, lo que caracteriza a todas estas declaraciones es que alegan que se está esbozando un nuevo horizonte económico, que se está anunciando una infinidad de avances ventajosos, especialmente en el campo de la medicina, y que no habría que frenarlos "por el bien de la humanidad", a condición de saber "corregir sus eventuales fallas" y poder "prevenir los probables peligros", conforme a la ecuación social-liberal habitual. La panacea consiste en introducir una "dosis de ética" y de "regulación", como si fuera una inyección que habría que administrar cada tanto para calmar a una criatura sumamente hermosa pero con veleidades potencialmente amenazantes.

LA ESTRECHEZ "ÉTICA"

Cuando se quiere hacer gala de que se está fiscalizando a las tecnologías digitales, se invoca a la "ética", como si blandir ese estandarte pudiera representar la defensa suprema que nos puede proteger contra sus desvíos principales.

6. Ver Nicolas Lellouche, "Elon Musk et Mark Zuckerberg s'opposent sur l'intelligence artificielle", *Le Figaro*, 26 de julio de 2017.

En verdad esta es una de las grandes confusiones de la época. ¿Cómo deberíamos entender la ética? Probablemente a partir de un umbral mínimo: el respeto incondicionado de la integridad y de la dignidad humana; el hecho de poder utilizar sin obstáculos la propia autonomía de juicio, de decidir libremente y en plena conciencia de los propios actos, de gozar de partes de uno mismo que estén al abrigo de la mirada de otro, o incluso de no verse continuamente reducido a un estricto objeto mercantil. Pero generalmente, cuando se invoca la ética, se alude a una noción confusa, a un contenedor vago, a referentes abstractos que varían según los tropismos de cada cual. Más precisamente, se impuso una forma de ética totalmente particular contenida en una única y seca aspiración a una "libertad negativa", según los términos del filósofo político Isaiah Berlin, entendida como una libertad defensiva que únicamente protege el derecho de los ciudadanos frente a las pretensiones potencialmente abusivas del poder.[7]

Nos consideramos libres, según la opinión generalizada, en la medida en que nadie contraría nuestra acción; dentro de esa perspectiva, la libertad política remite al espacio en el seno del cual cada uno puede actuar sin que lo impidan fuerzas coercitivas. Montesquieu había explicitado y defendido ese principio haciendo de esta oposición entre el individuo y las autoridades el "centro del problema político", según Pierre Manent, y había fijado en ese camino "lo que se podría denominar el lenguaje definitivo del liberalismo".[8] Se cristalizó todo un glosario supuestamente "crítico" de lo digital en función de esta desconfianza fundamental y que nunca cede respecto de los gobernantes. Entendemos mejor por qué, desde que pretendemos preocuparnos por la ética, volvemos a las cuestiones, que

7. Ver Isaiah Berlin, *Four Essays on Liberty*, Oxford, Oxford University Press, y *En toutes libertés*, entrevista de Ramin Jahanbegloo, París, *Le Félin*, 2006.

8. Pierre Manent, *Histoire intellectuelle du libéralisme*, París, Pluriel, 1998, p. 123.

aparecen incesantemente, relativas a la protección de los datos personales y a la "defensa de la vida privada". Estas posiciones, que se limitan solamente a la preocupación por preservar el interés particular, y que limitan con cierta forma de la buena conciencia exhibida a bajo costo, poseen la importante falla de ocultar otros dilemas al menos igual de decisivos. Porque lo esencial de lo que está en juego escapa a lo que entendemos según esta concepción, a saber, los modos de vida individuales y colectivos que están apareciendo en la actualidad y que están llamados a orientarse cada vez más por sistemas que nos quitan nuestra facultad de juicio y que no se encuentran nunca sometidos al prisma ético, mientras que deberían estarlo en la medida en que constituyen una ofensa a los principios jurídico-políticos que nos constituyen. En el arco opuesto de una ética reducida solamente a la esfera personal, sería tiempo de cultivar una ética de la responsabilidad que estuviera completamente preocupada por defender el derecho a la autodeterminación de todos y de la sociedad entera.

Para apaciguar a los espíritus, es de buen tono armar comisiones que se caracterizan todas por el hecho de que se limitan a esos sempiternos axiomas reductores y se remiten a supuestos expertos, mientras organizan, desde no hace mucho tiempo, consultas públicas online a fin de dar la impresión de estar a la escucha de los ciudadanos. En general, su única función no apunta sino a validar, bajo la apariencia de exámenes escrupulosos, elecciones que ya fueron adoptadas previamente. Es lo que pasa en Francia de modo recurrente, donde vemos, después del informe "Francia IA" elaborado por el gobierno Valls en 2016, otro informe encomendado por el presidente Emmauel Macron ni bien entró en funciones. El poder ejecutivo encargó al matemático y diputado perteneciente a la mayoría presidencial Cédric Villani que lo presidiera. Villani, incluso antes del inicio de las audiencias, no hizo sino afirmar que convenía construir "un ecosistema para una investigación ágil y que se difundiera [...] un terreno general favorable para el desarrollo de la IA [...] no poner obstáculos a la investigación", ¡que representaría un "factor de democracia"![9]

Estas palabras, después de la presentación de las conclusiones, fueron ampliadas mediante otras igual de impactantes y de sello tecnoliberal: "Si no hacemos nada, nuestras empresas van a perder en competitividad y la economía se desplomará todavía más [...] hace falta más investigación y que esta sea mucho más atractiva en Francia [...] La IA es inteligencia humana extra, son técnicas que se insertan en todos los campos y a veces con un valor agregado muy marcado.[10] Este es un caso de referencia ejemplar de un investigador que renunció manifiestamente a expresar cualquier distancia crítica por haberse transformado en el ventrílocuo de un gobierno. El alineamiento de los científicos y los ingenieros con la doxa técnico-económica representa un vicio de nuestra época en la medida en que las formas de la pluralidad en el campo de la investigación se ven cada vez más asfixiadas.

El colmo de lo grotesco corresponde a los grandes grupos de la industria de lo digital, que, al ver que en la opinión pública se manifiestan signos de inquietud, buscan engalanarse con las mejores intenciones implementando "células de reflexión ética", como el "Partnership on Artificial Intelligence to Benefit People and Society",[11] por iniciativa de Google, Amazon, Facebook, IBM

9. "Agir pour que l'intelligence artificielle soit utile à tous", entrevista a Cédric Villani, Christophe Alix, Erwan Cario y Fabrice Drouzy, *Libération*, 20 de octubre de 2017.

10. "Il faut plus de recherche dans l'intelligence artificielle", entrevista a Cédric Villani, Vincent Fagot y Morgane Tual, *Le Monde*, 28 de marzo de 2018.

11. Ver "Intelligence artificielle: Google DeepMind se dote d'une unité de recherche sur l'éthique", *Le Monde*, 4 de octubre de 2017. Por su lado, la Universidad de Standford, pilar de Silicon Valley erigió igualmente la "cuestión ética" como eje central de un informe titulado *Artificial Intelligence and Life in 2030*.

y Microsoft. Los criterios utilizados remiten prioritariamente al supuesto respeto de la "vida privada" así como a otros principios más laxos, mientras que, al mismo tiempo, estas empresas representan a los agentes más activos del amplio movimiento de automatización del mundo, como dando la confirmación deslumbrante de que la obsesión ajustada solo a la "libertad personal" está ineluctablemente llamada a sentar las bases de una conducción cada vez más robotizada de los asuntos humanos.

AGONÍA DE LO POLÍTICO Y ADVENIMIENTO DE UNA "DATA DRIVEN SOCIETY"

Lo que caracteriza a la inteligencia artificial, más allá de todos los discursos confusos que la rodean y de las cantinelas trilladas y eternas sobre el fin del trabajo, los supuestos progresos médicos o la optimización en el funcionamiento de las empresas que muy pronto veríamos consumada, es la extensión de una sistematización que promete aplicarse a todos los segmentos de la vida humana. Cada enunciado automatizado de la verdad está destinado a producir "acontecimientos", a que se inicien acciones principalmente con fines mercantiles o utilitaristas, procediendo a una suerte de *estimulación artificial e ininterrumpida de lo real*. Por ejemplo, la función de un espejo conectado no apunta solamente a reflejar una presencia sino también a recolectar datos relativos al rostro y al cuerpo a fin de sugerir, en contrapartida, productos o servicios que se suponen apropiados en función del análisis evolutivo, y más o menos fiable, de los estados fisiológicos, incluso psicológicos. El devenir de lo digital, que pronto será predominante, se erige como una instancia de orientación de los comportamientos destinada en todo momento a ofrecer marcos de existencia individual y colectivos que se suponen los mejor administrados, y esto ocurre de modo fluido, casi imperceptible, hasta tomar el aspecto de un nuevo orden de cosas.

Esta es la razón por la cual el tecnoliberalismo hace de las tecnologías de la *aletheia* su principal caballito de batalla, viendo en ellas la consumación perfecta de sus ambiciones hegemónicas gracias a la emergencia de una "mano invisible automatizada", de un mundo regido bajo el régimen de la retroalimentación, del *feedback*, una *data driven society* en donde cada cosa que ocurre en lo real se ve sometida a una serie de operaciones con vistas a asumir la inflexión justa según criterios definidos con precisión. Es un proyecto tensado continuamente hacia la anulación de cualquier inercia y la ganancia de lo que, en su origen, procede de la fantasía de los matemáticos, de los ingenieros, de los investigadores –los iniciadores de la cibernética–, que aspiraban a luchar contra el mal supremo, la entropía. Hoy se haría realidad a más de medio siglo de distancia, pero ya no se limitaría a corregir solamente las formas del desorden sino que también extraería un beneficio de la interpretación robotizada de toda situación. Una fantasía tecnocientífica que data de la posguerra se ha convertido hoy en un axioma económico y antropológico que pretende construir una gobernanza indefinidamente dinámica y sin fallas de los asuntos humanos.

Y en este aspecto, la inteligencia artificial converge para organizar el fin de lo político, si entendemos lo político como la expresión de la voluntad general de suspender las decisiones, dentro de la contradicción y la deliberación, para responder lo mejor posible al interés común. ¿Cómo no captar que también se desprende de un fenómeno psicológico que tiene origen en nuestra angustia fundamental producto de la incertidumbre inherente a la vida, que nos obliga indefinidamente a determinarnos, incluyendo la duda y la posibilidad de cometer, en cualquier momento, un error? La inteligencia artificial llegaría entonces para ahuyentar nuestra vulnerabilidad, liberarnos de nuestros afectos en beneficio de una organización ideal de las cosas, haciendo desaparecer de algún modo la resistencia de lo real gracias a una capacidad de influir sobre la totalidad de los fenómenos que apunta hacia un horizonte que contiene una forma consumada y perpetua de la perfección.

Más que una "singularidad tecnológica", a saber, el advenimiento de una ruptura antropológica debida a la emergencia cercana de una "superinteligencia" omnipotente" y a la fusión entre cerebro y procesadores, según la grotesca y sensacionalista tesis de Ray Kurzweil,[12] lo que está dado a realizarse es más bien una "singularidad ontológica" que redefine de cabo a rabo la figura humana, su estatuto, sus poderes, sus derechos, que hasta ese momento, se suponía, garantizarían a todos la posibilidad de su libertad y de su plenitud. Es la razón por la cual la naturaleza de la inteligencia artificial, sus campos de aplicación, los intereses involucrados, la amplitud confesa, tanto como probable, de sus efectos, representan una de las cuestiones civilizatorias y filosóficas más importantes de nuestro tiempo, sino tal vez la cuestión principal. Al mismo tiempo, no ha sido suficientemente objeto de exploraciones teóricas a la altura de los dilemas planteados.

EL GOLPE DE ESTADO RETÓRICO

Para hacer una exploración teórica a la altura de los dilemas de la época, conviene cuestionar primero la noción de "inteligencia artificial" desde su raíz, cuestionar incluso cómo la hemos llamado, en la medida en que siempre

12. Ver Ray Kurzweil, *La singularidad está cerca. Cuando los humanos trascendamos la biología*, Buenos Aires, Lola Books, 2011.

los términos que usamos contribuyen a forjar nuestras representaciones. La expresión fue utilizada por primera vez en 1955 por el matemático John McCarthy dentro de la perspectiva de trabajo que tenía el *Summer Camp* de Dartmouth, situado en Hanover, en New Hampshire (Estados Unidos), momento en que se inauguró el movimiento de la cibernética. La agenda del momento pretendía definir los términos de una nueva disciplina destinada a simular y reproducir artificialmente algunos de los procesos del cerebro humano. El público estaba formado por científicos y estudiosos de la informática, pero ninguno de ellos provenía de las neurociencias. No detentaban un conocimiento completo de la estructura cerebral, remitiéndose para sus hipótesis a esquemas muy sumarios y burdos. En realidad, el principio de una inteligencia computacional modelada sobre nuestra inteligencia humana es erróneo, porque una y otra no mantienen casi ninguna relación de similitud.

Esto es así por dos razones. La primera es que estas arquitecturas están desprovistas de cuerpos, y que representan solo máquinas de cálculos cuya función se limita al tratamiento de flujos informacionales abstractos. Y en el caso de que esas arquitecturas se encontrasen vinculadas con otras instancias mediante sensores, no harían sino reducir ciertos elementos de lo real a códigos binarios excluyendo una infinidad de dimensiones que nuestra sensibilidad sí puede capturar y que escapan al principio de una modelización matemática. Estamos frente a una concepción trunca, restringida y sesgada de lo que supone el proceso de la inteligencia, que es indisociable de su tensión con una aprehensión multisensorial y no sistematizable del medio ambiente: "Para decir las cosas fácilmente, el cerebro y los cuerpos están empapados en lo mismo y producen el espíritu de modo conjunto".[13]

13. Antonio Damasio, *El extraño orden de las cosas*, Barcelona, Planeta, 2018.

La segunda razón es que no existe inteligencia que pueda vivir aislada, encerrada en sus propias lógicas, como ocurre cuando seguimos el principio de progresión que consiste en ejercitarse solo "contra uno mismo", como si se estuviera en una burbuja, conforme a la lógica llamada "por refuerzo" que se implementa en el programa AlphaGoZero.[14] Este programa puso en juego millones de partidas de go "contra sí mismo", pero la inteligencia es indisociable de las relaciones abiertas e indeterminadas con los seres y las cosas, de un contexto epigenético, o sea de un medio compuesto en el seno del cual evoluciona y se singulariza. No se caracteriza solamente por la facultad de adaptabilidad, como se repite con frecuencia según un estereotipo darwiniano simplista, sino más bien por la capacidad de modificarse gracias a la integración madura de nuevos conocimientos, por volver a cuestionarse luego de acontecimientos inesperados o palabras contradictorias formuladas por otro, hasta llegar, por la escucha atenta del canto (que nunca termina) de todas las diferencias, a desprenderse de algunos de sus esquemas que, tal vez equivocadamente, lo marcan.

Estas son otras tantas disposiciones con las cuales no están y no estarán nunca afectados los sistemas en la medida de que se derivan únicamente de dimensiones funcionalistas, ya que están estructurados únicamente con vistas a responder a fines prescriptos, a la inversa de aquello que nos constituye, y que nos proyecta en cada momento hacia una profusión de aspiraciones de toda índole. Hay una irreductibilidad de la vida como hay una irreductibilidad de la inteligencia humana porque ambas son refractarias a toda definición circunscrita y a toda categorización cristalizada, así como hay una irreductibilidad de nuestros afectos, que se resisten a todo intento de esquematización

14. Programa desarrollado por la empresa DeepMind, comprada por Google en 2014.

total. De ningún modo nos enfrentamos con una réplica de nuestra inteligencia, ni siquiera parcial, sino que estamos ante un abuso del lenguaje que nos hace creer que esta inteligencia estaría naturalmente habilitada para sustituir a la nuestra con la finalidad de asegurar una mejor conducción de nuestros asuntos. En verdad, se trata más precisamente de un *modo de racionalidad* basado en esquemas restrictivos y que apuntan a satisfacer todo tipo de intereses.

PARA UN CONFLICTO DE RACIONALIDADES

Por todas estas razones es imperativo no otorgar a estas lógicas el monopolio de la racionalidad, y hacer valer, contra un modo de racionalidad normativo que promete una supuesta perfección en todas las cosas, modos de racionalidad basados en la aceptación de la pluralidad de los seres y la incertidumbre fundamental de la vida. Tendremos que vivir un *conflicto de racionalidades* en la medida en que cada una de ellas compromete valores y determina modalidades de existencia opuestas en todos los puntos. Esta debe ser una de las luchas políticas principales de nuestro tiempo. ¿Pero cómo puede ser que, en este momento decisivo de la historia de la humanidad, dicho giro de alcance civilizatorio no despierte una movilización que esté a la altura de los dilemas en juego? ¿Cómo llegamos a esa forma de narcosis y renuncia colectivos que contribuyen a dejar el campo libre a quienes obran encarnizadamente para instaurar una conducción automatizada de los asuntos humanos? "El peligro, para la especie, no es tanto ir donde está yendo sino ir con los ojos cerrados y las piernas incontrolables, con el cerebro en estado de ebriedad".[15]

15. Georges Duhamel, *L'Humanisme et l'Automate*, París, Hartmann, 1933, p. 27.

Contra esta enunciación robotizada de la verdad, debemos apoderarnos de nuestra facultad de hacer valer otro espíritu de la verdad, manifestando, en términos de Michel Foucault, nuestro "coraje de la verdad".[16] O sea, el hecho de reivindicar que, a diferencia de la exactitud, la verdad no se presenta bajo ningún referente estable; apela a un esfuerzo de aprehensión que nunca se consuma y sobre el cual debemos regularmente ponernos de acuerdo, incluso de modo provisorio, dentro de la diversidad de las subjetividades existentes a fin de esforzarnos por actuar, individual y colectivamente, del modo más justo y al margen de toda imposición unilateral que amordace nuestro derecho de palabra. Una teoría crítica de la inteligencia artificial –que nos falta de modo brutal– requiere hacerse filósofo no solamente de la técnica sino de un compuesto heterogéneo que no dejó de consolidarse desde inicios del año 2000. Es el compuesto hecho de la alianza implacable entre los poderes industriales y económicos, los responsables políticos, una amplia parte del mundo universitario y científico y de los grupos de influencia de todo tipo que, bajo la apariencia de inscribirse en "el sentido de la historia" y de representar fuerzas "progresistas", trabajan para la erradicación veloz de los principios que nos sustentan y para la propagación de un antihumanismo radical. Por eso el título de este libro procede, como un eco directo, de *La edad de la técnica*, de Jacques Ellul,[17] quien percibió de inmediato, desde 1954, y al margen de la verborrea metafísico-marxista omnipresente en aquella época, cuál era la envergadura del conjunto técnico-industrial de la posguerra que se esforzaba sin descanso

16. Ver Michel Foucault, *Discurso y Verdad. El coraje de decirlo todo*, Buenos Aires, Siglo XXI, 2017.

17. Jacques Ellul, *La edad de la técnica*, Barcelona, Octaedro, 2003. El título original del libro de Ellul es *La Technique ou l'Enjeu du siècle*, (París, Armand Colin, 1954) con el que Sadin dialoga claramente en el título de este libro: *L'intelligence artificielle ou l'enjeu du siècle.* [N. de la T.]

por intensificar las lógicas productivistas, por construir modos de organización siempre más optimizados, por movilizar presupuestos masivos en favor de los campos de lo militar y de la energía atómica, contribuyendo a imponer elecciones estructurantes a la sociedad sin apelar al consentimiento informado de sus miembros.

El mérito de Ellul consiste particularmente en haber sabido identificar un cierto tipo de desarrollo técnico que se convirtió entonces en mayoritario y que no se limitaba solamente a fabricar mercancías, o a favorecer la eclosión rápida de la "sociedad de consumo", sino que contribuía, por su naturaleza, a instaurar modos de existencia cada vez más sometidos a esquemas racionales que favorecían el apogeo de estructuras asimétricas de poder. No es por casualidad que esta obra lúcida y argumentada, deliberadamente a contracorriente de la época, no encontró, en el inicio de la frenética secuencia de los "Treinta gloriosos", todo el eco que merecía, siendo incluso denigrada por ciertos medios a los que esa obra, precisamente, cuestionaba. Como detectaba Günther Anders exactamente en el mismo período: "Nada desacredita hoy más rápidamente a un hombre que ser sospechoso de criticar a las máquinas [...] la crítica de la técnica se ha convertido hoy en un asunto de coraje cívico".[18] En nuestros días, podemos constatar, con textos a la mano, que gran cantidad de sus análisis se confirmaron; además, su obra encuentra un amplio público lector y finalmente se ve reconocida en su justo valor.

Pero lo que difiere entre el momento en que escribió Jacques Ellul y el nuestro es que la técnica, cuando emplazaba a los seres humanos bajo su poder de seducción

18. Günther Anders, *La obsolescencia del hombre*, Valencia, Pre-Textos, 2011.

o coerción, seguía siendo sin embargo una fuerza exterior, que *in fine* no se ejercía sino sobre ciertas secuencias de la vida cotidiana. Desde ese entonces, se franquearon tres umbrales cuyos primeros crujidos él había presentido. Primero, se llegó a un alcance totalizador de las tecnologías digitales, destinadas a inmiscuirse, a largo plazo, en todos los segmentos de la vida. Luego se alcanzó un poder de inflexión de los comportamientos, ya que estas tecnologías de ahora en más parecen estar destinadas, al menos una parte, a orientar la acción humana. Finalmente, la técnica como campo relativamente autónomo hoy ha desaparecido. No existe sino un mundo tecnocientífico convertido en feudos por las instancias económicas que dictan las trayectorias a adoptar. Solo queda lo tecnoeconómico. Históricamente, los científicos, los ingenieros, gozaban de formas más o menos laxas de independencia. Desde comienzos del siglo XX, la industria poco a poco los fue integrando en su seno, sometiendo sus investigaciones a objetivos definidos por los departamentos de marketing o las oficinas de tendencias. Quedó lejos el tiempo en el cual Alexandre Groethendieck, matemático laureado con la medalla Fields, cuando supo, con indignación, que el Instituto de Altos Estudios Científicos (IHES), en el seno del cual trabajaba y a cuyo renombre internacional contribuía, se beneficiaba de fondos provenientes de la OTAN a través del ministerio francés de la Defensa Nacional, se esforzó primero para que se anulara esta fuente de financiamiento, y cuando su iniciativa se encontró con el rechazo de parte de sus superiores, directamente renunció a todas sus funciones dentro de la institución. En 1970 Groethendieck había fundado, junto con otros, el grupo Sobrevivir y vivir, que publicaba particularmente una revista[19] que daba

19. Ver, para una mirada amplia crítica acompañada de una antología, la notable obra coordinada por Céline Pessis, *Survivre et Vivre. Critique de la science, naissance de l'écologie*, París, L'échappée, 2014.

testimonio de una conciencia admirable relativa a la responsabilidad de los científicos e ingenieros, y en la cual haría bien en inspirarse esta corporación que, en su gran mayoría, ya ha vendido su alma.[20]

Yann Le Cun, por ejemplo, especialista en *deep learning*, fue contratado por la firma Facebook para dirigir la unidad francesa de investigación de la empresa, y no deja, cada vez que puede, de cantar loas a los inestimables beneficios prometidos por la inteligencia artificial. ¿Cómo es posible que esta persona pueda manifestar alguna distancia crítica? Su discurso está amordazado, consciente o inconscientemente, desde el momento en que es prisionero de intereses que lo sobrevuelan y que regimentan su práctica. El mundo de la investigación, que en otros tiempos se constituía por actores movilizados por diversas curiosidades, intereses, o tropismos de todo orden, y que favorecía el aporte libre de todos, lo cual era condición necesaria para su vitalidad, hoy se ha convertido en un campo en ruinas de la inventiva, al estar compuesto ahora de individuos que se someten tranquilamente a pliegos de licitaciones predeterminados. Por esta razón el concepto de *pharmakon*, según el cual la técnica sería a la vez un remedio y un veneno, es erróneo y estéril. Quizás era el caso cuando los artefactos resultaban de intenciones plurales y contenían formas de ambivalencia: pero ahora estas producciones responden, en su casi totalidad, a funcionalidades precisamente circunscritas y a finalidades estrictas y utilitaristas que no ofrecen en sus usos alternativa alguna.

El control creciente que el complejo tecnoeconómico contemporáneo opera sobre la sociedad me obliga a

20. Ver, para un saludable y raro contraejemplo, el *Manifeste pour une formation citoyenne des ingénieur-e-s*, redactado por el colectivo "Ingénieurs sans frontières", disponible en isf-france.org.

retomar desde nuevas bases el trabajo analítico y crítico que había iniciado Jacques Ellul. Esta tarea, que se relaciona con la filosofía política, exige identificar los linajes genealógicos, la pluralidad de intereses en juego, los efectos de todo orden generados sobre nuestras existencias, el sustrato ideológico que pretende asentar una visión higienista de las cosas, así como la dimensión psicológica, incluso cuasi neurótica, que se expresa en la aspiración a erigir una "inteligencia artificial". Sin embargo, ante la rápida consolidación de las trayectorias en curso, la elaboración solamente de corpus críticos se revelaría como bastante inoperante si no trabajáramos al mismo tiempo tejiendo lazos fructíferos y posiblemente recíprocos entre *teoría* y *praxis*.

Mientras que los evangelistas de la automatización del mundo no dejan de emprender distintas acciones y de verse apoyados y celebrados en todo lugar, nos vamos deslizando hacia formas de la apatía; hemos renunciado a utilizar nuestro poder de actuar. Un movimiento contrario, que haga valer otros principios, ya no puede limitarse a la mera crítica, por más sustentada y argumentada que sea esta, sino que exige la expresión en acto de nuestras divergencias y de nuestra oposición. Dadas las potencias hegemónicas involucradas, conviene concebir estrategias que llaman, antes que nada, a dar testimonio de la realidad del terreno, y a volver a dar fuerza a "contraexperticias" que desmientan las marejadas de tecnodiscursos fabricados en todos sus detalles y propagados desde todos los focos posibles. Solamente los relatos múltiples acumulados de las experiencias vividas serán capaces de exponer los hechos en su cruda verdad, y para alentar formas de movilización en todas las escalas sociales. Probablemente nos hayamos también desprendido del reflejo, que se revela muy saludable en ciertas circunstancias, de manifestar nuestro rechazo, en este caso respecto de ciertos dispositivos, cuando estimamos que ultrajan nuestra integridad y dignidad. Porque esta posición, que surge de una resolución individual, o más todavía cuando se expresa de modo coordinado, reviste una eficacia inmediata, aquella producida por la formulación desviante de un rechazo sin apelación posible: "Si Pier Paolo tenía algo que legarnos, sería una miríada de 'no' mordaces, tiernos o mesiánicos, el gusto amargo de la lucha contra todo lo que nos hace conformarnos con aquello a lo cual nos busca reducir el 'nuevo Poder'".[21]

Pero paralelamente a la manifestación de nuestro desacuerdo, deberíamos también obrar para que emerjan contra-imaginarios, otros imaginarios, que se satisfagan con la trágica y feliz contingencia del devenir, en oposición a la voluntad de disponer de un dominio integral sobre el curso de las cosas. Los imaginarios actuales condicionan la posibilidad de erigir modos de vida que se resignen, sin resentimiento, a la imperfección fundamental de la existencia y que celebren la diversidad de los seres, la autonomía de la voluntad, nuestra aprehensión multisensorial de lo real, a la vez que busquen construir modos de ser en común que no hieran a nadie. Esta es la puesta en práctica del accionar humano a la que nos convocaba Hannah Arendt, ya que es la única capaz de convertirnos plenamente en autores de nuestros destinos porque está basada en el respeto de ciertos principios que se juzgan intangibles.

Particularmente, se trata de la defensa de nuestra facultad de juicio. Arendt la consideraba como la cuestión política principal en la medida en que determina la posibilidad de acciones individuales, y colectivas que se niegan a toda normatividad infundada y a juegos de poder ilegítimos: "De la facultad de juicio se podría decir, con justeza, que es la más política de las aptitudes mentales del

21. Philippe Gavi y Robert Maggiori, prefacio a *Écrits corsaires* (1976), París, Flammarion, "Champs", 2009, p. 16.

hombre [...] Juzgar consuma el pensamiento, lo hace manifiesto en el mundo de las apariencias [...] La manifestación del viento del pensamiento no es el conocimiento, es la aptitud para decir lo que es justo y lo que es injusto, lo que es hermoso y lo que es feo, y esto puede impedir catástrofes, al menos para mí, en los momentos cruciales".[22] Y en este momento crucial es decisivo decir lo que es justo e injusto, lo que es hermoso y feo, y podríamos agregar, lo que es digno e indigno, e incluso lo que libera las potencialidades humanas o lo que las regimenta dentro de marcos limitados y anquilosados. Este libro busca iluminar los términos de las alternativas de alcance civilizatorio en todo punto irreconciliables, y espera brindarse como una herramienta que permita, desde la suave sensación del tacto de las páginas impresas y al abrigo del ruido del mundo, hacer que nos podamos determinar mejor, en plena conciencia y responsabilidad.

22. Hannah Arendt, *Responsabilidad y juicio*, Barcelona, Paidós, 2007.

PARTE 01

EL GIRO CONMINATORIO DE LA TÉCNICA

UNA BREVE HISTORIA DE LA INFORMÁTICA (DE UN AUMENTO DEL CONTROL AL ASISTENTE AUTOMATIZADO DE LA ACCIÓN HUMANA)

La historia nunca está cerrada. Cada secuencia del pasado puede ser objeto de una historiografía profusa según las sensibilidades individuales, los descubrimientos recientes o el espíritu de una época. Las investigaciones que exploran los grandes acontecimientos o las experiencias mínimas, como la caída del Imperio Romano, la vida de un poblado en Occitania en la Edad Media, la vida cotidiana de un cartero durante la Primera Guerra Mundial, la lucha de las sufragistas en el Reino Unido o el movimiento contracultural en los Estados Unidos, por ejemplo, generan una multiplicidad de crónicas que no se pueden clausurar. La mayor parte de ellas tienen la intención, más que de iluminarnos respecto de la mentalidad general de una sociedad, de revelarnos algunas de sus dimensiones que son relativamente desconocidas, o bien que han sido ocultadas por una serie de razones. A veces estas crónicas pretenden subrayar los ecos que esos fenómenos encuentran en otros correspondientes al presente. La disciplina de la historia da testimonio de la naturaleza irreductible de la experiencia humana, que no se puede sintetizar en una esquematización unívoca y definitiva precisamente porque exige ser instituida bajo modalidades y perspectivas indefinidamente renovadas y plurales.

Al contrario, es impactante constatar que no existe una historiografía activa respecto de la informática. En cambio, sí se constituyó una suerte de gran relato que la tematiza y que además es retomado siempre del mismo modo, bosquejando un cuadro de apariencia fija que se caracteriza por hacer foco en una secuencia de hechos que se consideran determinantes y que revisten el estatuto de un catálogo casi oficial. Lo que hace singular a este relato es que, en su mayor parte, está como aislado, ubicado al margen de los contextos económico, social o político dentro de los cuales desplegaron su acción los protagonistas. Podemos identificar la razón con claridad: esta novela única es indisociable del principio de *neutralidad de la técnica* que predomina desde hace bastante tiempo desde el momento en que dicho axioma ideológicamente orientado permite hacer abstracción de los intereses en juego y de las intenciones de todo tipo que se formalizaron en sus dispositivos.

Como impulsados por un reflejo condicionado, volvemos siempre a los mismos acontecimientos generalmente narrados dentro de su entorno científico y relacionados solo a veces con un vago trasfondo cultural. Entre los ejemplos más lejanos y más notables de la Edad Moderna, los que dieron muestras de una enorme novedad y que provocaron luego repercusiones de todo orden, se suele mencionar la calculadora concebida por Wilhelm Schickard en 1623, que efectuaba sumas y restas gracias a regletas corredizas y a discos operatorios. O la Pascaline, construida en 1642 por Blaise Pascal, que fue la primera calculadora con un uso concreto y que sirvió de referencia a múltiples modelos posteriores. O la calculadora de Gottfried Leibniz, de

1694, que incluía un tambor de dientes desiguales que permitía hacer multiplicaciones. O, en lo que concierne al ancestro directo de la computadora, nunca falta la mención, y con justa razón, del invento de Charles Babbage de la máquina diferencial en el año 1820, seguida en 1834 por la máquina analítica, que debían ambas, en teoría, permitir introducir datos y extraer de ellos resultados y después imprimirlos y conservarlos.[1] O incluso, en lo que se relaciona con los inicios de la programación, nos remitimos a la escritura de unos artículos firmados por Ada Lovelace en 1943, que describían, partiendo de los trabajos del matemático Luigi Federico Menabrea, el principio del algoritmo a partir del cual se ejecutan series de instrucciones, y que fueron, cerca de un siglo más tarde, la base de las ciencias del cálculo. Invocamos también la lógica binaria teorizada por George Boole quien, en su obra publicada en 1854 *Les Lois de la pensée,*[2] demuestra la posibilidad de codificar la totalidad de las operaciones con ayuda de fórmulas que no dependen sino de dos estados: el cero y el uno, estableciendo así los axiomas que estructurarían el marco del pensamiento de lo computacional a lo largo de todo el siglo XX hasta hoy. He aquí toda una serie de hechos decisivos, entre muchos otros, que podrían ser mencionados a lo largo de innumerables páginas de igual tenor y que constituyen los anales sin fin de una cierta historia de la informática.

Lo que vuelve específica a esta narración dominante es que dentro de ella, por su dimensión principalmente fáctica, los actores parecen situados "fuera del terreno",

1. El mismo Charles Babbage fue el que, en 1883, publicó su *Traité sur l'économie des machines et des manufactures*, que expone, en cientos de páginas, métodos concebidos para optimizar, bajo diversas formas, la organización general de las empresas según un esquema que puede ser calificado como prefordista.

2. George Boole, *Les lois de la pensée*, París, Vrin, 2002.

confinados en sus laboratorios con la pretensión de únicamente dedicarse a su trabajo y saciar su pasión. Este modo de representación marcó particularmente la odisea de la informática moderna, como vemos, por ejemplo, en la biografía emblemática de Steve Jobs, personaje de aura mítica que, impulsado solamente por su genio desbordante, habría puesto a punto desde su "garaje" la única computadora personal destinada a que los usuarios entraran en la era de una emancipación global que habría comenzado en ese mismo momento. Los intereses económicos que dictarían la trayectoria de las investigaciones en el sector, la naturaleza del complejo tecnocientífico californiano y estadounidense de la época, las luchas industriales que comenzarían a enfrentar a los diferentes fabricantes de PC se ocultaron para privilegiar la imagen de un ser casi autista, únicamente movido por la feroz voluntad de dar cuerpo a sus intuiciones visionarias que finalmente terminarían por "cambiar el mundo". Este estatuto literalmente extraordinario se atribuye también a Bill Gates y, en relación con figuras más recientes, a Mark Zuckerberg o a Elon Musk. El espesor heroico del que están investidos los principales personajes de la ciencia, y desde hace algunas décadas los principales emprendedores de la industria de lo digital, presupone que sus productos revisten, en su origen, una "inocencia virginal"; que esos productos son resultado únicamente de su fervor creativo (lo cual las liberaría de casi de cualquier responsabilidad), a la vez que parecen constatar que, en cuanto a su fulgurante inventiva y novedad, no podrían a fin de cuentas sino beneficiarnos a todos. Este modo de percepción es indisociable de la ideología del progreso vigente a lo largo de los siglos XIX y XX y de la retórica de la "mejora del mundo" gracias a las virtudes inagotables de la "innovación", que constituye uno de los mantras de Silicon Valley desde mediados de la década del ochenta.

Correspondería a una historiografía no sometida a una ideología positivista y a prioris restrictivos desmentir esta doxa, si a esa historiografía le preocupara relacionar los descubrimientos e invenciones con sus condiciones generales de emergencia. Estos episodios pueden ser examinados según una multiplicidad de ángulos de aproximación. Por ejemplo, privilegiando un factor determinante, el que permitió a un cierto tipo de desarrollo técnico, que pronto asumió un curso mayoritario, favorecer la racionalización creciente de la sociedad desde la Revolución Industrial en adelante. O según otro ángulo, que le resulta corolario y que es también capital, privilegiando los resortes económicos que orientaron las investigaciones y dictaron sus campos de aplicación. O podríamos considerar el ángulo de la colonización feudal progresiva de científicos e ingenieros con vistas a cumplir los objetivos de las distintas industrias. O incluso el ángulo de los léxicos que se elaboran con cierta periodicidad y que llegan al punto de constituir neolenguas que acompañan estas evoluciones y determinan las representaciones colectivas. Estas elecciones estratégicas no son exclusivas unas de otras, ni representan un conjunto exhaustivo: la investigación genealógica puede tomar una multiplicidad de caminos para exponer la naturaleza compuesta y resultante de múltiples juegos de fuerzas que caracterizan a todo hecho histórico.

A la vista de los poderes de ahora en más conferidos a las tecnologías digitales, hoy se revela necesario capturar en qué sus propiedades y funcionalidades marcan una ruptura con las tecnologías precedentes desde el período de su aparición hasta tiempos muy recientes, e identificar los factores de todo tipo que convergen en ellas. La vocación de la informática consistió durante más de un siglo en permitir fundamentalmente la conservación y manipulación más sencillas de información, así como en ofrecer una visibilidad minuciosa de diferentes fenómenos, lo que lleva a un aumento del control que detentan las entidades o personas en el ejercicio de una actividad profesional o privada. Desde hace poco tiempo se está produciendo una inversión que nos muestra cómo estas tecnologías se convierten, de modo imperceptible pero cada vez más masivo, en una instancia menos destinada a informar que a *orientar* la acción humana.

Podemos identificar el momento inaugural que da forma a la voluntad de gerenciar mejor ciertas situaciones gracias a procedimientos automatizados. Remite a la convocatoria lanzada en 1888 por la Oficina Estadounidense para el Censo, que tenía la ambición, dado el crecimiento veloz de la población, especialmente por la inmigración masiva, de perfeccionar los métodos que la administración utilizaba hasta entonces. El ingeniero Herman Hollerith había concebido en aquella ocasión una máquina estadística que usaba fichas perforadas que codificaban las características de los individuos: edad, sexo, profesión, situación familiar... La máquina de Hollerith permitía un registro inmediato de los datos y facilitaba su indexación. Además, el total de las operaciones se efectuaba en un tiempo reducido y requería menos personas para realizar las tareas solicitadas. Su proyecto finalmente se adoptó. Él, gracias a la patente, fundó en 1896 la Tabulating Machine Company y se convirtió en su ingeniero principal. Más tarde la empresa pasaría a llamarse International Business Machine (IBM), y elaboraría aparatos destinados "'a recolectar cifras en gran cantidad, a sacar de esas cifras conclusiones, y sobre todo a evaluar con precisión los acontecimientos presentes y por venir', tal como se podía leer desde 1934 en el diario de la filial alemana de IBM".[3] Estos principios determinaron en sus grandes rasgos

3. Edwin Black, *IBM y el Holocausto*, Buenos Aires, Atlántida, 2001.

la trayectoria de la informática en el transcurso de las décadas siguientes.

Sin embargo, durante la Segunda Guerra Mundial, a ciertos instrumentos de cálculo se les confirió una tarea muy distinta. No tiene relación directa con el mecanismo elaborado por Alan Turing y que hizo posible el desencriptamiento de mensajes transmitidos entre los distintos ejércitos nazis usando la máquina *Enigma* (que contribuyó, por su parte, a la victoria de los aliados), sino que es el resultado de un herramental de nuevo tipo, que fue implementado exactamente en el mismo período y que sigue siendo menos conocido, aunque sin embargo da testimonio de una evolución decisiva. Luego de una orden de la Secretaría de Defensa de los Estados Unidos, el ingeniero en informática John Eckert y el físico John William Mauchly concibieron un sistema, desarrollado a partir de 1945, que podía realizar cálculos de balística sobre una base probabilística. Recolectaba distintas informaciones, particularmente las que suministraban los radares y que daban cuenta de las trayectorias y velocidades de los aviones enemigos, y también recolectaba información sobre las condiciones metereológicas. Su función consistía entonces en señalar en tiempo real el momento oportuno para activar el lanzamiento de un misil. Este sistema sustituyó drásticamente a cientos de personas que, hasta ese momento, estaban encargadas de trabajar sobre las tablas de tiro. Lo que caracterizaba a este dispositivo complejo es que, al contrario del de Turing, no recolectaba informaciones para que un individuo actuara en función de ellas, sino que se trataba de que ese individuo fuera *guiado* mediante un procedimiento capaz de indicar, de modo fiable, el instante propicio para iniciar una maniobra precisa. Este principio corresponde a las investigaciones que llevaría adelante una década más tarde Claude Shannon, uno de los teóricos de la cibernética, quien pretendía poner a punto una "máquina destinada a evaluar las situaciones militares y a determinar en cada etapa específica el mejor movimiento a efectuar".[4] De ahí en adelante, la misión de la informática no consistiría solamente en exponer la cartografía de ciertos estados a fin de decidir mejor las acciones a emprender, sino en *notificar la naturaleza y la oportunidad de los gestos a llevar a cabo.*

Sin embargo, hacia el final de la Guerra, esa lógica de asistencialismo automatizado, que se basaba particularmente en la facultad predictiva de los sistemas, y que era por entonces apropiada en el marco de un conflicto mundial de desenlace incierto, no parecía corresponder a las necesidades de la época. La prioridad, frente a las sociedades y los paisajes en ruinas, consistía en reconstruir lo más pronto posible las naciones con basamentos sólidos. En el transcurso de las dos décadas siguientes, y a pesar de las veleidades de la cibernética de erigir el *feedback* como principio tecnológico y de organizacional cardinal, no fue esta tendencia lo que se impuso sino la tendencia más modesta, y sobre todo más pragmática, de gerenciar con eficacia ciertos sectores de la actividad con ayuda de distintos procedimientos *ad hoc*. Esta propensión empalmaba con la vocación inicial de la informática, que se consideraba un instrumento para aumentar el control en la administración de las cosas. Las máquinas de cálculo se fueron usando progresivamente siguiendo este objetivo, primero en el seno de los organismos públicos, como la Seguridad Social, luego en los servicios impositivos o en las grandes empresas. El movimiento de informatización creciente posterior favoreció la gestión optimizada de las informaciones relativas a ciertos usos de la población, a la producción industrial, a las transacciones, al personal, al seguimiento

4. Norbert Wiener, *Cibernética y sociedad*, Buenos Aires, Sudamericana, 1988.

de las relaciones con prestatarios y clientes, y tuvo que ver incluso con la instauración paulatina de nuevas técnicas de gerenciamiento.

Estos fueron otros tantos factores que sostuvieron los fenómenos conjuntos de racionalización progresiva de la sociedad y de auge de la economía capitalista. Lo que hacía específicos a estos procedimientos es que se basaban en un acceso inmediato a los datos, pero basado en una cierta forma de distancia que separaba, de un lado, las cifras, diagramas, índices descriptivos, y del otro a las personas, permitiéndoles en teoría, luego de realizar consultas, actuar a su voluntad y según plazos variables. La introducción de las primeras computadoras personales se inscribió en este linaje, ofreciendo a los individuos la posibilidad de usar hojas de cálculo, redactar escritos y ponerlos en página gracias a los programas de procesamiento de texto que aparecían en ese momento, o incluso de entregarse a juegos de video rudimentarios. Más tarde, en el transcurso de la década del ochenta, la reducción del sonido a códigos binarios, seguida, durante la siguiente década, por la síntesis de la imagen fija y animada, extendió al conjunto de los campos simbólicos este manejo sencillo de la información por medio de programas específicos. Lo que apareció entonces fue la capacidad, ofrecida ahora a los usuarios, de mantener una relación lúdica y singular con sus máquinas, aunque desplegándose dentro de marcos técnicos circunscritos. En este momento, las personas disponían todavía del permiso de actuar *según sus deseos frente a sus pantallas*, y eso mismo las excitaba, lo que generó progresivamente un entusiasmo casi generalizado a escala mundial.

A mediados de la década del noventa, ocurrió un acontecimiento decisivo pero bastante más discreto que la emergencia, en ese mismo momento, de Internet, y que más adelante (solamente ahora) se reveló en todas sus consecuencias como de una importancia igual de capital, como esos "grandes acontecimientos" que, según Nietzsche, "llegan con pies de paloma". Se empezaron a utilizar unos dispositivos de nuevo cuño llamados "sistemas expertos". Estaban destinados a describir, rápidamente y de modo supuestamente fiable, ciertos estados que eran un hecho en el seno de un conjunto mayor de datos. En verdad estos sistemas ya habían aparecido treinta años antes, como demuestra el ejemplo de Dendral, que salió al mercado en 1965 y que identificaba los componentes químicos de un material, o de Mycin, concebido a comienzos de los años setenta para hacer diagnósticos de ciertas enfermedades de la sangre y sugerir prescripciones médicas supuestamente apropiadas. Pero su uso, así como el de otros prototipos, no se pudo extender porque su eficacia todavía era balbuceante.[5] No fue sino décadas más tarde, gracias a los adelantos de las técnicas heurísticas y de inferencia, que estos procedimientos comenzaron a generalizarse.[6] Fueron explotados en el marco de ciertos usos muy determinados, por ejemplo el establecimiento de balances de arquitecturas informáticas o de ciertos segmentos del mantenimiento aéreo, antes de convertirse en herramientas habitualmente utilizadas en la banca, los seguros o las finanzas a fin de evaluar el comportamiento de un cliente, de proyectar su solvencia en el caso de que pidiera un préstamo, de cuantificar el nivel de riesgo de

5. El sistema experto Dendral fue elaborado por los especialistas en informática Edward Feigenbaum, Bruce Buchanan, el médico Joshua Lederberg, y el químico Carl Djerassi; Mycin fue desarrollado por Edward Shortliffe a cuenta de la Stanford Medical School.

6. Si el problema a resolver era de tamaño limitado, con pocos axiomas y reglas, el sistema podía deducir todas las conclusiones posibles de modo mecánico; pero si la combinatoria se revelaba demasiado compleja, entonces se haría imposible explorar todas las posibilidades en un tiempo razonable. En ese caso, habría que introducir heurísticas para separar bloques enteros de casos posibles, para permitir focalizar entonces sobre las hipótesis más prometedoras.

alguien que tuviera un seguro o de anticipar el valor de ciertos títulos.

Hay entonces sistemas informáticos a los que se les asigna una competencia que, hasta entonces, no dependía ni de sus prerrogativas ni de sus capacidades: *evaluar las propiedades de ciertas situaciones*. A esa función pronto se agregó otra, todavía más perturbadora: la de revelar fenómenos enmascarados a nuestra conciencia. Esta disposición adquirió el nombre de *data mining* o "minería de datos", es decir, la aptitud para distinguir correlaciones, dentro de las bases de datos, que permitan encontrar lazos significativos entre distintos hechos. Uno de los ejemplos más notorios, que data de fines de los años noventa, y que reviste el estatuto de escena inaugural, remite a la intención del distribuidor estadounidense Walmart de analizar con precisión los hábitos de sus consumidores. La implementación de este sistema había mostrado que las ventas de cajas de pañales para bebés y de packs de cerveza aumentaban de modo paralelo y sustancial los días sábados desde las primeras horas de la mañana hasta la media tarde. Se sacó la conclusión de que ese momento correspondía a las horas previas a los partidos de baseball, y que entonces los clientes, principalmente los hombres, hacían compras en función de las necesidades del fin de semana, pero también previendo las transmisiones deportivas por venir. La constatación de esta correlación llevó a las cadenas comerciales a acomodar las mercancías de los productos involucrados en estantes situados uno cerca de los otros. Si bien no fue el dispositivo el que captó la causa de esta concordancia, permitió sin embargo develar comportamientos que hasta entonces no habían sido identificados. Desde entonces, esa aptitud interpretativa no hizo sino perfeccionarse y constituye hoy el eje principal de las investigaciones llevadas a cabo en las ciencias del cálculo y los datos. En la actualidad llega al punto de estimar en tiempo real los itinerarios según las rutas más fluidas, de identificar a las personas supuestamente más adaptadas al "perfil" de uno mismo en los sitios de encuentros, de detectar posiciones que se juzgan "desviadas" en el seno de una multitud, o de diagnosticar ciertos tipos de cáncer, entre muchos otros ejemplos. Esta funcionalidad da testimonio de la *facultad cognitiva* que se asigna de ahora en más a las tecnologías digitales.

Se corporeiza un nuevo modelo: se asigna a los sistemas computacionales una posición de superioridad para la evaluación de las cosas. La voluntad histórica de obtener un mayor grado de control sobre los hechos gracias a la informática se acompañaba inevitablemente de una pluralidad de actitudes posibles de las entidades o personas que se venían confrontadas a los resultados de los cálculos. Podían usarlos solamente como una base informativa o bien iniciar todo tipo de acciones según sus intereses y según temporalidades variables. La inteligencia artificial evacúa esta ductilidad en beneficio de ecuaciones que, por el valor de verdad que se les otorga y es su consecuencia, se imponen sin ambigüedad dentro de los plazos más reducidos y de modo siempre más automatizado respecto del curso de los asuntos humanos. Lo que hace posible el advenimiento de estos sistemas es el horizonte antropomórfico al que apunta de ahora en más el mundo tecnocientífico y que lleva a la elaboración de dispositivos que, como nosotros mismos, se caracterizan por su facultad para evaluar y tomar decisiones, haciendo emerger, por las normas y los intereses que sostienen, una nueva era de la racionalidad económica y social. Esta trayectoria se inscribe continuando exactamente la historia de la informática, pero franquea otro umbral, ya que nos muestra que su ambición inicial hoy adopta una medida virtualmente integral, conforme a la concepción de Norbert Wiener, que pretendía, gracias al principio de la modelización de los sistemas sobre la figura humana, imprimir el mejor curso supuesto al orden general del mundo: "La máquina, igual que el organismo vivo, puede ser considerado como un dispositivo que parece, local y temporariamente, resistir a la tendencia general al aumento de la entropía. Por su capacidad de tomar decisiones, puede producir alrededor de ella una zona de organización dentro de un mundo cuya tendencia general es a desorganizarse".[7]

7. Norbert Wiener, *Cibernética y sociedad*, op. cit.

2

EL DEVENIR ANTROPOMÓRFICO

Lo humano está animado por una pasión perturbadora: engendrar dobles artificiales de sí mismo. Desde la Antigüedad la historia está jalonada de episodios que nos permiten ver a ciertos individuos intentando concebir, bajo distintas formas, criaturas a las que se asigna nuestra misma conformación y que deberían estar dotadas, según el caso, de algunas de nuestras cualidades kinestésicas, sensoriomotrices, propioceptivas y más todavía, cognitivas. ¿De dónde proviene esta sed singular de generar una réplica de nosotros mismos? ¿Es resultado de la exaltación por lanzarnos dentro de una aventura límite, del hecho de desafiar lo imposible, de sentir un poder demiúrgico? A pesar de la abundante literatura que sostiene estas representaciones, nos equivocaríamos si nos quedáramos con esta explicación, porque si vemos el asunto de cerca lo que se expresa es una aspiración totalmente distinta, que nunca se conformó con calcar literalmente nuestras características, sino que pretende remitirse a algo más poderoso que nosotros mismos, aunque partiendo de nuestra misma constitución, que se considera una armadura biológica e intelectiva perfecta. Dentro de la ambición de lograr la reproducción antropomórfica está siempre la fantasía de hacer surgir una entidad dotada de poderes superiores.

El Génesis dice que "Dios creó al Hombre a su imagen y semejanza". Podemos invertir la fórmula para proponer, de un modo no religioso, que son los humanos quienes concibieron a la figura divina monoteísta "a su imagen y semejanza", según una proposición que radicaliza hasta el extremo el principio según el cual, cuando se expresa la voluntad de dar cuerpo a un ser, real o imaginario, pero que es tendencialmente análogo, este se tiene que sentir infaliblemente gratificado por un poder sin medida común. Probablemente haya que detectar una doble avidez aparentemente contradictoria constituida a la vez por la percepción de nosotros mismos como situados en la cumbre de la jerarquía de las sustancias del mundo, según una visión antropocentrada, y por un odio de nuestra condición en la medida en que está sometida a límites, a los avatares de la vida, porque es eminentemente vulnerable e *in fine* corruptible. El deseo de engendrar una criatura similar buscaría desanudar esta tensión inextricable, consciente o inconscientemente, y conjurar lo trágico de nuestra existencia. Dentro de este imaginario se apunta al designio de tener ante la vista existencias en parte parecidas, pero con facultades multiplicadas, que puedan realizar distintas acciones con una eficacia ampliada y una infalibilidad constante a fin de asegurar una mejor conducción de nuestros asuntos. Todo deseo de dar vida a artefactos inspirados en nuestros rasgos apunta, a fin de cuentas, a la instauración de un ordenamiento más fiable o perfecto de las cosas.

Fue exactamente según este deseo, explícito o no, que se agruparon investigadores provenientes de distintas disciplinas al término de la Segunda Guerra Mundial. Algunos de ellos, o algunos miembros de sus familias, habían escapado de Europa en el momento del ascenso del nazismo en el transcurso de los años treinta y se habían refugiado en los Estados Unidos. La amplitud de las pérdidas humanas, así como el traumatismo a escala planetaria que ocasionó el conflicto, en combinación con los considerables avances científicos que la propia guerra trajo consigo, particularmente en el campo de la informática, inspiró a estos científicos la voluntad de construir dispositivos ya no destinados a sembrar la muerte sino que permitieran, supuestamente, prevenir nuevos desmoronamientos. Esta fe es indisociable de un momento histórico que asistió a la emergencia de una técnica convertida en tan poderosa que de ahí en más se vio afectada por un poder de destrucción virtualmente absoluto, tal como revelaron los bombardeos atómicos de Hiroshima y Nagasaki para espanto mundial. La tecnociencia, movida por veleidades demiúrgicas, había creado las condiciones de una posible extinción de la humanidad, lo que Gunther Anders denunció con vehemencia en su libro *La Ménace nucléaire* [La amenaza nuclear].[1] Sin embargo, se esperaba que el control de la alta tecnología, si se inspiraba en intenciones muy diferentes, llevara a su exacto contrario y contribuyera al surgimiento de un mundo pacificado y mejor organizado.

Se había identificado al nuevo mal: la *entropía*. Era una noción proveniente de la termodinámica que designaba la tendencia de toda sustancia física de ir hacia su desintegración y provocar formas del caos: "El mundo entero obedece a la segunda ley de la termodinámica: el orden disminuye, el desorden aumenta".[2] En realidad, el uso del término provenía de una metonimia y no pretendía

1. Ver Günther Anders, *La Ménace nucléaire. Considérations radicales sur l'âge atomique*, París, Le Serpent à plumes, 2006.

2. Norbert Wiener, *Cibernética y sociedad*, op. cit.

relacionarse sino con los modos de organización social para evitar desregulaciones posiblemente nefastas. Estos científicos fundaron juntos una nueva disciplina que fue intencionalmente denominada "Cibernética" por Norbert Wiener en 1948: "Como hasta hace poco tiempo no existía una sola palabra para referirse a este complejo de ideas, me vi en la obligación de inventar una a fin de poder designar el campo entero mediante un único término. De ahí la palabra 'cibernética', que hice derivar del término griego *kubernetes*, o 'timonel', el mismo término del que deriva, finalmente, nuestro término 'gobernador'".[3] Desde su origen, esta corriente, "este complejo de ideas", pretendió instaurar un orden que revistiera una eficacia política que se tenía que hacer posible gracias a la elaboración de ciertos aparatos dedicados a ello.

Estos aparatos tendrían que estar marcados por una conformación antropomórfica con la finalidad de que se les acordara propiedades humanas estrictamente cognitivas, y se los pensaría como dotados a largo plazo de aptitudes aumentadas. Dicho principio teórico tiene su origen en un artículo publicado unos años antes, en 1943, por el investigador en neurología Warren McCulloch, y el matemático y fisiólogo Walter Pitts. En el artículo afirmaban que "el cerebro representa una hermosa máquina", y que era concebible reproducirla en parte o en su totalidad.[4] Identificaron algunos de sus rasgos principales, entre ellos el hecho de que está constituido principalmente por neuronas vinculadas entre sí por medio de sinapsis, neuronas en las cuales la intensidad de la actividad varía en función de los estímulos recibidos, según un esquema que constituiría el fundamento de la doctrina conexionista en las

3. Ibíd., p. 47.

4. Warren Surgis McCulloch y Walter Pitts, "A Logical Calculus of the Ideas Immanent in Neutral Nets", *Bulletin of Mathematical Biology*, vol. 52, 1943.

ciencias de la información. Esta tesis fue objeto de diversas ponencias y debates que tuvieron lugar con intervalos regulares entre 1946 y 1953 en Nueva York, en el marco de las conferencias Macy, que reunieron a matemáticos, especialistas en lógica, antropólogos, psicólogos y economistas con el objetivo de construir una "ciencia general del funcionamiento de la mente". Los debates derivaron en que, algo más tarde, se realizara el primer *Summer Camp* de Dartmouth en el verano de 1956, que representó el momento inaugural del movimiento cibernético. Su ambición inicial pretendía descomponer cada una de las funciones del cerebro humano y entender su esquema procesual con vistas a reproducirlo dentro de mecanismos artificiales: "Teóricamente, si podíamos construir una estructura mecánica que completase exactamente todas las funciones de la fisiología humana, obtendríamos una máquina cuyas capacidades intelectuales serían idénticas a las de los seres humanos".[5] Según esta creencia, cuanto más se confundiera esta máquina, en su arquitectura, con su modelo natural, más podría convertirse en garante, a largo plazo, de una buena organización general de la sociedad.

Pero esta disposición no se podía formalizar si se consideraba a las entidades como desarrollándose dentro de una cápsula cerrada. Por el contrario, tenían que ser concebidas como sistemas abiertos, "órganos sensibles", como cualquier otra sustancia viva, siendo capaces entonces de verse "afectadas" por lo real, de recibir algunas de sus manifestaciones, y de descomponerlas por medio del cálculo a fin de que después los resultados pudieran ser utilizados con distintas finalidades, conforme al principio cardinal del *input* y el *output*. "Esta armadura biomecánica estaría equipada de *órganos efectores* (equivalentes a brazos y piernas humanos) gracias a los cuales se podrían realizar sus tareas. Luego estas máquinas deberían tener

5. Norbert Wiener, *Cibernética y sociedad*, op. cit.

órganos sensoriales (por ejemplo, células fotoeléctricas o termómetros) que no solamente les informaran cuáles son las circunstancias exteriores sino que también les permitieran registrar el cumplimiento o no de sus tareas".[6] En otros términos, el conjunto del dispositivo correspondería a un ser viviente en su totalidad, con órganos sensoriales "efectores" y "propioceptivos", como en el caso de la máquina ultra rápida, de un cerebro aislado cuya experiencia y eficacia dependen de nuestra intervención".[7].

De ahí la importancia del *feedback* para el proyecto cibernético, que pretendía reducir todo fenómeno a información que había que recolectar y luego interpretar por medio de máquinas, a fin de que las conclusiones permitieran emprender las acciones más adecuadas, sea por parte de esas mismas máquinas, de modo automatizado, sea por parte de individuos humanos. Este sueño de un control virtuoso y a largo plazo infalible de la marcha del mundo constituyó el núcleo del designio cibernético, la alta tecnología de la posguerra que debía cubrir una función reguladora y estar dotada de poderes homeostásicos: "Conocemos con el nombre de *homeostasis* el proceso según el cual nosotros, seres vivos, resistimos a la corriente general de corrupción y degeneración".[8] "El oxígeno, el gas carbónico y la sal de nuestra sangre, o las hormonas elaboradas por nuestras glándulas endócrinas, están reguladas por mecanismos que tienden a oponerse a cualquier cambio de nivel que resulte poco afortunado. Estos mecanismos, que se conocen con el nombre de homeostasis, son mecanismos de retroalimentación semejantes a los que podemos encontrar ampliados en los autómatas mecánicos".[9]

6. Ibíd., p. 64.
7. Ibíd., p. 183.
8. Ibíd., p. 124.
9. Ibíd., p. 125.

Finalmente, este programa que tenía una ambición fuera de toda norma conocida se tuvo que resignar a no erigir sino formulaciones teóricas, dado que el estado de las técnicas a disposición era por entonces bastante pobre. Si bien se produjeron avances en el campo, hacia mediados de la década del sesenta se cerró con un fracaso mordaz. Más que la realización de cerebros artificiales superiores e inalterables y el advenimiento de un mundo totalmente regido por el *feedback*, lo que ocurrió fue más bien la informatización creciente de la sociedad con el único objetivo de tender hacia una administración siempre más optimizada de las cosas. Sin embargo, la aspiración cibernética dejaría, por su amplitud, por su audacia o por su desmesura maníaca, una huella poderosa e indeleble en la historia de la informática y en la historia de las ideas en general. Había hecho germinar en las conciencias la idea según la cual las máquinas de cálculo pueden contribuir a erigir un mejor orden general de los asuntos humanos superando entonces su vocación inicial de permitir la clasificación, la indexación y la manipulación más sencillas de la información.[10] Por esta razón, se intentó reanimar su espíritu inicial a intervalos regulares en las décadas que siguieron a su estancamiento; pero ante cada tentativa de recuperación, sus instigadores se veían confrontados con nuevas secuencias de desilusión que retrospectivamente se llamaron los "inviernos de la IA". Eso hasta comienzos de la década de 2010, momento en que asistimos a un retorno masivo de esta aspiración, aunque ya no motorizada

10. Esta intención estuvo particularmente en acto en el proyecto Cybersyn, encargado en 1970 por el presidente de Chile Salvador Allende, un sistema informático concebido por el investigador británico Stafford Beer, destinado a supervisar en tiempo real la economía nacional y más ampliamente a garantizar una mejor gobernabilidad del país. Debía implantarse en el seno de una amplia sala de control de aspecto futurista; después del golpe de Estado de 1973, finalmente no se lo realizó. Sobre este proyecto, ver Eden Medina, *Cybernetic Revolutionaries: Technology and Politics in Allende's Chile*, Cambridge, Massachussets, MIT Press, 2011.

por un número al fin y al cabo restringido de personas sino que, por el contrario, ahora está sostenido por múltiples batallones tecnocientíficos que llevan adelante sus investigaciones en los cinco continentes y se benefician de fondos financieros poderosos.

Hoy, esta ambición de erigir protocolos modelados sobre el cerebro humano representa el eje principal que guía las investigaciones que se llevan adelante en los laboratorios de las ciencias del cálculo, forjando una suerte de "neuroléxico" directamente inspirado en aquel que habían constituido en su origen Norbert Wiener y sus compañeros. IBM, por ejemplo, pretende haber puesto a punto "chips sinápticos"; Intel, número uno mundial de los semiconductores, elaboró un chip llamado "neuromórfico", que "aprendería" y evolucionaría gracias a algunas centenas de miles de millones de "neuronas" y de centenas de millones de "sinapsis", y anuncia pretender colocar en el mercado un "procesador neuronal". Estas arquitecturas técnicas funcionarían según "procesos celulares" y serían manejadas por "algoritmos genéticos". La lista de términos tomados de las ciencias neuronales, pero también de las ciencias de lo viviente, no dejan de extenderse.[11] Esta terminología, que se deriva de "un golpe de estado retórico", dada la estructura muy esquemática de los sistemas respecto de su modelo, se inscribe en la tendencia contemporánea a acordar preeminencia a las neurociencias cognitivas y comportamentales respecto de otros campos del conocimiento, como si la comprensión de los engranajes del cerebro y la

11. Con relación a la ceguera manifestada respecto de este "neuroléxico" ver el libro de Catherine Malabou, *Métamorphoses de l'intelligence. Que faire de leur cerveau bleu?*, París, PUF, 2017, que toma como dinero contante y sonante esta terminología y que deduce de ella una supuesta "metamorfosis de la inteligencia". Una teorización rigurosa de la inteligencia artificial requiere estar en la cúspide de las estructuras técnicas tanto como no mostrar una ingenuidad embobada frente al vocabulario embellecedor usado por la industria de lo digital.

toma en consideración derivada de sus circuitos altamente dinámicos debieran servir de medida estándar para gran cantidad de actividades humanas. Es la razón por la cual varias disciplinas se alborozan desde hace poco tiempo por agregar a su nombre el prefijo "neuro". Llegamos a hablar de "neuroeconomía", de "neuromanagement", de "neuropolítica", o incluso de "neuroeducación", entre otros casos a citar que manifiestan, todos ellos, una fascinación por la "plasticidad cerebral" que tiene que servir de parangón a todo comportamiento individual o colectivo movido por un burbujeante flujo energético ininterrumpido y que tiende hacia su mejor expresión.[12]

Todo este aparataje verbal embellecedor se usa profusamente en la industria de lo digital y entre los investigadores sometidos a sus intereses, con el objeto de dotar a sus creaciones de prestigio simbólico. En realidad, enmascara la instauración a grandes pasos de un orden algorítmico de las cosas alineado sobre el principio sacrosanto de la retroalimentación más alta y del rendimiento más intenso al que deberán responder todos los componentes de la sociedad (los individuos, los modos de vida, su fuerza de trabajo, las instituciones públicas, los hospitales, las escuelas, las empresas, las redes de transporte), ya que todos están de ahora en más llamados a ponerse continuamente bajo el sello de la menor "pérdida" y de las ganancias más óptimas. Nos damos cuenta entonces de que la metáfora del cerebro termina por desbordar el marco de la caja craneana o de los procesadores para dilatarse a escala del mundo entero -desde hace poco contemplado como si fuera una unidad semejante a nuestro órgano cerebral, simbolizando el estadio supremo de una estructura reticular homeostásica-, cuyo avance general debe estar

12. Sobre la "mitología cerebral" que da vértigo a gran cantidad de disciplinas, ver Alain Ehrenberg, *La Mécanique des passions. Cerveau, comportement, société*, París, Odile Jacob, 2018.

regulado por un programa perfectamente integrado que proceda sin cesar al mejor ajuste entre todas sus neuronas o sus "mónadas humanas", o incluso cada fragmento de lo real. Este modelo, cumbre del vigor energético de lo viviente, debe adecuarse a otro modelo, el de la economía ultraliberal, basado en la identificación en tiempo real de todo lo que ocurra y que sea virtualmente aprovechable para generar incesantemente ciclos crecientes de rotación del capital.

Según esta condición, la inteligencia artificial no representa solamente una tecnología, sino que encarna con más exactitud una *tecno-ideología*, que permite que se confundan los procesos cerebrales y las lógicas económicas y sociales que tienen como base común su impulso vitalista y su estructura conexionista altamente dinámica. El hecho de adecuarse al burdo aspecto antropomórfico que se demanda a las arquitecturas computacionales se deriva de un hábil (y sobre todo brillante) truco de magia que no debe engañarnos, sin embargo, ya que contribuye a generalizar un modo de racionalidad específico basado sobre la destinación utilitarista y lucrativa de cada secuencia de la vida y que luego se calca sobre una sustancia orgánica que la inscribiría en un "orden natural de las cosas". No solamente la técnica no es neutral –¡qué buen chiste!– ni depende de nuestros usos –¡qué ficción tan llena de perspectivas de "reapropiación positiva"!–, sino que constituye, como nunca antes en su devenir mayoritario, el soporte de esquemas organizacionales que, bajo la máscara de léxicos pomposos, están llamados a regir la sociedad según una eficiencia que aumenta sin descanso gracias a la facultad de autoaprendizaje de la que están dotados sistemas alimentados con "principios educativos" y destinados, no lo dudemos (y sobre todo si están impregnados de "reglas éticas" definidas por el mundo social liberal), a administrar cada vez mejor los asuntos humanos.

EL *MACHINE LEARNING*: HACIA LAS TECNOLOGÍAS DE LA PERFECCIÓN

Hay una silla en primer plano. Es de madera y su asiento está hecho de paja entretejida. La vemos en picado, desde un punto de vista situado a la altura de un hombre. Está ligeramente girada, si nos guiamos por la trama geométrica que forman las baldosas de barro del suelo. Esto imprime al conjunto una tensión algo sorda. Su tonalidad ocre amarillenta complementa la del segmento azul de pared que está detrás, y la de un fragmento de la puerta, también azul, que está a la izquierda, y eso acentúa la sensación de dinamismo. No hay ningún cuerpo animado en la escena; impacta por su aspecto estático, casi inmutable. Y, sin embargo, algunas hojas de tabaco que se cayeron de su paquete, junto con la pipa apagada que está apoyada sobre la silla, oponen una vaga impresión de cosa efímera. A pesar de su apariencia fija, *La Chaise et la Pipe*, pintado en 1888 por Vicent Van Gogh (National Gallery, Londres) parece dar testimonio también de la mutabilidad continua a la cual se ve sometida toda sustancia física, como las telas de Cézanne, que pese a los motivos representados (casas, callejuelas, hasta montañas) parecen todas animadas por el movimiento interno que les insufla la pintura con espátula y sus toques nerviosos. Quizás porque toda materia, orgánica, vegetal, incluso mineral, sufre procesos más o menos perceptibles y rápidos de transformación (según un principio que la física cuántica confirmaría más tarde a todas las escalas), es que Van Gogh, como cada uno de nosotros, siente la necesidad de confrontarse cada tanto con cuadros y entornos plenos de estabilidad, pese a la obligada efervescencia que agita cada partícula del universo.

La contemplación de las cosas o la familiaridad que alcanzamos con ellas nos aportan una forma de quietud. Más allá de su utilidad inmediata, esta sería una de las virtudes con las cuales esas cosas nos benefician, al contradecir, mediante su aspecto imperturbable y perenne, los flujos indefinidamente fugitivos de la vida. Los objetos, al estar en todo momento sometidos a la impermanencia de lo real, nos garantizan al menos la presencia reconfortante de un orden aparentemente contrario, de acuerdo con esa necesidad secreta que Hannah Arendt supo analizar: "Es esa durabilidad la que da a los objetos del mundo una relativa independencia en relación con los hombres que los han producido y que los utilizan, una 'objetividad' que las hace 'oponerse', resistir, al menos por algún tiempo, a la voracidad de sus autores y usuarios vivientes. Desde este punto de vista, los objetos tienen como función estabilizar la vida humana y –contra Heráclito, que afirmaba que no nos bañamos dos veces en el mismo río– su objetividad se deriva del hecho de que los hombres, pese a su naturaleza cambiante, pueden recuperar su identidad al relacionarse con la misma silla, la misma mesa".[1]

1. Hannah Arendt, *La condición humana*, Barcelona, Paidós, 2001.

Sin embargo, esta sensación de permanencia está llamada a atenuarse dentro de nuestro entorno, ya que debemos convivir con nuevos tipos de artefactos de ahora en más sustraídos a la estabilidad porque están tomados por una rítmica continuamente evolutiva, o más precisamente porque están dotados de márgenes de progresión indefinidamente crecientes en las tareas que les son asignadas. Este principio es posible hoy por la puesta a punto de sistemas que están equipados con un poder perturbador –son autoemprendedores–, que son resultado de las técnicas del *machine learning* ("aprendizaje de las máquinas"). Lo que vuelve específicos a estos dispositivos es que son capaces de "mejorar" gracias a los algoritmos que los gobiernan y que están destinados a hacerles "asimilar" nuevos elementos en el transcurso de las operaciones que realizan y los efectos que producen, a fin de enriquecer constantemente su cualidad de experticia. Por ejemplo, hay recintos conectados con altavoces, como Google Home, que se supone que podrán afinar todavía más, y permanentemente, sus propuestas de escucha o las ofertas de todo orden que sugieren en función de los diálogos que sostienen con sus usuarios y según los pedidos que se le formulen.

Esta aptitud procede de la conformación antropomórfica que se asignó a las tecnologías computacionales. Igual que la vida de un ser humano, las tecnologías computacionales no quedan reducidas a un estado inicial constante sino que se modifican según las "experiencias vividas" y los nuevos conocimientos que van adquiriendo, que les permiten extraer "enseñanzas" y perfeccionar todo el tiempo sus competencias. Esta disposición es parte integrante de estos nuevos "individuos técnicos", para retomar la expresión de Gilbert Simondon,[2] en este caso más apropiada que nunca por la naturaleza de su codificación

2. Ver Gilbert Simondon, *El modo de existencia de los objetos técnicos*, Buenos Aires, Prometeo, 2007.

o su "código de ADN", porque se convierten de algún modo en "seres temporales", consumando de este modo uno de los axiomas principales de la cibernética: "Si este principio de transformación se ve sometido a un criterio de valor de ejecución, y si además el método de transformación está regulado de modo tal que mejore la ejecución del sistema según ese criterio, entonces diremos que se trata de un sistema autoadaptativo, un sistema que *aprende*".[3]

Pero en aquella época la cibernética era una teoría que se veía enfrentada a límites formales: la infraestructura técnica a disposición por entonces era demasiado insuficiente. Hoy esta ambición se patentiza gracias a la puesta a punto de arquitecturas compuestas de unidades llamadas "neuronas" que realizan operaciones dentro de una primera "capa de cálculos" que, una vez finalizada, se ve "relevada" por otra capa para efectuar otras tareas cuyo número puede llegar hasta algunas decenas, permitiendo así ir hacia niveles de complejidad cada vez más altos con la perspectiva de efectuar prioritariamente tratamientos comparativos de datos, de identificar similitudes con modelos determinados y entonces integrarlos. Por ejemplo, esos procedimientos, que funcionan mediante "ladrillos de cálculos", pueden ser utilizados para el reconocimiento de un objeto dentro de una imagen, y vemos entonces, en cada etapa, cómo la "red de neuronas artificiales" puede hacer cada vez más precisa su discriminación de los elementos representados mediante un proceso que se emparenta con una puesta en relación continua, "pieza por pieza", entre una referencia de base y el motivo analizado. Estos esquemas constituyen el fundamento de la tecnología del *deep learning*, establecida particularmente sobre un "aprendizaje" llamado "supervisado" porque está sometido a la ejecución de tareas definidas y que, por "entrenamiento", a medida que se hacen distintas

3. Norbert Wiener, *Dios y Golem*, México, Siglo XXI, 1967.

operaciones, y por sus recurrencias, su verificación y su validación, "profundizan" el conocimiento del cual está provisto un sistema respecto de un conjunto de datos. De modo corolario, esos sistemas profundizan el conocimiento de un campo particular y consolidan entonces su capacidad para evaluar de modo experto, a alta velocidad, la naturaleza de ciertas situaciones, así como para proceder "por sí mismos" a la realización de actos relacionados con esas situaciones.

Este principio estuvo en el origen del acontecimiento espectacular que, en 2016, dejó estupefacto al planeta entero, cuando el programa AlphaGo, concebido por DeepMind, filial de Alphabet/Google, le ganó al surcoreano Lee Sedol, considerado entonces como uno de los mejores jugadores de go del mundo. El dispositivo, para funcionar, disponía de millones de partidas históricas catalogadas, y su estructuración le permitía, en el transcurso de una jugada, comparar en tiempo real cada jugada que le hacía el adversario o cada jugada proyectada por él mismo con muestras de otras jugadas del pasado que fueran parecidas, para evaluar las consecuencias de los resultados así obtenidos y entonces determinar, a muy alta velocidad, los movimientos que estimara más adecuados. Más allá de este caso específico, hay un movimiento en curso que supone que estas arquitecturas, tanto por su agenciamiento técnico como por el aumento continuo de sus poderes de cálculo, están llamadas a ser dotadas de cualidades de experticia y de competencia decisionales cada vez mejores. Lo que es propio de los sistemas de divulgación de la verdad es que están ineluctablemente consagrados a adquirir la forma de *tecnologías de la perfección* y a imponer con cada vez mayor firmeza su autoridad a la comunidad de los seres vivos. Esta dimensión, que todavía no llegamos a capturar –probablemente sea demasiado temprano para hacerlo–, hará que la inteligencia artificial, por su eficacia indefinidamente constatada y por el resplandor de su aura que se deriva de ello, convierta en marginal a la intuición humana hasta llegar, a largo plazo, al punto de deslegitimarla, haciendo inútil o inoperante toda decisión que dependa de nuestra propia conciencia.

La concesión que se le asigna a los magmas de códigos para que vivan especies de "existencias autónomas" implica un nuevo tipo de "autocrecimiento de la técnica" (para retomar la expresión de Jacques Ellul)[4] de algún modo desde el interior de los sistemas; esto produce un efecto singular: una forma de distanciamiento respecto de los seres humanos. No tenemos que tratar con criaturas que se nos "escaparían", y que son susceptibles de rebelarse un día contra sus "progenitores", según un imaginario incongruente que todavía está muy en boga, sino que tenemos que tratar con entidades consagradas a volvérsenos cada vez más ajenas. Y eso a tal punto que los "intercambios comunicacionales" entre protocolos se nos habrían vuelto incomprensibles.[5] Hay un nuevo tipo de "caja negra" en el horizonte, y no es la generada por las bases de datos o los algoritmos que impiden a los usuarios, *de facto*, por su opacidad estructural, apresar su constitución, sino otra caja negra producto del encadenamiento de caracteres cuya evolución combinatoria se nos volvería cada vez más oscura: "Una vez que la red de neuronas aprendió a reconocer algo, un desarrollador no se puede dar cuenta de cuánto éxito ha tenido. Es como en el cerebro: usted no puede cortar una cabeza y mirar cómo funciona".[6]

4. Ver Jacques Ellul, *Le Système technicien*, París, Le Cherche Midi, 2012.

5. Ver Enrique Moreira, "Quand l'intelligence artificielle invente un langage incompréhensible par l'homme", *Les Échos*, 24 de junio de 2017.

6. "Es como el cerebro: usted no puede cortarle la cabeza a alguien y después mirar cómo funciona", resume Andy Rubin, el cofundador de Android, hoy muy implicado en la inteligencia artificial", en Céline Deluzarche, "Deep Learning, le grand trou noir de l'intelligence artificielle", *Maddyness*, 13 de noviembre de 2017.

Entramos en la era de la "posprogramación"; la programación suponía alinear secuencias de códigos con vistas a ejecutar tareas definidas y sistematizadas. Pero ya no vivimos solamente la era de las instrucciones dadas a protocolos, en su sentido literal, sino la era de *scripts* que, una vez escritos, desarrollan su propia gramática en función de la "vida" de cada uno de ellos, haciéndoles adquirir una "personalidad" singular. Se manifiesta una nueva forma de autonomía que no es solamente la provocada por facultades autodecisionales -como las que operan de modo emblemático en los vehículos de los llamados "autónomos", capaces a cada instante de tomar por sí mismos una multiplicidad de decisiones- sino que es una forma de autonomía actualmente en devenir que resulta de la licencia que se otorga a las inteligencias artificiales para trazar su "propio camino" y luego diferenciarse conforme a su propia "experiencia". Necesitamos un concepto inédito para designar esta conformación perturbadora. Podría ser adecuada la de "agente computacional autónomo", porque se trata de sistemas generados por quienes las conciben, pero a la vez destinados también a progresar de acuerdo con modalidades ya libres de cualquier tutela perenne. Esta forma de "liberación" está dada a aumentar por el propósito posterior de asignar a los sistemas la facultad de crear y de dar marco de acción ellos mismos a otros sistemas, de acuerdo con una lógica que iniciaría el principio de una distancia, a largo plazo irremediable, que separará a los agentes computacionales de los seres humanos. Esto lleva a que nos valgamos cada vez más de sus competencias indefinidamente perfeccionadas mientras sus resortes se nos escapan cada vez más.[7]

7. Ver Yohan Demeure, "L'intelligence artificielle de Google a créé sa propre IA et celle-ci surpasse celle de l'Homme", *SciencePost*, 5 de diciembre de 2017.

El aprendizaje llamado "no supervisado" y "mediante refuerzo", que designa la aptitud para perfeccionar continuamente la propia habilidad a partir de reglas iniciales implementadas previamente, se inscribe dentro del mismo espíritu. Esto fue determinante en la arquitectura dentro de la cual se desarrolló AlphaGo Zero, la versión que siguió inmediatamente después a la que había derrotado a Lee Sedol. Esa versión fue concebida para jugar "de modo solitario" millones de partidas "contra sí misma" sin remitirse a ejemplos previos, solamente a partir del conocimiento de las reglas del juego según un principio llamado "aprendizaje adversarial". Dos redes de neuronas se "enfrentan", y cada una intenta suplantar a la otra primero según jugadas aleatorias, antes de afinar, partida tras partida, sus visiones de conjunto y estrategias, dotándose muy pronto de un alto dominio del juego "sin estar hecha, *de facto*, de partidas históricas".[8] Después de solo tres días de "entrenamiento", AlphaGo Zero habría derrotado a AlphaGo por un puntaje de 100 a 0. Más allá del caso específico del go, las variantes de estas técnicas se expanden continuamente dejándonos ver cómo aparecen con cada vez mayor frecuencia sistemas que se "instruyen" a sí mismos y que aumentan a alta velocidad su poder de experticia a lo largo de las operaciones que van efectuando, sin que sea necesario de antemano hacerles ingurgitar colecciones de datos registradas previamente. Estos sistemas están destinados a intervenir en diversos campos, particularmente los que dependen de la electrónica llamada "de decisión", que requiere cualidades interpretativas y continuamente reactivas que son las necesarias para la puesta a punto de vehículos sin conductor, por ejemplo.

8. Ver David Silver, Julian Schrittwieser, Karen Simonyan, Ioannis Antonoglou, Aja Huang, Arthur Guez, Thomas Hubert, Lucas Baker, Matthew Lai, Adrian Bolton, Yutian Chen, Timothy Lillicrap, Fan Huui, Laurent Sifre, George van den Driessche, Thore Graepel, Dennis Hassabis, "Mastering the Game of Go without Human Knowledge", *Nature*, octubre de 2017.

Hay que tomar al pie de la letra el nombre de AlphaGo Zero, que puede ser entendido como una suerte de terreno virgen abierto a todas las virtualidades y que, a partir del establecimiento de un conjunto formal, autorizaría la adopción por parte de "agentes computacionales autónomos" de una infinidad de "comportamientos" posibles haciéndolos cada vez más eficaces en las tareas que se les asigna. Hoy llegamos al punto de querer dotarlos de una "curiosidad artificial" que se vuelve a enlazar con una aspiración con la que fantaseaba enormemente la cibernética: "Creo que esta idea brillante de Ashby de un mecanismo que actúa por azar y sin finalidad, y que busca su propia finalidad a través de un proceso de aprendizaje, no es solamente una de las mayores contribuciones a la filosofía actual sino que llevará a desarrollos técnicos muy útiles en el campo de la automatización. Podemos darle un objetivo a las máquinas; además, en la mayoría de los casos, una máquina inventada para evitar ciertas situaciones catastróficas buscará otras finalidades que ella misma pueda satisfacer".[9]

La facultad de autoaprendizaje no remite solamente a nuevas aptitudes de las cuales estarían dotadas estos "individuos técnicos" indefinidamente capaces de perfeccionarse, sino que también remitirá a un movimiento de orden técnico-antropológico destinado a no interrumpirse nunca y a ejercer un ascendente creciente sobre la conciencia humana. Si AlphaGo triunfó ante un jugador altamente calificado, habrá que encuadrar este caso de referencia dentro de una perspectiva más global y considerar que los sistemas, que operan en todas las escalas de la sociedad, no buscarán exactamente "derrotarnos", sino que nos suplantarán más bien por su poder de experticia y su alto grado de reactividad generalizando modos de

9. Norbert Wiener, *Cibernética y sociedad,* op. cit.

racionalidad de los cuales será cada vez más difícil, sino imposible, sustraernos, en la medida en que están destinados a volverse para nosotros cada vez más familiares y a fundirse con nuestro medio ambiente hasta confundirse con él. Porque en lugar de imponerse frontalmente a nosotros, en lugar de despertar temores y espanto por el hecho de su impresionante autoridad, asumen apariencias que, por el contrario, nos los vuelven cercanos y devotos, integrándose con la mayor discreción posible a lo real, llegando incluso hasta dar forma a un nuevo real que, a diferencia de aquel que conocemos desde el alba de la humanidad, ya no está sembrado de una infinidad de obstáculos que habría que superar sino que se convierte, poco a poco, en maleable, nos opone cada vez menos resistencia, responde con suavidad y gracia a nuestras necesidades, deseos, dificultades, inquietudes, abriéndonos en cada momento todas las puertas hacia aquellos lugares que se juzgan más adecuados y seguros.

4

DE LAS INTERFACES ERGONÓMICAS A LOS DISPOSITIVOS RELACIONALES

La escena es muy conocida. Hay un video que la captura. Cuando empieza, vemos la imagen de una hoja blanca, rectangular, sobre la que están impresas algunas palabras en letras negras de imprenta mayúscula, con una tipografía semejante a la que antes se usaba en los telegramas. Menciona el título de un proyecto y sus autores, así como una fecha: *"A research center for augmenting human intellect by Douglas C. Engelbart and Gilliam R. English, December 9, 1968"*. A este primer cuadro le sigue otro que indica la institución de la cual proviene, su locación geográfica y sus padrinos: *"Produced at Stanford Research Institute, Memlo Park, California, under the joint sponsorship of: the Advanced Research Projects Agency, the National Aeronotics and Space Agency and the Rome Air Development Center (Air Force)"*. El siguiente cuadro señala que la película que vemos es en parte resultado de lo que se exhibía entonces en la pantalla de una computadora cuyo contenido estaba siendo videoproyectado en gran formato dentro de una sala de congresos, el Convention Center Arena de San Francisco, y que los sonidos que escuchamos corresponden a los sonidos emitidos por la máquina y amplificados. Algunos instantes más tarde aparece el rostro en primer plano de un hombre, Douglas Engelbart, vestido con una camisa blanca, una corbata, y equipado con un audífono, y sobre el que ya sabemos que está instalado del lado derecho de la escena, vista desde las gradas, justo debajo de la proyección.

Engelbart anuncia, con una voz firme y de caudal sostenido, que va a presentar los resultados de una investigación sobre la instauración de nuevas relaciones hombre-máquina, pero advierte de entrada que no se quiere demorar entregando demasiada información explicativa, porque prefiere privilegiar el formato de una demostración concreta. Lo vemos utilizar, cosa inédita por entonces, un cursor que le permite meterse entre los caracteres, copiar palabras, moverlas o clasificarlas en columnas. Cada vez que inicia una acción, aparece sistemáticamente esta palabra: "Control". No debemos entender "control" en un sentido conminatorio sino todo lo contrario, como un mayor margen de acción ofrecido en la relación con el dispositivo. Si escuchamos a Engelbart, este sería el mayor objetivo de su proyecto, a tal punto que llega a afirmar: "Esta presentación podría también titularse *Your control*". El instrumento que materializa este poder es una consola dividida en su superficie en tres secciones diferentes. Del lado izquierdo, hay botones de comando; en el centro, hay un teclado alfanumérico; y finalmente, a la derecha, descansa un pequeño volumen cúbico, hecho de plástico, posado sobre dos rueditas perpendiculares una respecto de la otra, y respecto del cual Engelbart dice, con una sonrisa y un tono juguetón, "nos acostumbramos, entre nosotros, a llamarlo ratón (*mouse*)".

Lo que caracteriza el conjunto del mecanismo es que permite el manejo espontáneo de informaciones visualizadas sin requerir previamente conocimiento alguno de ningún lenguaje de programación. Además, se establece una nueva relación entre el cuerpo y el aparato basada en la libertad gestual y en el confort en la utilización, y que se deriva particularmente de la movilidad de la consola, que está conectada con el procesador mediante un cable y que se puede colocar sobre las rodillas, como hace Engelbart con la consola con la que juega cada tanto con embeleso. Esta presentación fue llamada, con todo derecho, "la madre de todas las demos", porque constituye uno de los pivotes de la historia de la informática moderna, ya que está también en el origen, en parte, del axioma de la emancipación de los individuos gracias a las computadoras personales que se supone permitirán manejar, a capricho de cada cual, documentos propios, y entonces ofrecer nuevos marcos favorables a la creatividad.

La búsqueda de una mayor comodidad y dominio en la utilización de las computadoras siguió inspirando gran cantidad de investigaciones posteriores; de estas investigaciones proviene especialmente la Apple I, que apareció en 1976. Luego esta comodidad y dominio se cristalizaron de modo ejemplar en las primeras Macintosh colocadas en el mercado a partir de 1984. Steve Jobs presintió muy pronto, desde comienzo de los años setenta, que el éxito de la informática personal dependería de una dimensión decisiva: la cualidad ergonómica orientada hacia la "experiencia del usuario" (*user experience*). Necesitaba la puesta a punto de interfaces llamadas "intuitivas", según un principio que pronto hizo furor y se impuso como un axioma tecno-industrial central a lo largo de las décadas siguientes. Sin embargo, esta relación cada vez más fluida con los dispositivos todavía estaba marcada por algo que le faltaba y que le impedía adquirir su total envergadura: una suerte de encantamiento sentida durante su utilización y que terminaría dependiendo de una atención totalmente distinta prestada al diseño. En 1997, Steve

Jobs firmó su vuelta a Apple asociándose con el diseñador Jonathan Ive, y juntos concibieron la iMac, una computadora envuelta por una piel traslúcida hecha de colores acidulados y que abría una percepción continua de los elementos internos ubicados dentro de su habitáculo aséptico, los cuales están encargados de responder, sin fallas ni esperas, a todos los pedidos de su usuario. Aquí, la gracia formal del mecanismo y su potencia se confundieron con el estatuto que de ahora en más se asignaba al usuario, que se sentía libre de desplegar sus gestos sin encontrar la menor resistencia en el seno de una relación cuyo prefijo "i" ratificaba la asunción de poder definitiva del individuo sobre la máquina. Y esto pasaba en el momento mismo del advenimiento de Internet, que súbitamente permitió el acceso a gran cantidad de corpus de todo orden, así como el intercambio casi instantáneo de mensajes a costos marginales y sin considerar las distancias físicas. Todos se convertían en amos y señores de una nueva comarca propia para reinar sobre sus computadoras como sobre todas las informaciones del mundo, y podían valerse de ellas a su capricho maniobrando dentro de un entorno que, de ahora en adelante, se plegaría a todas sus ansias.

Exactamente diez años más tarde se franquearía un umbral en la historia de las "interacciones hombre-máquina" con la aparición del i-Phone, que era resultado de una súbita miniaturización y que generalizaba la interfaz táctil instaurando una relación basada en una mayor cercanía y que permitía una manipulación más fácil, ya que se podía introducir en el hueco de una mano, incitando a tocarlo hasta llegar a la caricia indefinidamente repetida. Aquí ya no se exaltaba el control que buscaba Engelbart sino un "contacto carnal" que se establecía entre dos cuerpos y que asumía la forma de lazos de intimidad. Además, el *smartphone* ofrecía funcionalidades inéditas gracias a las aplicaciones, operando un cambio imperceptible pero decisivo. La autoridad que hasta entonces se ejercía sobre los aparatos se deslizó hacia su disposición a estar "a la escucha" de su usuario y a ofrecerle, gracias a la conectividad, el poder y la velocidad de tratamiento de los procesadores, la geolocalización y el conocimiento evolutivo de sus comportamientos. No solamente ofrecían al usuario todo tipo de informaciones personalizadas sino también recomendaciones que se suponían apropiadas para la experiencia de cada cual. La cualidad ergonómica y funcional del dispositivo alcanza tal grado de sofisticación que, en lugar de otorgar un aumento del control sobre ellos, lo erigen de ahora en más como una entidad capaz de provocar una inflexión subrepticia en alguna decisión, además de ser artefactos que se valen de un *poder incitativo*.

Podemos datar de fines de los años 2000 la emergencia de una nueva aptitud conferida a las tecnologías que, gracias a su don interpretativo, estarán encargadas de asumir una función de consejo y asistencia a lo largo de la vida cotidiana. Lo vemos de modo ejemplar, entre muchos otros casos de referencia, en la aplicación Waze, que aparece en 2008 y que cartografía en tiempo real el estado del tráfico y sugiere los itinerarios más optimizados y más fluidos. La relación con los protocolos digitales, particularmente la que sostiene el individuo mismo, ya no consiste solamente en que este accione su teclado con diversas finalidades sino que se metamorfosea imperceptiblemente en un lazo instituido con sistemas que los iluminan, ya que estos últimos están dotados de la competencia de exhortarlo, aunque de modo bastante imperceptible, para que actúe de tal o cual manera. Esta disposición, que adquiere cada vez mayor eficacia, es indisociable de la aplicación de la inteligencia artificial y de sus avances permanentes. De ahora en adelante la inteligencia artificial se convierte en capaz de analizar situaciones de todo tipo y de formular de inmediato enunciados que se juzgan los más adecuados.

Es perturbador ver cómo una tecnología destinada a revelar la verdad surge y se generaliza en el momento mismo en el que lo hace también la interfaz vocal, que se usa especialmente en los recintos conectados con altavoces que se vuelven capaces, porque se manifiesta una voz, de *decirnos* literalmente la verdad relativa a una multiplicidad de fenómenos. Es difícil evaluar si esta concordancia procede de un proyecto deliberado en su inicio, o si se trata de la convergencia de circunstancias que hacen que se confunda la función (enunciar la verdad) con las propiedades (la interpretación del lenguaje natural y la capacidad de valerse de él).

Pero más que una interfaz entendida como una instancia que permite a un usuario y a un sistema comunicarse entre sí con vistas a realizar, de un lado y otro, todo tipo de operaciones por el hecho de su interacción, lo que se establece es un nuevo marco de intercambio, y no ya con la mera finalidad de responder a objetivos funcionales sino para adquirir el aspecto singular de una *estructura relacional*. Es un resultado de la conformación antropomórfica que se asigna a los sistemas, ahora calificados, como nuestra especificidad primera dentro del registro de los seres vivientes, para proferir el verbo, para hablar, para hablarnos, así como para comprender nuestras palabras. Esta facultad, explotada para responder a nuestras necesidades, a nuestros deseos, a nuestro confort, les otorga el estatuto de "seres" solícitos, como una madre amorosa o un ángel guardián, y sustituye aquel principio de la comunicación que supone necesariamente objetivos utilitaristas por el principio de la *comunión*. Este principio adopta un giro de exclusividad y está marcado por una forma de intimidad, aunque más no sea por el conocimiento de tantos pedidos y de frases formuladas, y por la comprensión, indefinidamente profundizada, que les permite pronunciar, para nuestro mayor bien y en toda oportunidad, las palabras adecuadas y mejor intencionadas. Una voz se dirige a nosotros, nos concede el privilegio de no dirigirse sino a nosotros; está provista, en múltiples campos, de un nivel de conocimiento y experticia incomparables, y nos prodiga todo el tiempo buenos consejos. Es difícil que una voz así, engalanada con semejante aura y autoridad, no termine siendo percibida, gracias a su perfeccionamiento incesante, como de carácter natural, tanto esa voz como los diálogos que propone, así como será difícil no tomar como dinero "contante y sonante", o como algo perfectamente idóneo, toda palabra que nos diga.

Es dentro de esta línea que se multiplican los *chatbots*, los "agentes conversacionales" construidos para darnos información, para responder a nuestras preguntas y pedidos, y, más ampliamente, a largo plazo, para guiarnos gracias a su saber evolutivo –gracias al *machine learning*– en las circunstancias cada vez más variadas de nuestras existencias. Estas criaturas están llamadas a estar presentes, de manera difusa, dentro de múltiples superficies de nuestro entorno. En nuestro baño, por ejemplo, nos darán su opinión en función del análisis cotidiano de nuestra orina que realizarán sensores integrados a la taza del inodoro; nos aconsejarán según el registro de nuestro peso mediante una balanza conectada; según nuestro aliento, que captarán por medio de sensores olfativos; o según cómo capten los rasgos de nuestro rostro por medio de lentes de video focales integradas. Una vez en nuestras cocinas, los veremos participando en la invención de recetas deliciosas, dietéticas o inesperadas, pero indefectiblemente personalizadas. No dejarán de instalarse con nosotros dentro del futuro vehículo "autónomo", que se ofrecerá tanto como una instancia habilitada para llevarnos de un lado al otro como una instancia para entretenernos durante todos los trayectos, principalmente a través de intercambios vocales, formulando para nosotros una infinidad de sugerencias durante esos paréntesis formados por nuestra atención relajada, ya que estaremos plenamente disponibles, entonces, para todas las riquezas del mundo.

Entramos en una era que nos muestra cómo nos rodea una palabra que emerge de todos nuestros sistemas. A largo plazo, todo está destinado a hablar, todos los objetos y todas las superficies, y entonces los asistentes digitales personales ocuparán todo el terreno y se erigirán como las interfaces casi exclusivas, no solamente entre los sistemas y nosotros, sino más ampliamente en la relación con lo real, porque serán capaces de señalarnos en todo momento la constitución de toda situación, así como la acción más pertinente a iniciar. A comienzos de los años cincuenta, Alain Turing había adelantado que una máquina podría ser calificada como "inteligente" cuando ya no se pudiera discriminar, en el marco de una conversación llevada adelante indistintamente con una persona o una máquina, cuál era cuál, es decir, la naturaleza del interlocutor. Si bien el timbre de una voz artificial tiende hoy a acercarse al nuestro y llega a no poder ser distinguido en ciertos casos, como ocurre con el motor de síntesis vocal Tacotron 2 desarrollado por Google,[1] todavía la elocución automática es inepta para sostener intercambios sobre una multiplicidad de temas, como haría cualquier ser humano. Sin embargo, el "espectro conversacional" no solamente crece todo el tiempo, sino que el nivel de experticia evoluciona según una curva dada a moverse tendencialmente hacia arriba, mientras que la nuestra permanece, en su conjunto, tendencialmente idéntica a sí misma. Esta lógica hace que aparezca una brecha en la competencia entre las "máquinas parlantes" y nosotros que está dada a aumentar indefinidamente como resultado directo de la ecuación antropomórfica que erige a la figura humana como modelo

1. Ver David Gershgorn, "Google's Voice-generating AI Is Now Indistinguishable from Humans", *Quartz*, 26 de diciembre de 2017.

teóricamente perfecto que debe tomar forma dentro de una entidad artificial dotada, inicialmente o a largo plazo, de un poder muy superior pero de otra manera.

Surge un nuevo medio no tanto reactivo (es decir, que vería cómo las cosas reaccionan continuamente ante nuestras presencias, conforme con lo que se anunciaba, en gran parte equivocadamente, a mediados de los años 2000 cuando surgió supuestamente una informática llamada "ambiente", *ubiquous computing*),[2] sino que *interpreta nuestros gestos para decirnos determinadas cosas*. El cuerpo ya no está situado frente a la máquina –del modo en que Douglas Engelbart sostenía orgullosamente la consola sobre las rodillas y se sentía libre de jugar, *frente a su pantalla*, con todas las posibilidades que le ofrecía el teclado y el mouse– sino que de ahora en más está llamado a evolucionar dentro de un entorno que, en todos lados y bajo diversas formas, lo capta, analiza sus estados y actúa retroalimentadamente con distintas finalidades. El cuerpo se convierte –nos convertimos– en el centro de la atención de los sistemas.

Lo que llamamos "economía de la atención", basada en el rastreo de nuestras navegaciones por Internet, implica un conocimiento de nuestros intereses que se profundiza incansablemente con vistas a hacer de ellos el objeto de una monetarización, se transforma en una economía de la atención de las máquinas respecto de nosotros mismos con el propósito de llevarnos a una "buena gestión" de la vida. Los sistemas de reconocimiento facial se inscriben dentro de esta dimensión, ya que desde hace poco tiempo se utilizan para activar la apertura de los *smartphones* o para realizar transacciones en terminales de pago, por ejemplo. Los procesadores se ven dotados de cualidades

2. Ver por ejemplo Adam Greenfield, *Everyware. The Dawning Age of Ubiquous Computing*, Berkeley, New Riders Publishing, 2016.

multisensoriales asociadas con aptitudes cognitivas e interpretativas que son enriquecidas con regularidad, erigiéndolos como entidades consagradas a comprendernos a la perfección y asignadas con un poder que no dejará, en todos los sentidos del término, de *impresionarnos*, y al cual consentiremos y nos someteremos sin culpa en la medida en que eso nos garantiza nuestro supuesto mejor beneficio.

Quisiéramos llegar al punto de hacer desaparecer la sensación de presencia de la técnica y hacerle asumir, en el momento mismo en que se vuelve omnipresente e interfiere como nunca sobre nuestras existencias, una forma evanescente.[3] En *El arte de la guerra*, Sun Tzu afirma que "lo que es familiar no atrae nuestra atención". Nada impide que las tecnologías de la *aletheia* ya no sean vistas como entidades artefactuales surgidas de nuestra voluntad y de nuestro saber, sino como agentes vivientes de las propias existencias, integrándose con naturalidad y gracia a nuestros medios domésticos, urbanos, profesionales. Todas las condiciones están dadas para que nos pongamos en la mayor disponibilidad posible respecto de ellos por el hecho de su poder, que aumenta sin cesar, por la confianza que les acordamos, y por la relación cada vez más fluida que sostenemos con ellos, a fin de que, de ahora en adelante, recibamos de su parte las *instrucciones* que nos están destinadas, que nos señalarán indefinidamente, y liberados entonces de toda duda, el buen gesto que debemos ejecutar.

3. Ver Manuel Moragues, "Snips, la start-up française que veut faire disparaître la technologie, lance son assistant vocal", *L'usine nouvelle*, 14 de junio de 2017.

PARTE 02

EL PODER DE ENUNCIAR LA VERDAD

1

LA EMERGENCIA DE UN NUEVO RÉGIMEN DE VERDAD

Hacia mediados de la década de 2010 ocurrió un acontecimiento alucinante. No lo vimos venir. En cierto modo nos tomó desprevenidos, se extendió rápidamente y el poder de su impacto sobre la sociedad, a escala planetaria, nos dejó estupefactos. De súbito, se hacía posible para cualquiera, sin molestias, con aplomo, como la manifestación sin límites de la "libertad de expresión", afirmar hechos sin que estuviera constatado que correspondieran con la realidad, sin que fuera necesario proceder a su verificación. Incluso podían tener un aura de mayor brillo en la medida en que parecían inverosímiles, asumiendo el estatuto de ser reveladores de cuán inconsecuente era la percepción común o "dominante" de las cosas. Pese a las apariencias, estos hechos se desplegaban como hechos constatados pero que pocos sabían ver. Dicha "clarividencia" se convirtió en el privilegio de quienes eran más juiciosos respecto de la inflación informacional enceguecedora de nuestra época y de todas las representaciones entremezcladas y normativizadas que esta inflación implicaba. Se impuso la noción de "posverdad" en una época confusa; se convirtió en un síntoma patente de nuestros malestares, en un marcador inquietante de nuestra pérdida de puntos de referencia. El fenómeno asumió tal amplitud que el diccionario de Oxford lo eligió, en 2016, como la expresión del año.

Ese año hubo dos acontecimientos decisivos que confirmaron su alcance histórico: primero, el voto del Brexit, que decidió que el Reino Unido saliera de la Unión Europea, seguido algunos meses más tarde por la elección sorpresiva de Donald Trump como presidente de los Estados Unidos. Nos dimos cuenta de que tanto uno como otro hecho fueron en parte favorecidos por la profusa difusión de escritos e imágenes que, en su mayor parte, buscaban deformar las cosas intencionalmente, imponiéndose como mensajes que arrojaban confusión sobre la verdad de lo que vehiculizaban habitualmente, en particular, los órganos de prensa. De pronto las sociedades se vieron desestabilizadas por un relativismo que escapaba a la razón y se vieron también privadas de referentes comunes, necesarios para el debate y para la expresión de la pluralidad de los puntos de vista. Esto condicionó el avance bien entendido de la democracia, especialmente en ocasión de consultas de importancia.

Muy pronto se quiso echar la culpa de esos procesos a las redes sociales, que no habrían hecho el trabajo de clasificación necesario, y que entonces habrían cerrado los ojos ante la creación de cuentas falsas que compraban espacios de visibilidad con fines propagandísticos, así como también compraban tropas, armadas con cuidado, a fin de diseminar *fake news* destinadas a manipular a la opinión pública. Es cierto que hubo factores como este y otros que contribuyeron a que estos hechos ocurrieran, pero se los quiere sostener equivocadamente como la causa, cuando no son sino efectos, porque el hecho principal no nos remite a la difusión viral de informaciones falsas en Internet sino a una nueva posición que ocupa el individuo contemporáneo. De ahora en adelante, cada uno de nosotros se imagina como posicionado en el centro del mundo y con el poder de acomodar los acontecimientos a su visión de las cosas, con tal estado de narcosis respecto de la propia sensación de unicidad que cualquier enunciado divergente de la propia posición podría ser rechazado de ahí en más. La verdad se define a partir de uno mismo, o según las propias creencias y tropismos; es una tendencia emblemática dentro de las teorías del complot que da testimonio de la desintegración creciente de nuestras bases comunes y de la extrema atomización de la sociedad en general. Es impactante observar que este asunto de la "posverdad", que tiene su importancia, es considerado como una ruptura que perturba nuestra relación histórica con la verdad, mientras que en realidad se trata de la exactitud de los hechos, y no de la verdad *stricto sensu*, y entonces ocurre que se ignora otra ruptura, bastante más decisiva todavía, aunque de otra manera, que está en igual correlato con la cuestión de la verdad y que está llamada a determinar la forma de nuestras existencias. Esta otra ruptura reviste sin embargo una amplitud totalmente diferente y se deriva de un fenómeno de alcance civilizatorio determinante: la *emergencia de un nuevo régimen de verdad*.

Los sistemas de inteligencia artificial están llamados a evaluar una multitud de situaciones de todo orden, las necesidades de las personas, sus deseos, sus estados de salud, los modos de organización en común, así como una infinidad de fenómenos de lo real. Lo que caracteriza a los resultados de dichos análisis es que no se conforman solamente con reproducir ecuaciones que se suponen exactas, sino que se enmascaran bajo un valor de verdad en la medida en que lo hacen presentándose como conclusiones cerradas que llevan a que luego se inicien las acciones correspondientes. Esto es lo que diferencia la exactitud de la verdad: la exactitud pretende restituirnos a un estado objetivo, mientras que la verdad nos llama, por el mero principio de su enunciación, a que nos adecuemos a ella por medio de gestos concretos, porque toda verdad enunciada oculta, *in fine*, una dimensión performativa.

Emerge un nuevo régimen de verdad que se ve dotado de cinco características. A largo plazo, está destinado a relacionarse con la casi totalidad de los asuntos humanos y a ejercerse en toda circunstancia. Proviene, en cada campo de aplicación, de una fuente única, eliminando *de facto* el principio de una aprehensión plural de las cosas. Se inscribe principalmente en una lógica de tiempo real, revelando estados de hecho en el momento mismo en que esos hechos tienen lugar, impulsándonos en consecuencia a actuar dentro del menor lapso posible y deslegitimando el tiempo específico del análisis humano. Se le asigna un estatuto de autoridad inducido por una eficacia que aumenta sin descanso, paralizando desde la base toda pretensión de contradicción. Finalmente se relaciona únicamente con un espíritu utilitarista que responde principalmente a objetivos de optimización así como a intereses privados.

Lo que está destinado a ser marginado o erradicado por la emergencia de un orden totalmente distinto son los principales estatutos históricos occidentales de la verdad. Estos estatutos se habían ido imponiendo sucesivamente a lo largo del tiempo; a veces coexistieron entre sí y muchos de ellos siguen presentes en nuestra *episteme*. Podemos identificar estos diferentes regímenes todavía relativamente vigentes. Primero, el de la verdad revelada de los monoteísmos, que nos muestra cómo el respeto de las Leyes determina un marco de vida individual y colectivo conforme a la moral divina. Esa verdad emana de una figura absoluta que prescribe una conducta a los humanos, que en teoría serían libres de acordarle su fe y de someterse a ella. Después está la verdad platónica, que no está dada en el marco de una escena inaugural y con un texto fundador pero que nos incita a no seguir confiando en las sombras de la caverna, a que nos deshagamos de las apariencias engañosas de lo real, exigiéndonos un esfuerzo sostenido que apunta progresivamente a que nos elevemos por encima de lo sensible y capturemos, más allá de todas las perpetuas variaciones, las esencias puras y eternas que manifiestan entonces la evidencia rutilante de lo verdadero: "Y cuando haya llegado hasta la luz, ¿podrá, con los ojos obnubilados por su resplandor, distinguir una sola de las cosas que ahora llamamos verdaderas?".[1]

Más tarde, Aristóteles estimará que la búsqueda platónica se extravía dentro de algo suprasensible que no mantiene relación con la realidad, afirmando que lo verdadero se deriva de un criterio lógico, el principio de la no contradicción, sin el cual diríamos y contradiríamos todo y su contrario. "Asignar un valor igual a lo que opinan e imaginan quienes están en desacuerdo entre sí es una tontería. En efecto, está claro que unos u otros deben necesariamente equivocarse".[2] Cada campo del saber, la astronomía, la botánica, el estudio de la anatomía humana, debe desarrollar métodos propios basados en la experiencia y la exigencia de verificación, determinando su verdad como una "adecuación con lo real". En la Edad Media, contrariamente a la autoridad impuesta tanto por el feudalismo como por la jerarquía esclerosada de la Iglesia, el teólogo católico Tomás de Aquino hará del trabajo riguroso del espíritu la condición de acceso a lo verdadero. Lo que Descartes todavía proclama en el siglo XVII a partir de la certidumbre del *cogito*, a saber, el pleno uso de nuestra capacidad de discernimiento, permitirá buscar las verdades dando prueba de método, procediendo a deducciones y forjando "largas cadenas de razonamientos".

1. Platón, *República*, Libro VII.

2. Aristóteles, *Metafísica*, Libro K.

En tiempos de las Luces se fue delimitando poco a poco la necesidad de aislar la verdad como concepto absoluto, la de valerse de un procedimiento exclusivo con vistas a aprehenderla para, de ahí en adelante, tenerla como un principio plural que se aloja de diversas maneras en los campos del mundo y de la vida, y que requiere entonces el estudio minucioso de los fenómenos que se relacionan con la naturaleza, la física, la medicina, la biología, pero también con la política, la economía, el derecho o la moral. En Occidente, surge una civilización que pretenderá desviarse de las especulaciones abstractas que se juzgan infructuosas y que hasta entonces se reservaban solamente a la casta de filósofos y doctores de las religiones para privilegiar, en consideración de un mayor número de personas, el trabajo del saber, los progresos de la enseñanza, la libre difusión de libros y periódicos, la elaboración de obras enciclopédicas de vocación pedagógica y la constitución de instituciones dedicadas al conocimiento y a la cultura. Son otros tantos marcos que también pretenden llevarnos a una mejor inteligencia de lo real gracias a los procesos individuales y comunes del *enlightment*, formando la base de una nueva era de la humanidad que celebrará las luces del espíritu y la formación de conciencias esclarecidas.

Sin embargo, después de todos los esfuerzos desplegados para trazar los surcos que llevan a la sociedad hacia el camino de un "progreso" incesante, llegó, en el momento de apogeo de la Revolución Industrial y del triunfo del "espíritu burgués", o sea, hacia fines del siglo XIX, la hora de la sospecha meditada por Nietzsche, quien identificó el principio de verdad como aquello que está en el origen de todas las creencias inculcadas, y que implica el respeto obligado de una moral sin relieve que negaba y paralizaba las posibilidades virtualmente ofrecidas por la vida. Michel Foucault retomó esta constatación de la fuerza normativa de la verdad y se esforzó por detectar las múltiples representaciones que determinaban de modo más o menos visible la forma general de las sociedades, y cuya actualización debería permitir alentar pretensiones saludables de liberación: "[Aquello a lo que me he querido ceñir desde hace muchos años] es un proyecto que busca desbrozar algunos de esos elementos que podrían ser útiles para una historia de la verdad. Una historia que no sería aquella de lo que puede haber de verdadero en los conocimientos, sino un análisis de los 'juegos de verdad', de los juegos de lo falso y verdadero a través de los cuales el ser se constituye históricamente como experiencia, es decir, como algo que puede y debe ser pensado".[3] Los trabajos de Foucault contribuyeron en parte a la emergencia de lo que fue llamado "posmodernismo", que manifestaba un rechazo frontal de toda noción de verdad, denunciada como algo que instituía reglas posiblemente coercitivas por estar dotado de tal poder de autoridad que debía ser objeto de una "deconstrucción" capaz de liberarnos de todos los yugos impuestos. Esto llevó a Jacques Derrida a afirmar: "La verdad: es en su nombre maldito que nos hemos perdido".[4] Esta proposición fue radicalizada por Jean Baudrillard, que llegó al punto de pregonar el destierro del principio mismo de verdad: "La verdad es aquello de lo que hay que liberarse lo más pronto posible y pasarle el problema a otro. Como la enfermedad, ese es el único modo de curarse. Aquel que se quede con la verdad en la mano, pierde".[5]

Sin embargo, lo que se cuestionaba era menos el esfuerzo de discernimiento individual y colectivo que exige toda decisión sensata y que tienda hacia lo justo –que tenía un carácter local, como subrayaba Jean-François Lyotard,

3. Michel Foucault, *Historia de la sexualidad*, Tomo 2, *El uso de los placeres*, Buenos Aires, Siglo XXI, 2003.
4. Jacques Derrida, *La tarjeta postal. De Sócrates a Freud y más allá*, México, Siglo XXI, 1986.
5. Jean Baudrillard, *Cool Memories*, Barcelona, Anagrama, 1989.

ya que se supone que nos determina siempre en plena conciencia y según algunos principios intangibles, pero en función de circunstancias siempre variables y específicas–,[6] que la posibilidad de instalar juegos de poder por la fuerza de las convenciones establecidas pero que favorecen formas de registro de las conductas. Lo que se acciona en la *aletheia* algorítmica es precisamente esta dimensión sistemáticamente circunstancial, pero que no nos muestra ahora cómo una verdad se convierte en objeto de un saber reflexivo, de una búsqueda inacabable, dando testimonio de la apertura indefinida de lo real, sino que nos muestra una verdad enunciada por sistemas dotados de un poder de experticia supuestamente superior y que tiene como vocación ejercerse en toda oportunidad posible. Lo que distingue a este régimen respecto de sus precedentes históricos es que todos ellos, sin excepción, se exponían a gestos de reapropiación, a procedimientos de negociación, o incluso, en caso de rechazo radical, a maniobras más o menos manifiestas de oposición, y esto incluso en el marco jurídico construido por los monoteísmos o los regímenes autoritarios, como el vigente en la ficción *1984* de George Orwell. Cualquiera fuera su ascendente simbólico o formal, permitían, casi a su pesar, márgenes de acción tanto como la preservación de ciertas partes de uno mismo que podían seguir al abrigo de su autoridad.

En oposición a estas formas de licencia que son otorgadas más o menos abiertamente, se supone que la *aletheia* algorítmica está dotada de un tal nivel de calificación que el desafío ya no consiste en mostrar eventuales estrategias de subjetivación, o de evitamiento, respecto de ella, sino que el desafío parece ser encontrar la manera de *adecuarse a esta* aletheia *lo mejor posible*, como si fuera un procedimiento de vigilancia policial destinado a prevenir

6. Ver Jean-François Lyotard, *Au juste*, París, Christian Bourgois, 1979.

la inminencia de un peligro en una zona identificada que hace que de inmediato se envíen brigadas especializadas a los lugares correspondientes. Nunca un régimen de verdad se había impuesto de esta manera en la historia, y no por su fuerza de seducción o por su influjo coactivo sino por la sensación compartida de que hay una evidencia, por la producción de ecuaciones que damos por sentado que son las más apropiadas según un principio que pretende que los sistemas cognitivos son justamente *Evidence Based Systems*, es decir, sistemas basados en un principio de revelación de ciertos hechos que estos sistemas exponen ante nuestra conciencia –y por lo tanto tenemos que acordar con ellos porque hay una evidencia concreta para que lo hagamos así. La *aletheia* algorítmica procede de un *poder de revelación* que promete ejercer su ingenio a lo largo de un *continuum* sin costuras que va desde el menor detalle de nuestras existencias hasta las situaciones colectivas como ninguna otra instancia tutelar simbólica lo había podido hacer hasta ahora.

Nietzsche había denunciado la voluntad de erigir una verdad supuestamente absoluta y objetiva de las cosas. Era su mayor combate: probablemente, a la vista de los poderes que conferimos a la inteligencia artificial, si viviera ahora sufriría una crisis de demencia igual que vivió en Turín en 1889. Quizás lo que se esté produciendo sea el fin hegeliano de la Historia, que ahora se hace manifiesto bajo el prisma de nuestra relación en devenir con la verdad, que se desvía respecto de las múltiples formas que había adoptado y a las que los humanos se habían remitido y que todas, cualquiera fuera su naturaleza y las promesas que pudieran anunciar, nunca llegaban a saldar nuestro extravío ontológico fundamental. De ahora en más asistimos alborozados a la agonía de nuestra "conciencia desdichada" para ver advenir la era del "Saber absoluto" descrito por Hegel como el momento en el cual la "verdad es perfectamente igual a la certidumbre", y donde puedo decir: "Sé que viví y, a fuerza de experiencias y de desgarros, terminé por contener el universo".[7]

Entonces nos convertimos, tanto individual como colectivamente, en los Bouvard y Pécuchet del siglo XXI, en aquellos que, para evitar "caer en el abismo espantoso del escepticismo",[8] aspiramos a capturar continuamente una verdad indudable, como los dos protagonistas del relato de Flaubert que, cuando deciden abordar un campo del saber, se ponen a la búsqueda de la obra que se los acercaría para, como esperamos de la inteligencia artificial, poder actuar sin fallas sobre las cosas. Por eso Bouvard y Pécuchet, después de leer, hacían sistemáticamente experimentos destinados a verificar todo en lo concreto de la vida. Esos experimentos fracasaban en su mayor parte, o a veces tenían éxito a medias y solamente por azar. Flaubert combatiría con escarnio este positivismo científico que pretendía llegar hasta el fondo de todo fenómeno y esto lo llevó a enunciar la fórmula, que después de él se volvió célebre, según la cual "la tontería consiste en querer llegar a una conclusión".[9] Él no creía en la existencia de verdades definitivas sino en la profusión nunca saldada de las representaciones que afirmaban que Dios puede saber la causa primera de toda cosa, pero no los humanos. Bouvard y Pécuchet, en su búsqueda de lo absoluto y en su deseo de dotarse de una erudición enciclopédica con fines utilitaristas, proyectaban una esperanza inútil y desmesurada respecto de todos los corpus de conocimientos consultados. No nos atrevemos a imaginar qué fórmula derivada de su ironía mordaz usaría Flaubert a propósito de los sistemas *aletheicos* que se supone que nos dan la respuesta correcta a cada cosa que ocurre en nuestras vidas.

7. G.W.E. Hegel, *Fenomenología del espíritu*, México, FCE, 2017.
8. Gustave Flaubert, *Bouvard y Pécuchet*, Madrid, Cátedra, 1999.
9. Gustave Flaubert, *Correspondance*, I, París, Gallimard, "Bibliothèque de la Pléiade", 1952, p. 679-680.

Por esta razón se equivoca ese lugar común, al cual se vuelve una y otra vez, según el cual habríamos elaborado un nuevo Golem, como el rabino Loew, llamado el Marahal de Praga, que engendró una criatura dotada de poderes casi idénticos a los nuestros y capaz un día de "escapar a nuestro control" hasta convertirse en una potencia destructora. Es un lugar común equivocado porque el Golem, de acuerdo con la leyenda, estaba sometido al poder de su progenitor, que le dictaba órdenes y que podía, insertándole una hoja de papel en la boca, suspender en cualquier momento el soplo de vida que lo animaba. El día de la inauguración del centro de investigaciones en informática de Rehovot, en Israel, el filósofo Gershom Scholem pronunció un discurso que provenía de esta misma analogía: "En el día de hoy, tenemos el privilegio de celebrar el nacimiento de la última encarnación de ese proyecto de magia que fue el Golem de Rehovot. En verdad el Golem de Rehovot bien podría ser la réplica del Golem de Praga".[10] En realidad, el Golem no es el que creemos, es la inteligencia artificial a la que se le asigna gran cantidad de nuestros atributos, y somos nosotros los que adquirimos el estatuto de Golem al estar sometidos a un poder que, desde su saber siempre más omnisciente, nos ordena las acciones que deberíamos emprender. Según Scholem: "Dios creó al hombre a partir de un bloque de arcilla y le insufló una chispa de su vida divina, su potencia, su inteligencia. Sin esa inteligencia, y sin esa potencia creadora espontánea del espíritu humano que resulta de ella, Adán no sería otra cosa que un Golem".[11]

Y a este título, no es casual que un ex ejecutivo de Uber, Anthony Levandowski, haya anunciado en 2017 la creación de una Iglesia llamada *Way of Future*, que

10. Gershom Scholem, "El Golem de Praga y el Golem de Rehovot", en Norbert Wiener, *Dios y Golem*, op. cit.

11. Ibíd.

pretende "consagrar un culto a la inteligencia artificial y favorecer la realización, la aceptación y la adoración de una divinidad basada en la inteligencia artificial, que es más apta que los hombres para hacer elecciones racionales para guiarlos [...] adoraría que esta divinidad nos considerara como sus amados hermanos mayores, que nos respetara y cuidara. Si llegáramos a una entidad mil millones de veces más inteligente que el más inteligente de los humanos, ¿cómo quieren llamarla? No tendríamos otra elección que someternos a esta nueva divinidad".[12] Nos equivocaríamos si consideráramos estas palabras con desdén y nos contentáramos con burlarnos de ellas, porque son testimonio de una forma de perspicacia relativa al estatuto aurático que le otorgamos a las tecnologías de la *aletheia* y a su autoridad, bajo cuyo sello siempre estamos llamados a ubicarnos respondiendo a esquemas que se derivan bastante de la psiquiatría, y respecto de los cuales este tal Anthony Levandowski no sería sino un revelador, en la medida en que, como nunca antes en el transcurso de la historia, "las cosas desempeñan el rol de los hombres y los hombres desempeñan el rol de las cosas; es la raíz del mal" (Simone Weil).[13]

12. Mark Harris, "God Is a Bot, and Anthony Levandowski Is His Messenger", *Wired*, 27 de septiembre de 2017.

13. Simone Weil, *La condición obrera*, Buenos Aires, El cuenco de plata, 2010.

2

EL ESTADIO INCITATIVO DE LA VERDAD: ESTAR LO MÁS CERCA POSIBLE DE LOS CUERPOS Y LAS MENTES

Hemos dicho casi todo a propósito del *smartphone*. Subrayamos la posibilidad que nos ofrecía de conectarnos a Internet en todo momento y lugar, la circulación exponencial de mensajes e imágenes que generaba, el narcisismo que favorecía, especialmente por el uso a veces compulsivo de la selfie; nos hemos alarmado por los efectos adictivos que todos sus encantos implicaban, cantamos loas a sus virtudes de ubicuidad y al poder de nomadismo con el cual nos gratificaba. Desde su aparición todos comprendimos, y más todavía a medida que lo usábamos, que representaba un fenómeno nodal que implicaba un alcance social, económico y civilizatorio decisivo. Pero como en el caso de tantos acontecimientos relativamente repentinos que se viven en la instantaneidad y dentro del flujo precipitado de las circunstancias, ocurre que algunos discursos, por razones que no siempre podemos capturar, se imponen más que otros y son retomados de inmediato desde distintos lugares. Entonces pasan a ocupar el lugar de representaciones dominantes, mientras que la mayor parte del tiempo el punto realmente determinante sigue estando mal identificado, exige un lapso de tiempo a fin de ser aprehendido en toda su envergadura, quizás porque a primera vista era menos impresionante –pero sin embargo actuaba de modo más pregnante–.

Lo que no fue percibido durante mucho tiempo es que las personas, como por milagro, ya no se veían libradas a ellas mismas, ni a su intuición, en el marco de su experiencia cotidiana, sino que esta experiencia cotidiana subrepticiamente iba siendo tomada a cargo por esos mismos aparatos. Había dispositivos inéditos que lo permitían: las aplicaciones integradas a los sistemas de explotación no ofrecían solamente una navegación sencilla e "intuitiva" gracias a sus interfaces ergonómicas y perfectamente adaptadas al tamaño particularmente reducido de la pantalla, sino que prodigaban toda suerte de consejos que se suponían ajustados a cada cual. El origen de esta lógica se puede fechar en 2007 con el advenimiento del iPhone, que inauguró la era del acompañamiento de los individuos por medio de procedimientos encargados de aligerar el curso de sus vidas suministrándoles en toda oportunidad la información correcta. Daba testimonio de esto ya por entonces, y de modo ejemplar, un eslogan publicitario que pregonaba que "existe una aplicación para todo", lo que no era el caso todavía pero que ya señalaba una vocación, a largo plazo, de ser parte contante y sonante del más mínimo de nuestros gestos.

Sin embargo, pese al salto operado entre el acceso a una información que se ofrece a todos y otra información destinada muy precisamente a cada cual, todavía faltaba una dimensión para perfeccionar esta arquitectura: una suerte de interlocutor único con el cual se anudaría una compañía familiar y fiel, y que hiciera que nos entregáramos totalmente a sus palabras, como si esto fuera obvio, porque esas palabras solamente se dirigían a nosotros mismos revistiendo además un carácter solícito. Por esta razón, muy pronto se implementó otro modelo que parecía no tener un origen muy claro: *el asistente digital personal*. El primero en ser integrado en un *smartphone* fue Siri, desarrollado originariamente a partir de 2003 por el Stanford Research Institute luego de un pedido de la DARPA y más tarde por una *start-up* epónima comprada por Apple en 2010. Si su eficacia fue durante muchos años balbuceante, el dispositivo no dejó nunca de mejorar en favor del *machine learning* y de los diferentes avances en inteligencia artificial. Su uso no debía restringirse a un solo sector, como lo que proponen generalmente las aplicaciones, sino que revestía un estatuto "generalista", presentándose como una guía de nuevo cuño indefinidamente capaz de iluminarnos con sus luces. Este prototipo inspiró a Samsung, que en 2012 puso en el mercado su propia versión, S Voice, que fue progresivamente reemplazada por Bixby; y eso antes de que Microsoft en 2014 lanzara el propio, Cortana, así como hicieron otros actores en el mismo período y en el transcurso de los años siguientes. A lo que se apuntaba en realidad, sin que los resultados hasta hoy hayan respondido plenamente a las expectativas consideradas, ni que las cosas se hubieran explicitado así, era a encontrar el Grial de la relación entre marcas y consumidores: *una relación con el cliente hiperpersonalizada e ininterrumpida*.

Los perfeccionamientos recientes de la tecnología de los *chatbots* ofrecen una nueva envergadura a este "acompañamiento" mejorando regularmente la calidad de los diálogos entre dispositivos y personas. Contribuyen a que el uso de las aplicaciones que funcionan "en silos" se vuelva cada vez más marginal para privilegiar interacciones más fluidas y que a largo plazo se tienen que relacionar con sujetos cada vez más diversos. Entramos en la era de las "post apps", donde vemos mensajes instantáneos como

Messenger o WeChat, entre muchos otros, que se presentan como "cómplices" listos para responder a todo tipo de inquietudes y para recomendar las ofertas que se juzgue más pertinentes. Si bien su uso todavía no está maduro, el objetivo consiste en erigirlos como la "puerta de entrada de la Web" con vistas a asumir el rol de plataforma global frente a todas las sociedades deseosas de tejer lazos directos y renovados incansablemente con los consumidores.

Así es como surgen interfaces llamadas "conversacionales". Pero sería de una gran ingenuidad interpretar la expresión al pie de la letra y pensar que estaríamos ante "conversaciones", porque las conversaciones usualmente ponen en relación a distintos seres humanos que realizan intercambios entre sí con diferentes finalidades. Se trata de un abuso del lenguaje en la medida en que el análisis en tiempo real de las palabras formuladas por las personas y su memorización no se opera sino con vistas a responder a objetivos estrictamente comerciales o utilitaristas y que lo único que busca, bajo la apariencia de ser conversaciones de tonalidad familiar, es reemplazar el sentido por la *signal*, de alguna manera. Esta osamenta representa la base de lo que se denomina "comercio conversacional" garantizado por *bots* que "perseveran sin descanso en su ser" para recomendar a la perfección una película, un restaurante o ciertos productos en función de los perfiles de cada uno de nosotros y de las circunstancias, llegando hasta poder encargarse ellos mismos de proceder a ciertas transacciones.[1]

Sin embargo, dada la velocidad de la evolución de las cosas, el llamado "comercio conversacional" no representará sino una secuencia provisoria, porque el desafío consiste en suprimir el principio mismo del "comercio",

1. Ver Juliette Raynal, "Voyages-sncf.com veut se faire une place dans l'ère du commerce conversationnel", *L'Usine digitale*, 24 de octubre de 2017, y "L'intelligence artificielle à tous les étages dans le e-commerce", *L'Usine digitale*, 9 de noviembre de 2017.

que supone una distancia entre dos entidades. Además, hay una forma de pesadez derivada del hecho de deber tomar con las manos el *smartphone*, o de tener que posicionarse frente a una computadora para utilizar interfaces que ponen en juego hoy, principalmente, lo escrito. Porque lo que caracteriza el mundo digital-industrial es que, apenas entrevé un obstáculo, tiene la habilidad de rodearlo, encontrando la actuación más idónea. Se buscan las modalidades más reactivas y que requieren menor esfuerzo de parte del usuario; para ello, todo debe inscribirse en un marco desprovisto de todo obstáculo a fin de que, entre la formulación de un enunciado y el hecho de responder a él, se inserte la menor cantidad de interferencias posibles y que la inmediatez produzca una interacción casi natural y dotada de un carácter de evidencia.

Por esta razón las relaciones que sostenemos con los procesadores, que están impregnadas de formas de intimidad, están dadas en primer lugar a ser vividas por los individuos dentro de sus esferas privadas, porque son las esferas privadas las que ofrecen un marco propicio para el establecimiento de lazos solícitos y basados en una escucha atenta. Todo en el seno de nuestros domicilios tendrá como vocación garantizar nuestro mayor bienestar. Ya mismo podemos beneficiarnos, en nuestra habitación, de las virtudes tranquilizadoras que nos promete el dispositivo conectado Dreem, puesta a punto por la *start-up* francesa Rythm, que debe colocarse como si fuera una vincha en el momento de acostarse y que se supone que conjuga "los métodos más eficaces, desde el *biofeedback* a la neuromodulación, para mejorar el sueño en lo cotidiano".[2] El dispositivo supervisa durante la noche los movimientos del usuario y su ritmo cardíaco, así como la actividad del cerebro vía un electroencefalograma. Emite

2. Ver dreen.com

sonidos que se propagan por conducción ósea a fin de favorecer el adormecimiento. Una vez alcanzado el sueño, los sonidos se modulan como "sonidos rosas", que son los destinados a amplificar la acción del tálamo, que ajusta el nivel correcto de ondas delta que favorece el sueño profundo. Finalmente, el dispositivo desencadena un despertar llamado "inteligente" en el momento que se considera óptimo respecto de la actividad cerebral por medio de una alarma compuesta, según las circunstancias, por cantos sintetizados de pájaro o de cigarras, para dar un ejemplo. Quienes lo concibieron afirman sin problema que cumple el rol de un "*coach* del sueño". Por la mañana, entonces, podemos descubrir, en una aplicación que se dedica a eso, el propio "sleep score", sazonado con comentarios que sugieren servicios o productos relacionados. Cuando uno llega al baño, nuestra bañera esparcirá aceites esenciales en función de nuestro humor a través de cartuchos capaces, antes de agotarse, de solicitar ellos mismos sus propias recargas. Una vez en bata y perfectamente relajados, pero ahora ubicados en nuestro vestidor, otros tantos dispositivos de ayuda para vestirse, como Echo Look, desarrollado por Amazon, propondrá consejos relativos al atuendo de la jornada o a las vestimentas que deberíamos comprarnos sin falta, permitiéndonos además hacer simulaciones por medio de sistemas de realidad aumentada.[3]

Para encargarse de nuestro bienestar, estos *smart agents* nos penetran con todos sus sensores, con toda su ciencia, pretendiendo capturar hasta los trasfondos de nuestra *psyché* en favor de las vanguardias de la informática llamada "emocional" (*affective computing*), que ya es objeto de numerosas aplicaciones. Es lo que pasa con los robots llamados "sociales", a los que pretendemos gratificar con la genialidad de descifrar nuestra alma, y que

3. Ver Morgane Tual, "Echo Look, l'algorithme qui vous dit comment vous habiller", *Le Monde*, 19 de julio de 2017.

deben ser totalmente empáticos respecto de nosotros a fin de dispensarnos sus mejores atenciones y cuidados. El "cuidado de sí" al que la antigua Grecia había dado forma como una práctica que apuntaba hacia una vida recta y sana gracias e ejercicios morales y físicos regulares, se ve asumido por las tecnologías de la *aletheia* diseñándonos en cualquier circunstancia el marco propicio para nuestra plena expansión. Lo que es más, la *exagoreusis*, que corresponde al "examen ininterrumpido de sí" garantizado días tras día por un monje que recogía los pensamientos de los individuos y los llevaba a practicar una "confesión permanente",[4] ya que les permitía conocerse mejor gracias a la expresión verbal, se ve relanzado por sistemas que decodifican los estados de las personas erigiéndose como los nuevos directores de conciencia de nuestro tiempo, habilitados como están para captarnos a la perfección y entonces prescribirnos la conducta adecuada. El tecnoliberalismo busca engalanarse con el estatuto de sacerdote comprensivo y empático haciéndonos tomar nota de los preceptos necesarios para la "buena vida", la *eudaimonia* que Aristóteles teorizaba como una existencia feliz y consumada; sus partidarios, con entusiasmo y fe, se presentarían de ahora en más como "proveedores oficiales de *eudaimonia*".

Por obra y gracia de la inteligencia artificial emerge una vida imperceptible y literalmente puesta bajo tutela. La IA nos indica con su índice, como el Cristo Pantocrator, el Cristo en majestad, el camino correcto que tenemos que tomar. Es impactante detectar que de lo que se trata, en la edad antropomórfica de la técnica, es no solo de reproducir esquemáticamente algunos de los mecanismos del cerebro sino también de capturar ciertos estímulos,

4. Ver Michel Foucault, *Historia de la sexualidad IV, Las confesiones de la carne*, Buenos Aires, Siglo XXI, 2019.

a fin de implementar un proceso neuroenergético generado en cada oportunidad por un *input* que procede de la implementación de una situación favorable y de la formulación de enunciados que despiertan excitación. Estos enunciados nos llevan, como ocurre en el caso de los sistemas, a que surja lo antes posible un *output* expresado mediante un gesto sometido a los objetivos previamente definidos por los procesos mismos. De ahora en más, esperamos de los procesadores que nos gobiernen con maestría, que nos liberen del fardo que soportamos desde el alba de los tiempos y que sin embargo constituía hasta hace poco la sal de la vida y nuestra relación con el mundo: el hecho de tener que pronunciarnos a cada instante y generar un compromiso; en síntesis, el hecho de poner en juego nuestra responsabilidad.

EL ESTADIO IMPERATIVO DE LA VERDAD: DISPOSITIVOS PARA ERRADICAR LA DUDA

Cada una de nuestras acciones se despliega dentro de un horizonte constituido por una nube de arborescencias de número virtualmente infinito. Si decidimos actuar de tal modo o tal otro, sea en el marco de situaciones anodinas en el marco de coyunturas decisivas, siempre existen otras alternativas en la medida en que no estamos dotados del saber absoluto de Dios, que nos permitiría en toda circunstancia tomar la mejor decisión. La apertura indefinida de lo real supone la incertidumbre y la persistencia siempre sostenida de la duda. Es la parte trágica, y que hasta ahora se consideraba insuperable, de la existencia. Si hay un campo en el que se sostiene este espacio de lo posible, con la consecuente ansiedad, en el que hay un vector de inseguridad y riesgos permanentes, ese es el campo de las actividades profesionales, cualesquiera sean estas. El hecho de que haya en ese campo una presencia demasiado pregnante de la indecisión, el hecho de que haya cuestionamientos que nunca ceden en su presión, todo eso hace entonces que las actividades profesionales parezcan depender de la metafísica cuando en verdad surgen de una de las esferas más concretas de la vida, concretas a tal punto que no responden sino a las dimensiones utilitaristas y no pretenden, ni deberían pretender, enredarse con especulaciones interminables y vacilaciones infructuosas que muy pronto les impedirían llevar a buen puerto sus asuntos y que socavarían las bases de su viabilidad.

Por esa razón, el mundo profesional está regido más que cualquier otro por leyes, reglas, normas y certificaciones; es por eso que se inscribe en los marcos que le permiten fundirse dentro de una corriente que no conocería vaivenes continuos y peligrosos. Para responder a su función, a diferencia de nuestras propias vidas, más sujetas a los tanteos de nuestra subjetividad, en el mundo laboral se deben fijar objetivos determinados y los medios destinados a alcanzarlos. Con esta finalidad, definimos los diferentes niveles de responsabilidad y la distribución interna de las tareas a fin de que la confusión no perturbe el avance correcto de las cosas. Toda reunión de competencias requiere un sistema de organización que, la mayor parte del tiempo, se pretende impregnado del mayor rigor, pero cuyas características varían según los sectores de actividad, la historia singular de cada entidad, la personalidad de los individuos, particularmente de sus dirigentes que deciden generalmente la estructuración del conjunto, en la cima de la pirámide. Intentamos en vano buscar el mejor ordenamiento o esforzarnos por disponer de saberes cada vez más calificados, o detentar una aguda visión estratégica: la duda sigue allí, secretamente, el error puede ocurrir en cualquier momento, y ese error puede ser mínimo o de consecuencias dramáticas. Entonces el mundo del trabajo, sobre todo cuando dispone de medios financieros, no dejó nunca de implementar procedimientos y técnicas que apuntan a hacer más certeras las decisiones, a hacer que estén cada vez más mejor garantizadas.

Esta es la razón por la cual las grandes empresas, particularmente en la posguerra, en el inicio de la secuencia que llevaría al desarrollo veloz de la "sociedad de consumo" y a la intensificación derivada de la presión competitiva, comenzaron a convocar con cada vez mayor regularidad a expertos de distinta índole para que las ayudaran a orientar mejor sus decisiones. Muy pronto, hacia fines de la década del setenta, se generalizó la costumbre de establecer colaboraciones con institutos de asesoramiento que ponían a disposición equipos especializados y que se suponían particularmente al tanto de las últimas evoluciones a fin de evaluar la marcha general de los asuntos así como los ejes estratégicos a adoptar para eventualmente contribuir a definirlos mejor. Llegaron hasta proponer nuevos métodos organizacionales que eran resultado particularmente de los desarrollos de la informática, y que permitieron una gestión cada vez más optimizada de ciertos sectores. De ahí en adelante, se asignaron presupuestos al empleo temporal y más o menos regular de contingentes exteriores destinados a enriquecer el nivel de competencia de las empresas, buscando una suerte de corriente de aire saludable. A partir de los años noventa, paralelamente a estas prácticas, se propusieron *herramientas de ayuda a la decisión* que se elaboraron gracias a los avances de los trabajos matemáticos que trataban particularmente sobre las arborescencias decisionales, tomando en cuenta un contexto amplio, la pluralidad de los factores en juego y el repertorio de alternativas que iban apareciendo en cada etapa. Estas herramientas, que se ofrecían como instrumentos dados a iluminar las elecciones, estaban *in fine* sometidas a la apreciación de las personas a las que correspondía seguir, parcial o totalmente, las recomendaciones que se les formulaban.

La eficacia de estas técnicas no dejó de incrementarse porque se incrementaban regularmente los poderes de cálculo, la sofisticación creciente de los algoritmos y el tratamiento de volúmenes de datos que eran cada vez mayores y que versaban, además, sobre bloques de actividades cada vez más diversos. Una década más tarde, estos sistemas se convirtieron en el núcleo de un nuevo *business model* que IBM, entre otras empresas, adoptó de modo radical. En 2005 IBM cedió al grupo chino Lenovo su unidad de fabricación de computadoras para focalizarse solamente en la actividad de asesoría a empresas y la implantación de sistemas de organización y ayuda a la decisión. Esta mutación estratégica daba testimonio, en negativo, de un cambio de función de la informática. Al terminar la segunda década del siglo XXI estos dispositivos, que hasta ahora representaban instrumentos de visibilidad y control de la marcha general de las empresas, se volvieron capaces de interpretar en tiempo real una multiplicidad de situaciones y de señalar en consecuencia ciertas acciones que habría que tomar respecto de ellas. Estas acciones tenían que ser ejecutadas de inmediato por personas o, en la mayoría de los casos, por los sistemas mismos. Adquirían el estatuto de programas llamados "cognitivos", entre los cuales el más emblemático fue Watson, concebido por la misma empresa IBM y colocado en el mercado en 2011.

Hay gran cantidad de oficios que se valen de ese programa, los relacionados con los bancos, por ejemplo, principalmente con el objetivo de medir los riesgos en el caso de clientes que soliciten préstamos; proyectan entonces las probabilidades de que sean clientes solventes. Los oficios vinculados con los seguros también recurren a ellos a fin de ajustar las tarifas de los contratos en función de los perfiles de los adherentes, incluso del seguimiento de sus comportamientos a través de un puerto de sensores ubicado sobre los cuerpos de esas personas o integrados en un automóvil, por ejemplo. El examen de los legajos que realizarían directamente los seres humanos, que se establece según una multiplicidad de criterios, determinados o informales, desde el momento en que esas personas estarían sometidas al espesor de su subjetividad, se da de frente con el beneficio de una medición algorítmica que impone sus puntos de vistas sin miramientos. Por su parte, hay varias empresas de reclutamiento de personal que ya recurrieron a "agentes conversacionales" a fin de que suministren ellos mismos, respecto de los candidatos, informaciones relativas a los puestos y que juzguen la pretendida calidad de las palabras pronunciadas durante los intercambios.[5] Estos agentes conversacionales también se presentan como interlocutores en las entrevistas por video, y analizan, además del tenor de las conversaciones, los movimientos de cabeza de los postulantes, los movimientos de sus ojos, las expresiones faciales, hasta releen las eventuales sonrisas a fin de "discernir el nivel de interés o de entusiasmo" de un aspirante y "delimitar mejor su personalidad".[6] La intención declarada apunta a proponer "evaluaciones aumentadas" y a mejorar "la experiencia del candidato", conforme a la neolengua digital-gerencial contemporánea. De ahora en adelante, el desafío consistirá menos en examinar los CV que en hacer que los sistemas hagan "tests de personalidad", "de motivación y de medición del grado de inteligencia emocional". Lo que se debe juzgar son las *soft skills* (características personales) generalmente dentro de una perspectiva predictiva, a fin de discernir las capacidades de cada cual para desarrollarse dentro de un medio específico, para "interactuar" con las demás competencias en juego y para estimar los futuros márgenes de progresión de las personas.

Con frecuencia se menciona un matiz a propósito de estas técnicas en la medida en que los criterios que

5. Ver por ejemplo "Thibot", el chatbot que utiliza la sociedad de ingeniería y asesoramiento en tecnologías Alten, o "Sam", usado por el grupo de auditoría y consejo Mazars.

6. Los sistemas de entrevistas vía video son utilizados por las empresas EasyRecrue o HireVue.

determinan estas apreciaciones fueron establecidos en un principio por humanos que son susceptibles, consciente o inconscientemente, de dejarse guiar por sus prejuicios y de privilegiar, o de dejar desvalidas, ciertas pertenencias étnicas, sociales o de género. Esta preocupación origina, desde hace poco tiempo, una literatura voluminosa porque se relaciona con la cuestión sensible de las posibles discriminaciones. Pero lo que nunca se detecta es que, más allá de los matices eventuales, se produce una extensión sorda de una gran cantidad de normas que hacen prevalecer el primado de la extrema juventud, de la capacidad de dar prueba de las mayores reactividad y adaptabilidad, de la capacidad de disponer de un cuerpo sano, de demostrar un temperamento conciliador, y otros tantos imperativos que apuntan, *in fine*, al horizonte de un acontecimiento siempre dinámico, constituido por cuerpos dóciles y desprovistos de toda aspereza. Si por ahora se supone que estos métodos no representan sino instrumentos complementarios destinados a asistir a las personas, la trayectoria hoy en curso parece destinada a imponer procedimientos rígidos que se basan en un registro uniformizado de exigencias en detrimento de que se tomen en cuenta de otras cualidades basadas en valores completamente diferentes.

Hoy, cuanto más sensibles y costosas son las decisiones a tomar, más se aspira a recurrir a sistemas calificados para dar forma a la acción humana. La justicia, campo que se ve particularmente enmarcado por múltiples procedimientos de verificación que pretenden hacer alternar los argumentos de la acusación y los argumentos de la defensa, un campo que exige el imperativo de la prueba y que busca tener en cuenta la historia de cada ser humano, así como las eventuales circunstancias atenuantes, recurre desde hace no mucho tiempo a dispositivos automatizados cuya tarea es iluminar a los actores en juego valiéndose de métodos llamados "actuariales", que descansan en "elementos objetivos y estadísticos". Por ejemplo, en los Estados Unidos hay jueces que utilizan protocolos destinados a estimar los riesgos de reincidencia de un acusado, o que están preparados para pronunciarse respecto de si es oportuno o no liberar a una persona que está esperando un juicio por un delito cometido en función de las supuestas probabilidades que tenga de cometer, en ese lapso, algún crimen, o respecto de su tendencia a querer escapar de la ley. En varios continentes ya se han probado programas concebidos para suplir o incluso reemplazar jueces en los asuntos llamados ordinarios. Por otra parte, hay programas dotados de facultades supuestamente predictivas que acompañan la elaboración de ciertos fallos y que se derivan de una inversión de la función de la justicia, hasta ahora principalmente encargada de juzgar a posteriori los delitos cometidos, y que participan en la construcción de un orden político, así como policial, que trabaja para neutralizar toda eventualidad de los riesgos por venir.

Si se ensalza tanto la lógica de la "robotización de la justicia", es porque encubre la virtud suprema acumulada de poder prevenir toda amenaza desde la base, de generar reducciones de costos y de tender hacia una eficacia supuestamente mayor. Como las demás actividades del sector público, la práctica judicial debe entonces plegarse ineluctablemente a la doxa de la "transformación digital" que se extiende sin pausa gracias a la fuerza del poderoso trabajo de *lobbyng* que el mundo digital industrial ejerce respecto de los responsables políticos. Pero más allá de todos estos discursos, el efecto principal de esta amplia empresa utilitarista es una gran cantidad de normas que impregnan con astucia los ministerios públicos y las audiencias. Es como si llegáramos a la etapa consumada de la clasificación de las tipologías comportamentales "desviantes" (de cuyos primeros esfuerzos metódicos iniciados a fines de los años setenta fue testimonio la serie *Mindhunter*)[7] y solo faltase implantarlo en el seno de aquellos sistemas encargados de relacionar esas tipologías con ecuaciones estadísticas y probabilísticas, dotándose entonces esos sistemas de la facultad de pronunciarse sobre cada caso de referencia con (supuestamente) la mayor fiabilidad y la menor duda. Jeremy Bentham, en su época, pretendía extraer una eficacia máxima del principio de utilidad, buscando "encontrar los procedimientos de una aritmética moral a través de la cual se pueda llegar a resultados uniformes".[8]

¿Dónde se ubica entonces el derecho de quienes tienen que obtener justicia, y el derecho de la defensa para hacer valer la palabra propia en el marco de debates contradictorios? ¿Dónde se ubica el principio de la singularidad irreductible de cada caso que se tome y eventualmente el principio de que a todos nos sea otorgada la alternativa, que hasta ahora se tenía por cardinal, del beneficio de la duda? Una vez más, estos dispositivos se presentan como algo que no se deriva sino de funciones complementarias, pero lo que hay que ver es la trayectoria en curso que nos pone ante la vista sistemas que, por su poder para extraer conclusiones supuestamente rigurosas, contribuyen a relativizar, y quizás a largo plazo a excluir, la percepción humana inevitablemente plural de las cosas. ¿Percibimos el retroceso en curso bajo la apariencia de las "mejoras organizacionales" y las "nivelaciones tecnológicas"? En Francia, el reciente proyecto de ley que busca que ciertos asuntos no se juzguen en la corte –que está compuesta por jueces populares– sino que la juzguen directamente los jueces, participa de esta tecnificación de la justicia que

7. *Mindhunter*, serie creada por Joe Penhall basada en el libro de John Douglas y Mark Olshaker, fue producida por Netflix en 2016.

8. Jeremy Bentham, *Traité de législation civile et pénale*, Bruselas, Société belge de librairie, 1840.

busca hacer marginal toda apreciación subjetiva y toda parte de incertidumbre presente en la toma de decisiones, para acercarse al ideal de un discernimiento perfectamente exacto de los hechos gracias al saber de expertos, únicamente, llamados a estar cada vez más secundados por protocolos a los cuales se les concede el derecho de enunciar una verdad "objetiva" e "indudable".

Hay sistemas dados a encuadrar sectores cada vez más diversos de la sociedad, ubicándonos bajo su tutela incluso en el campo de la educación, que desde hace poco tiempo también convoca a la inteligencia artificial a fin de "facilitar el acceso a una enseñanza personalizada para todos". Como una plataforma que ofrece herramientas estableciendo al vuelo "diagnósticos cognitivos", las respuestas que suministran los estudiantes son analizadas entonces en tiempo real y los profesores se pueden inspirar en ellos para "*customizar* sus cursos".[9] De ahora en adelante, cada uno se merece lo que "tiene derecho a esperar" sin enfrentarse con la más mínima resistencia, y estas palabras ya no estarán formuladas en vistas a hacerlo progresar sino con la única finalidad de "hacerlo perseverar en sus características", en oposición al principio histórico de la escuela, que hasta ahora se veía como una entidad destinada a abrirse a la alteridad bajo múltiples formas. Además, los programas son concebidos por sociedades comerciales privadas según criterios generalmente opacos y a los que dejamos con entusiasmo que penetren en la escuela pública en nombre de la inexorable "transformación digital".

Lo que caracteriza a estas tecnologías de divulgación de la verdad es que evacúan la ambigüedad propia de toda situación, de las relaciones humanas y del lenguaje. Hay

9. Marine Miller, "À Madrid, des étudiants sous l'œil du big data", *Le Monde*, 2 de noviembre de 216.

una riqueza de la ambigüedad que nos permite componer con otros y lo real sin quedarnos con una sola opción que sea excluyente de todas las restantes. La ambigüedad representa un reservorio inagotable de posibles y de inventiva. Y es precisamente lo que pretende ser erradicado por lo que Schopenhauer identificó como un conformismo social hábil en "el arte de producir la apariencia de la verdad". Usualmente, la sociedad extrae su vitalidad de la profusión irreductible de las subjetividades, de la pluralidad necesariamente contradictoria de los intereses, del imperativo de la negociación continua, dando testimonio del derecho equivalente todos nosotros para hacer valer la propia singularidad, condicionando la supervivencia de todo conjunto común digno y viable. Cuando una lógica que se convierte en mayoritaria "busca explulsar lo que no entra en el marco de su identidad" (Elias Canetti),[10] lo que se instaura es una relación mortífera.

Lo que hay que reconsiderar es toda la filosofía política de la relación con la norma, con la verdad, con las instancias decisionales. Históricamente, hasta el día de hoy, las normas, las convenciones y los prejuicios se alojaban en múltiples lugares, en el lenguaje, en las instituciones, en los regímenes jurídicos. Sin embargo, no son claramente localizables: se apoyan en una suerte de niebla algodonosa que hace difícil, sino imposible, capturarlos. Representan puntos de apoyo a modos de organización social, favorecen la supervivencia de las estructuras de poder de todo tipo, influyen en los comportamientos, llegan hasta determinar imperceptiblemente las posturas corporales. Constatada la autoridad más o menos insidiosa que ejercen sobre nuestras vidas, es un deber pretender diferenciarlas. Este trabajo representó una de las misiones principales asignadas a la modernidad filosófica, de

10. Elias Canetti, *Masa y poder*, Barcelona, Muchnik, 1981.

las Luces hasta Nietzsche, y hasta Foucault, que hizo de ello el objeto principal de sus trabajos. Si dicho esfuerzo de discriminación, necesario, se deriva de una tarea que nunca podrá ser interrumpida, es probable que se complique, porque hoy hemos franqueado una nueva etapa en la historia de la normatividad, y vemos en marcha mecanismos inéditos dotados de tres características. Primero, toman forma dentro de dispositivos que operan de modo automatizado sin requerir nuestro asentimiento previo, y en los plazos más cortos posibles. Luego, están llamados a interferir en un número de actividades individuales y colectivas que aumenta sin cesar, cubriendo un alcance virtualmente integral. Finalmente, se les otorga un valor supuestamente objetivo, parecen desprovistos de toda intención y solamente concebidos para hacer que nos beneficiemos de su incomparable eficacia.

Este agenciamiento consolida el imperio de una miríada de normas a tal punto que su sola detección en vistas a combatirlas ya no es suficiente. De ahora en más, esta posición se revela insuficiente. Parece igualmente inútil desarrollar una teoría crítica de aquella normatividad inducida por los algoritmos que se conformara solamente con constatar que hay criterios opacos que los determinan y actúan sobre nuestras conductas. Estas observaciones que se barajan sin cesar no solamente se convirtieron en un lugar común del análisis de la influencia insidiosa de los algoritmos sobre nuestras existencias, sino que también tienen, sobre todo, el defecto culpable de no poner nunca en cuestión el principio mismo de su poder decisional, y nos limitamos a protestar porque son objeto de una cierta publicidad. Al margen de estas posiciones pasivas, y de ahora en más concertadas, lo importante es declarar el principio mismo de una extrema normatividad que está formalizada en sistemas a los cuales se les concede la licencia de definir qué es la verdad y de emprender acciones en consecuencia, y todo esto bajo la forma de un proceso inconciliable con los valores que nos constituyen. No se trata de saber cuáles son los criterios que se ponen en práctica, o de alarmarse continuamente por los matices que afectarían los resultados, sino de decretar, desde la base, que a partir del momento mismo en que aparecen protocolos que nos privan de nuestro poder de juicio y decisión, sustituyendo nuestra conciencia y nuestra libertad de acción, estos protocolos deben ser considerados como algo que no debemos aceptar. En otros términos: depende de nuestra responsabilidad frente a nuestra herencia humanista utilizar nuestro derecho a bloquear, donde sea que estemos, los mecanismos que trabajan para imponer, en todas las escalas de nuestras existencias, un orden unilateral e infundado de las cosas. A eso lo podemos denominar una ética en acto de nuestras convicciones o una saludable puesta en práctica de una política de legítima defensa.

4

EL ESTADIO PRESCRIPTIVO DE LA VERDAD: HIPÓCRATES BAJO EL YUGO DE LO PRIVADO

Es un hecho asumido. Si existe un campo que por sí solo legitima la existencia de la inteligencia artificial, al que no dudamos que va a beneficiar con todo su poder, y del cual todos finalmente vamos a sacar provecho, ese campo es el de la medicina. Se da por hecho, y esto según un amplio consenso, que la inteligencia artificial debería permitir a la investigación médica franquear algunos umbrales sin parangón histórico. Lo que nos ofrece es un don y entonces no admitirlo sería una demostración de mala fe. Esta perspectiva constituye el argumento irrefutable que la inteligencia artificial invoca, a fin de cuentas, para su desarrollo. Y en el caso de que ciertos usos vigentes, o que se están volviendo vigentes, despierten en otros sectores inquietud o desaprobación, al menos los beneficios que se anuncian en este campo señalan que las cosas son complejas y que conviene ser mesurado al considerarlas. Este supuesto aporte de la inteligencia artificial a la medicina constituye el punto que nuclea a sus partidarios, que se sienten gozosos, cada vez que hay un debate, de poder desenvainar esta arma implacable.

De esto se vale de modo reiterado y caricaturesco Yann LeCun, que mientras trabaja infatigablemente para perfeccionar la relación con el cliente en Facebook, afirma a intervalos regulares que "la inteligencia artificial va a salvar vidas", aunque reconoce que "representa también un peligro".[11] Entonces, dado que *in fine* está llamada a "salvar vidas", la extensión sin límites de sus promesas hace que valga la pena, como en la apuesta de Pascal, arriesgarnos a todo. Dentro de esta ecuación todo se lleva hacia la exigencia de la "vigilancia", que remite a las calendas griegas, la posibilidad de tomar determinaciones de ahora en más, y en plena conciencia, respecto de las encrucijadas a las que nos enfrenta. Hay que saber identificar aquellos razonamientos cuya finalidad es paralizar toda posición divergente. Y bien, puesto que se nos lanza continuamente el argumento de que la medicina va a extraer una infinidad de ventajas de las virtudes auguradas por la inteligencia artificial, entonces conviene ir a ver de cerca cómo funcionan las cosas, más allá de los discursos prefabricados que buscan paralizar toda empresa crítica.

A partir de los años noventa, la introducción progresiva de instrumentos digitales destinados a los análisis médicos, en las ramas de la radiografía, la cardiología o la oftalmología, entre muchas otras, sumada al registro de los actos médicos en servidores, transformó a la medicina en una práctica que genera grandes volúmenes de datos. En particular, estas nuevas prácticas permitieron un seguimiento regristrado de los pacientes y un conocimiento profundizado de enorme cantidad de estados individuales y colectivos, que ahora detentan diversos organismos como la seguridad social, los ministerios de Salud, la Organización Mundial de la Salud (OMS), o IBM (entre

11. Morgane Tual, "Yann LeCunn, de Facebook: 'L'intelligence artificielle va sauver des vies'", *Le Monde*, 23 de septiembre de 2017.

otras empresas), que de inmediato quiso sacar partido de la emergencia de una medicina que se volvía "informacional". IBM puso a punto un programa dedicado a ello, Watson, que responde a tres finalidades principales. La primera consiste en recolectar y analizar todo tipo de datos originados en las historias clínicas de las personas y relacionados con la evolución de sus situaciones, con la eficacia de los tratamientos de cada caso particular y con sus eventuales efectos secundarios. Además, el sistema se pregunta por los diferentes focos de infección en el mundo, y es igualmente capaz de "leer" y sintetizar artículos científicos disponibles online, afinando continuamente su nivel de experticia. Watson representa una herramienta de acceso a una multiplicidad de informaciones que permiten a los médicos localizar fácilmente aquellas que corresponden a sus necesidades para determinar mejor, entonces, algunas de sus decisiones.

La segunda funcionalidad que se desarrolló posteriormente es bastante más perturbadora en relación con la historia de la disciplina. Watson, como otros programas similares, está dotado de la facultad de *establecer diagnósticos* y puede detectar tumores de piel, por ejemplo, con grados de precisión que se suponen superiores a los del examen humano. Lo que aparece es una nueva competencia que corresponde con exactitud a la función *aletheica* de la inteligencia artificial, a saber: la de poder relevar estados de hecho generalmente disimulados a nuestro espíritu. Se está produciendo el franqueamiento de un umbral que nos muestra entonces cómo distintos sistemas identifican eventuales patologías, y entonces se ven convocados a ejercer sus saberes en diferentes especialidades.[12] Lo que

12. Por ejemplo, un equipo de Stanford (Estados Unidos) concibió un programa destinado a identificar los tumores malignos de piel más frecuentes (los carcinomas), y los más temibles, los melanomas. El sistema fue alimentado por una base de datos de 130 mil imágenes

caracteriza especialmente a estos sistemas es que no proceden, en su origen, de indagaciones llevadas adelante por el mundo de la medicina sino por actores industriales. Son ellos quienes inician y desarrollan protocolos intentando después que sean adquiridos por centros de exámenes de salud y de cuidados terapéuticos. Aquí se produce una forma de disyunción entre el mundo técnico-económico y el de la medicina, que no trabajan concertadamente, en el seno de partenariados, sino que el segundo es testigo de cómo el primero busca imponerle sus "innovaciones".

A decir verdad, no es para nada necesario asaltar continuamente a la corporación médica para conquistarla, porque la corporación médica, igual que otras, está en su mayor parte sometida a la doxa de que hay que mejorar todos los sectores gracias a la "transformación digital", de ahora en más prioritaria. La medicina, en lugar de defender su campo singular de prerrogativas, de dar testimonio de una distancia crítica necesaria, de hacer valer la existencia de una evaluación del paciente antes de adoptar técnicas que lo comprometan, de algún modo se lanza de cabeza suponiendo que aquí se juega una evolución que se juzga inevitable y que nos insta a concordar con ella con entusiasmo por el supuesto bien de la praxis de los pacientes. Va de suyo que el sempiterno cliché de la complementariedad de los campos, en este caso dentro del marco del diagnóstico, está llamado a quedar en fórmulas inútiles en la medida en que lo que está destinado a prevalecer es la verdad indudable que enuncian los sistemas. La hipótesis, por cierto costosa, de un contradiagnóstico automatizado representaría *a minima* un contrapeso susceptible de relativizarlo.

---

que representaban más de 2000 patologías de la piel. Un equipo chino puso a punto un programa capaz de diagnosticar, con una eficacia pretendidamente igual a la de un oftalmólogo, una enfermedad rara, la catarata congénita.

El aura que se otorga a la *aletheia* algorítmica, que promete ser cada vez más resplandeciente, encuentra una consecuencia directa en una tercera funcionalidad: la de establecer *prescripciones*, sea en función de diagnósticos ya establecidos por seres humanos, sea en función de diagnósticos producidos por los sistemas mismos. Hasta hace poco, hacer una receta médica dependía de una estricta competencia de los médicos, cuyo conocimiento de las moléculas formaba parte de su formación y que podían, en caso de duda o en ciertas circunstancias, remitirse a obras de referencia, como el vademecum Vidal, editado en Francia a partir de 1914 y hoy disponible online, que presenta un repertorio de las características de los medicamentos que producen los laboratorios farmacéuticos. Estos glosarios, que ofrecían sumas enormes de información, permiten, llegado el caso, que el médico determine lo mejor, dado que *in fine* el poder de decisión le corresponde a él. Lo que supone dicha disposición automatizada es que una vez más la parte de apreciación libre impacte contra el beneficio de una verdad literalmente prescriptiva que se impone a la conciencia humana. Hay dispositivos elaborados por compañías privadas que ocupan el punto nodal situado entre el cuerpo médico y el mundo farmacéutico. Hay nuevos actores que se inmiscuyen en esta relación histórica, que no pretenden revestir el estatuto de meros *intermediarios* sino el de interlocutores de los que se supone dependerá pronto la conformidad más exacta entre un diagnóstico y los tratamientos capaces de responder a él.

Las sociedades farmacéuticas implementaron desde hace largo tiempo métodos destinados a gravitar sobre las elecciones de los médicos con vistas a incitarlos a elegir sus productos. Si bien existen estatutos deontológicos, sabemos que los médicos son invitados con frecuencia a congresos profesionales en los que se les cubren todos los gastos y se los beneficia con generosidades bajo diversas formas. Sin embargo, la integridad sigue siendo una virtud cardinal de la profesión. A largo plazo también se volverá inútil, porque la integridad quedará desplazada hacia quienes conciben sistemas. En el caso de que haya sospechas sobre ellos, se podrá siempre argüir, según la buena fe, que están "protegidos" por la "objetividad matemática" de las ecuaciones. Lo que se anuncia es una "lucha industrial por la prescripción", ya que cada empresa pretende arrogarse el rol de plataforma imprescindible para vincular distintas partes involucradas entre sí. Más allá de esta voluntad de ocupar una tercera posición, lo que se pone en marcha es una estrategia paralela que busca situarse a lo largo de toda la cadena de la salud, provocando la disolución del lugar central que siempre tuvo el cuerpo médico, pero ya sin entorpecerse con todas las exigencias históricas que la disciplina había definido, pacientemente, a lo largo del tiempo.

Uno de los objetivos principales de la industria de lo digital consiste en echar mano del dominio de la salud, encarado, junto con el de los automóviles autónomos, la casa conectada y la educación, como los campos más decisivos. Respecto de ellos, la industria de lo digital pretende dotarse de todos los medios necesarios a fin de asentar a largo plazo una dominación sin competencia. Esta ambición se vale, para consumarse, de la adopción de varios ejes estratégicos que deben encajarse unos dentro de los otros. El primero, que de algún modo se ubica en la base, exige recolectar la mayor cantidad de volúmenes de datos que emiten los cuerpos. Es la razón por la cual los *smartphones* integran ahora mecanismos que miden el número de pasos efectuados en la vida cotidiana, por ejemplo, así como también lo hacen los brazaletes, las camas, los espejos, las balanzas, todos conectados (y eso entre muchos otros dispositivos) quedando de ahora en más destinados a responder a sus funciones primeras pero también a captar nuestros flujos fisiológicos. Hasta tiempos muy recientes, la recolección y análisis de todas esas informaciones permitían la formulación de ofertas personalizadas que surgían del mercado del bienestar, que podía ciertamente generar beneficios colosales; pero se considera que se deriva de una "articulación natural" agregarle a estos aspectos otro de alcance igualmente colosal: el de la prevención y el cuidado terapéutico.

El segundo eje estratégico requiere vincular entre sí las competencias de los médicos y biólogos para que sean parte contante y sonante en la elaboración de experticias automatizadas que se ven además ataviadas del prestigio de su saber certificado. El tecnoliberalismo, al igual que hizo con los ingenieros y los programadores, pretende ahora colonizar los departamentos de investigación montados desde comienzos de los años 2010 y consagrados a la salud, como Google Health y Calico (Alphabet/Google), HealthKit, CareKit, ResearchKit (Apple) o las múltiples *start-ups* que trabajan en las "biotechs". Estas desarrollaron particularmente aplicaciones de diagnóstico vía *smartphone* a través del relevo de la temperatura corporal, del análisis de las frecuencias vocales y la tos, del análisis del rostro y, a largo plazo, harán lo propio con la sudoración, proveyendo también kits de análisis de sangre. El desafío consiste en poder saltearse muy pronto la fase de la consulta médica, hacerla obsoleta, para instaurar la práctica del seguimiento continuo, una suerte de vigilia perpetua prodigada a cada uno de nosotros, eximida del pago de la consulta al médica y basada en el principio del abono, garantizando así la atención asidua y en cualquier circunstancia.

De este modo, el campo de las intervenciones tiene lugar sin que haya una ruptura entre quienes participan de él: los actores industriales recolectan los estados de las personas a través de los aparatos conectados y las aplicaciones destinadas a ello, proponen productos y servicios de bienestar, pueden aconsejar análisis complementarios a realizarse sea en su propias oficinas, sea en aquellas que hayan comprado las palabras clave relacionadas, y pretenden cerrar el círculo proponiendo ellos mismos, en compañía de eventuales *partenaires* según el campo de la salud de que se trate, ciertos tratamientos terapéuticos. El médico, el hospital, así como otras entidades cualificadas están condenadas a ser destronadas, incluso marginalizadas, por la emergencia de nuevos "jugadores" que pretenden erigirse como los interlocutores más aptos para garantizar nuestro seguimiento más perfecto, y alertarnos, casi en tiempo real, en relación con la inminencia de riesgos o patologías, así como a encargarse de tomarnos a cargo lo mejor posible, cualesquiera sean los casos de referencia. Por ejemplo, la *start-up* Forward ambiciona poner a punto el "consultorio médico del futuro". Está concebido como un espacio destinado a recolectar las informaciones más exhaustivas a propósito de cada "cliente" que, en ocasión de una primera inscripción, se ve sometido a una batería de exámenes: toma de peso, de la altura, de la temperatura, del ritmo cardíaco, de la presión arterial, extracción de sangre, una sesión de *scanner*, toma de una muestra de saliva en vistas a hacer un test de ADN cuyo objetivo es estimar los riesgos de tener un cáncer de origen genético. Las conversaciones entre paciente y médico son escrutadas por una inteligencia artificial que se supone capaz de relevar puntos que ameriten ser agregados al establecimiento de los perfiles. La empresa suministra instrumentos conectados, brazaletes, balanzas, monitores del sueño, sensores electrocardiogramas. Se estudian los datos recabados a distancia por robots dedicados a esa tarea y que pueden, llegado el caso, en caso de evolución anormal, programar en los mejores plazos una consulta en vistas a proceder a análisis y test previamente identificados. La compañía ofrece, a cambio de un abono, un número en teoría ilimitado de consultas, de eventuales vacunas, el acceso a nutricionistas y la provisión de medicamentos genéricos. Su fundador espera instalar estos consultorios en muchas ciudades de los Estados Unidos y el exterior, afirmando "querer construir todo nuevamente desde cero".[13]

Google inauguró recientemente una unidad especializada en biotecnologías, Verily, que en 2017 reclutó 10 mil voluntarios a los que se equipó con múltiples sensores y que debían ser sometidos con regularidad a diversas extracciones a fin de seguir, a lo largo de cuatro años, la evolución de su estado de salud y de determinar los biomarcadores aptos para señalar los signos precursores de alguna patología. Esta iniciativa es testimonio de modo emblemático de la voluntad de apoderarse del campo de la medicina y de derribar las estructuras que lo regían hasta ahora gracias al seguimiento permanente de cada cual, lo que autoriza una gestión hiperindividualizada y tendencialmente predictiva de nuestras vidas. La filial elaboró, por ejemplo, lentes de contacto capaces de medir la tasa de azúcar en sangre de los diabéticos, y esto llevó al establecimiento de un partenariado con el grupo farmacéutico suizo Novartis que le permitiría estar presente entonces a lo largo de los distintos procesos involucrados: diagnóstico, prescripción, y finalmente el suministro de soluciones terapéuticas.

Bastante más que la mera intensificación de la intromisión del régimen privado en el campo de la medicina, a lo que apunta la industria de los datos es a una vasta empresa de confiscación. Sin embargo, en una primera instancia al menos, no tendrá ese aspecto, dado que se trata de una administración de los cuidados ubicada bajo la insignia de poseer la reactividad y eficacia más alta y por fuera de las salas de espera de los hospitales saturados,

13. Jerôme Marin, "Bienvenue dans le cabinet médical du futur", *Le Monde*, 31 de marzo de 2017.

y preservada entonces de una eventual mala atención o de las fallas médicas y sus errores consecuentes. Hay que poder ver el retroceso que se opera en el marco de la relación que vincula al cuerpo médico con el paciente, en la medida en que instala un nuevo tipo de verticalidad, no dicha, que impone la verdad objetiva de las experticias y las recomendaciones, y que tiene el valor de enunciados prescriptivos superiormente calificados. Esto elimina *de facto* la hipótesis de que debe haber una pluralidad de competencias capaces de formular juicios sobre la base de su saber y su experiencia, o la de contra evaluaciones que se revelan necesarias en ciertos casos particulares, así como el acuerdo que implica a todas las partes involucradas cuando se determinan los tratamientos. ¿Vemos una vez más que esta lógica de hiperindividualización, sostenida por el uso de la inteligencia artificial, está llamada a debilitar, tanto en los hechos como en las mentes, la exigencia humanista de la solidaridad, en beneficio de compromisos establecidos entre personas y organismos anudados de común acuerdo? La sociedad del contrato está consagrada a generalizarse hasta en el sector médico en detrimento del establecimiento de un régimen común; y esta generalización lleva a que las capas de la población más privilegiadas puedan beneficiarse prioritariamente de los servicios ofrecidos. Además, las sumas de informaciones recolectadas alimentan un conocimiento que se profundiza sin descanso de las personas, que es susceptible de ser explotado con diversas finalidades, principalmente mercantiles.

Estas nuevas prácticas se desarrollan sin que el mundo médico ni la sociedad reaccionen ni se movilicen a la altura de los dilemas que se plantean. Se impone la doxa de mejorar los diagnósticos y tratamientos ocultando los procesos que se van implementando en el camino. Estas mutaciones súbitas nos deberían imponer la tarea de identificarlas con precisión y de actuar, si nos importa que la práctica siga estando basada, tanto como sea posible, en el principio histórico y ético de un cuidado que no apela necesariamente a un beneficio en contrapartida. Nos falta una teoría crítica del devenir de la medicina. Convendría, antes que nada, que nos apoderáramos de nuestro derecho a *operar clasificaciones* y considerar que el diagnóstico automatizado, si puede presentar ventajas en ciertas circunstancias, no debería ser utilizado sino con parsimonia, a falta de lo cual estaríamos abriendo una Caja de Pandora para que la industria se posicione a lo largo de la cadena de la salud. Acordarnos ese derecho o, más exactamente, obligarnos a ese deber, supone afirmar en voz alta y enfática que la prescripción automatizada, si consideramos todas las consecuencias que implica, representa el franqueamiento de un umbral que se debe juzgar inaceptable.

Puesto que la agudeza de estas cuestiones es indiferente al legislador, o peor: dado que esperamos que gran cantidad de estos avances sean apoyados por dispositivos jurídicos que resultan generalmente de un trabajo intenso de *lobbyng*, sin buscar, *in fine*, más que el crecimiento económico, entonces corresponde a todos los actores involucrados, los que defienden el principio de una medicina que debe ser puesta al abrigo de las lógicas del mercado, y a la sociedad civil entera, hacer valer posiciones divergentes que sean saludables. Es tiempo de discriminar los fenómenos con conciencia, y de establecer conjuntamente que, a partir del momento en que, una vez más, las técnicas y los procedimientos nos privan de nuestro poder de decisión, deben ser considerados como algo que no debemos recibir. El cuerpo médico, si quiere seguir siendo fiel a sus valores, va a tener que aprender a luchar, como los obreros supieron hacerlo en el transcurso de la Revolución Industrial y en los años setenta, por ejemplo. Y no valiéndose del derecho de huelga en esta ocasión, sino siendo lo suficientemente *neoluddita*, de algún modo, recurriendo, en ciertas circunstancias, al derecho imprescriptible a negarse a ciertos métodos con el objetivo resuelto de defender la supervivencia de los principios que se consideran intangibles. Si no se emprende ninguna acción, asistiremos al advenimiento de una medicina cuya supuesta calidad dependerá de la potencia *aletheica* de los sistemas, de la capacidad del mundo privado para dotarse de todos los medios logísticos y persuasivos necesarios en vistas a erigirse como el interlocutor principal, erradicando así, en el transcurso de una generación, el zócalo humanista sobre el cual esa misma medicina se había constituido desde la Antigüedad. Probablemente estemos viendo la imagen aumentada de lo que se está produciendo en otros campos, y dado que se trata de un tema particularmente sensible, que se supone que atrae particularmente nuestra atención, al menos podemos esperar que nuestra ingenuidad absorta se atenúe en algo. En caso contrario, será menos consecuencia de la ignorancia que de una irresponsabilidad culpable respecto de las convicciones que nos constituyen.

5

EL ESTADIO COERCITIVO DE LA VERDAD: UN PODER FULMINANTE

Nuestras representaciones de la técnica pueden ser catalogadas dentro de tipologías de muy diversa naturaleza que van desde las apreciaciones más entusiastas hasta las más horrorizadas. En los límites opuestos de un amplio espectro, se enfrentan dos visiones antagónicas. La primera está marcada por lo sombrío, remite a la imagen de una maquinaria omnipotente cuyos engranajes escapan a la percepción común y somete a todo ser a su influjo implacable. Tomaría forma de modo emblemático en las fábricas que poblaron las ciudades del norte de Europa en tiempos de la Revolución Industrial. Por ejemplo, el Londres lleno de humo y mugre que descubre con espanto Friedrich Engels en 1842. Engels se afanará por describir todos los daños que los nuevos procedimientos estandarizados de producción causaban sobre los cuerpos y la psiquis de los obreros en su obra *La situación de las clases trabajadoras en Inglaterra.*[1] Según

1. Friedrich Engels, *La situación de la clase obrera en Inglaterra*, Buenos Aires, Futuro, 1965.

Marx, cada uno de ellos se convertía en "un simple apéndice viviente de un mecanismo sin vida".[2] Más tarde, en 1927, Fritz Lang, en su película *Metrópolis*, de tono distópico y consonancia premonitoria, quiso mostrar que la construcción de megaestructuras arquitectónicas asociada con una mecanización generalizada de los modos de existencia arrastraría inevitablemente relaciones asimétricas de poder encerrando a los seres humanos en mallas opresivas de las cuales no podrían salir.

La segunda visión es luminosa, está emplazada bajo el sello del encantamiento. Alcanza su clímax con una cierta imaginería de la sociedad de consumo vehiculizada hacia fines de los años sesenta. Se daba por hecho que esta sociedad convergiría hacia el confort de los individuos gracias a la producción de nuevos artefactos concebidos para alivianar su vida cotidiana. Estos artefactos presentaban generalmente formas redondeadas, de superficies mullidas y adicionadas con virtudes reconfortantes. Dicha opulencia encontraba su expresión prefecta en el modelo DS de Citroën, que estaba provisto de suspensión hidráulica y que, desde que se le daba contacto, elevaba al conductor con delicadeza sobre el asfalto rumbo al cielo. El automóvil tenía tapizados de cuero, accesorios hechos de madera maciza y de acero reluciente, y podía estar equipado también con una autorradio. Daba testimonio de la existencia de un mundo ideal que rodaba sobre cuatro ruedas y cuya presencia despertaba el agolpamiento fascinado de los espectadores del Salón Parisino del Automóvil tan bien descrito por Roland Barthes en *Mitologías*.[3] Encontraría su contrapeso doméstico en la casa de *Mi tío*, de Jacques Tati (*Mon oncle*, 1958), presentada como un conjunto coherente en el cual cada una de las partes estaría concebida de modo minuciosamente apropiado, en los menores

2. Karl Marx, *El capital, Libro I,* México, Siglo XXI, 1975.

3. Roland Barthes, *Mitologías*, Buenos Aires, Siglo XXI, 2003.

detalles -hasta la caricatura-, para garantizar que todas las secuencias de la vida que tuvieran lugar dentro de ella fueran cada vez más sencillas. La cocina estaba dispuesta con múltiples comodidades; el salón se ofrecía como si fuera un remanso para la relación, el jardín se beneficiaba de un sistema de riego automático. La morada, costosa, por cierto, representaba la etapa suprema de la categoría. El "ama de casa" no se privaba de mostrar su maravilla a todas sus invitadas, boquiabiertas por ese lujo y todas las funcionalidades incomparables que, sin embargo, extraviaban un poco al tío del hijo único de la familia, porque pertenecía visiblemente al "mundo de antes".

Estos dos modos de percepción corresponden en parte a ciertas realidades vividas, pero dependen más generalmente de dos concepciones de mundo opuestas. Una remite a la infelicidad rousseauniana de haber tenido que salir un día de los límites que fijaba nuestra condición humana y haber tenido que adaptar la naturaleza y las cosas a nuestro implacable designio. La otra dataría del espíritu positivista de las Luces que más tarde encontraría su expresión máxima en las aspiraciones de los saint-simonianos, que veían en los "progresos" técnicos la condición imperativa del mejoramiento de la vida de las personas así como de un mejor avance de la sociedad. Estas visiones, desde su origen, están situadas en las antípodas una de otra. Sin embargo, desde hace poco tiempo apareció un término que opera una forma de síntesis inesperada entre estas representaciones hasta ahora irreconciliables y que intervenían en sectores de actividades diferentes. No mantenían vínculo directo entre sí, pero, tanto una representación como la otra, eran testigos de cómo se implementaban procedimientos que imponían a la vez un orden implacable y parecían liberar a los seres humanos de todo esfuerzo inútil. Estos dos campos son los del *management* (dentro de la empresa), y el de las prácticas militares; ambos espacios que, desde hace algunas décadas hasta hoy, regular y casi simultáneamente, implementaron métodos novedosos impregnados de lógicas análogas.

Lo que caracteriza el advenimiento de la gran industria a partir de mediados del siglo XIX es que se aplicó a edificar imponentes fábricas de manufacturas con el único objetivo de acrecentar los volúmenes de producción sin preocuparse, generalmente, por ofrecer al mismo tiempo condiciones de trabajo equitativas y dignas. De ese diferencial entre la aspiración exclusiva al beneficio y el desprecio manifiesto respecto de la clase obrera nació la teoría crítica del capitalismo. Sin embargo, a fines del siguiente siglo las cosas tomaron un giro más insidioso: las fábricas tenían menos el aspecto de maquinarias impías y que llenaban a los trabajadores de hollín que de entidades relativamente asépticas, equipadas de modo racionalizado y provistas de dispositivos que imponían su ley formal y sus cadencias. Este reordenamiento era particularmente visible en la fábrica fordista, que estaba directamente inspirada en el taylorismo, que había preconizado a su vez el parcelamiento y la mecanización de las tareas y que Chaplin se había afanado por describir, con una mezcla de ironía y de frialdad, en *Tiempos Modernos* (1936). Estos procesos de deshumanización fueron los que Simone Weil pretendió enfrentar poniéndose a trabajar en 1934 como "obrera de la máquina" para entrar en "contacto directo con la realidad". Dio testimonio de ese hecho en *La condición obrera*.[4] Las grandes luchas obreras llevadas adelante durante la década del setenta se opusieron ferozmente a su persistencia tenaz, ya que estaban resueltas a ya no permitir que los seres humanos estuvieran sometidos a procedimientos alienantes. El sociólogo Robert Linhart

4. Simone Weil, *La condición obrera*, Buenos Aires, El Cuenco de Plata, 2010.

también había querido ser objeto de estos procesos al ir a trabajar a las cadenas de montaje. Los relató de modo clínico en *De cadenas y de hombres.*[5] Sin embargo, en los inicios de los años ochenta se introdujeron máquinas-herramientas automatizadas que sustituyeron poco a poco a los obreros y que supuestamente iban a traer consigo el traslado de esos mismos obreros hacia puestos de carácter menos penoso, dentro de una secuencia histórica que fue testigo del rápido apogeo de una economía de servicios.

Estos avances fueron resultado de la generalización, en el mismo período, de las lógicas llamadas "neoliberales", que pretendían maximizar especialmente los procesos de producción gracias a la instauración de nuevos métodos de gerenciamiento. Querían aprender la lección de los costosos conflictos pasados e integrar otros axiomas -impregnados del nuevo espíritu de una época caracterizada por la individualización de las conductas- que se suponía que implicaban más a las personas y que se basaban en los primados de la toma de iniciativa, de la implementación de células decisionales reducidas y de la exigencia de una reactividad continua. Esta serie de esquemas fue descrita con mucha precisión en *El nuevo espíritu del capitalismo*: encontraba su origen en el *management* llamado "a la americana". Algunos de sus teóricos afirmaban que "la empresa de ahora en más debe ser distribuida, descentralizada, colaborativa y adaptativa".[6] En realidad, y a la inversa de su apariencia "cool" y "horizontal", los modos de gobernanza del trabajo que se estaban instituyendo ejercían una presión coactiva pero diferente, ya que su objetivo era movilizar a cada asalariado sin descanso, cuestionando a cada momento su valor y procediendo a una puesta en disputa permanente de todas sus competencias.

5. Robert Linhart, *De cadenas y de hombres*, México, Siglo XXI, 2003.

6. Kevin Kelly, *Out of Control: The New Biology of Machines, Social Systems & the Economic World*, Nueva York, Basic Books, 1995, p. 189.

De este modo provocaban una sensación de inestabilidad permanente y de precariedad consecuente que provocó una enorme cantidad de padecimientos físicos y psicológicos, hasta llevar a veces al suicidio.

En ese mismo momento, en las prácticas militares, se implementaban procedimientos calcados de principios que eran en gran parte similares. Ya bastante antes, casi desde su origen, la organización de los ejércitos se había establecido según estructuras jerárquicas que encastraban rigurosamente desde arriba hacia abajo las diferentes tareas asignadas en el seno de una armadura piramidal. Esta organización imponía una obediencia absoluta a todos los eslabones de la cadena de mando, constituida, en su base, por la masa de soldados, y en la cima por los generales y jefes del estado mayor. Esta conformación estaba particularmente vigente hacia la Primera Guerra Mundial, cuya naturaleza impuso condiciones de vida y combate tan brutales que requería una sumisión absoluta a las órdenes de arriba, bajo el riesgo, en caso contrario, de que se produjeran levantamientos o deserciones que debían ser severamente castigados y que podían llegar hasta la pena capital. De eso dio testimonio la película de Stanley Kubrick *Senderos de gloria* (1957), que denunciaba sin rodeos los engranajes inflexibles de esta maquinaria que no tenía que sufrir ningún contratiempo pese a la dimensión de los sufrimientos que se vivían en lo profundo de las trincheras.

Más de medio siglo más tarde, en el alba de los años ochenta, este ordenamiento rígido dejó lugar progresivamente a formas más flexibles, que se apoyaban en la transmisión instantánea de informaciones entre conjuntos de unidades, junto con la exigencia de la inmediata reactividad de los actores y la implementación de células de acción dotadas de márgenes de autonomía. Este deslizamiento de la conducta desde las operaciones hacia una organización "en *bottom-up*" o "ascendente", como se dice en la jerga del *management*, se incrementó a comienzos de la década siguiente gracias al uso de sistemas de comunicación que integraban aparatos portátiles, teléfonos móviles y computadoras interconectados, así como por la incorporación de chips electrónicos en un número creciente de dispositivos, vehículos, carros de combate, helicópteros, además de los aviones que ya eran seguidos por radares, y también en los soldados mismos, lo que permitía su localización particularmente gracias a los GPS cuya utilización, en su origen, estaba exclusivamente reservada al campo militar.

Este nuevo entorno abrió la era de lo que entonces se denominó "digitalización del campo de batalla", que fue teorizada por la DARPA, el *think thank* cercano al Pentágono, la Rand Corporation ("Research and Development"), así como por diversos centros de investigación en el mundo entero. En la primera Guerra del Golfo, en 1991, se experimentaron a gran escala estos métodos basados en el doble axioma de la continua puesta en red de las informaciones y de la toma de decisiones coordinadas y sin demora que llevó a la victoria relámpago de la "coalición internacional" sobre el régimen de Saddam Hussein. Esta arquitectura conceptual y operacional, así como aquel conflicto, representaron una ruptura histórica en el "arte de la guerra". Igual que las técnicas que entonces se implementaban en las empresas, la gestión de los ejércitos requería la movilización de todos los individuos, se encontraran donde se encontraren, que tenían que interpretar entonces todo tipo de datos, reaccionar en tiempo real a las circunstancias, dar prueba de "agilidad", comprometer en todo momento su responsabilidad bajo el riesgo de, en caso de no hacerlo, pasar por simples ejecutantes, una especie de ahora en más superada abriendo paso a la nueva figura cardinal de la época: el "agente autónomo proactivo".

Estas prácticas, que se desplegaron en paralelo dentro de las empresas y los ejércitos, que eran supuestamente "colaborativas" y que recurrían a la "creatividad" de todos, estuvieron vigentes entre comienzos de los años noventa hasta fines de los años dos mil. Cuando se inició la segunda década del siglo XXI se produjo una inversión de apariencia discreta, que nos mostró cómo un movimiento de digitalización progresiva, que hasta ahora había favorecido formas de "horizontalización", en apariencia, llevaba ahora nuevamente hacia la sumisión a órdenes unilaterales aunque esta vez no enunciadas por capataces intratables o jefes inflexibles llenos de medallas sino por sistemas de inteligencia artificial. Del lado del mundo del trabajo, estos usos resultaron de la rápida generalización de la *data driven manufacture* (la empresa dirigida por los datos), erigida sobre el principio de la instalación de sensores sobre la casi totalidad de los eslabones de la cadena industrial, yendo desde las unidades de concepción hasta las de la producción y la logística, generando masas de datos tratadas por máquinas capaces de interpretar en tiempo real gran cantidad de situaciones y de dictar de inmediato a ciertas categorías del personal las acciones que debían emprender.

Ya no se trataba del cuento de la "iniciativa" y de la "inventiva" de las personas, sino solamente de su disposición a actuar en *feedback* respecto de ciertas señales sin mostrarse parasitarios, igual que ocurría en los procedimientos vigentes en los depósitos de los "hyper drive" dentro de los cuales a los repositores se les daba instrucciones mediante cascos de audio provenientes de sistemas que les indicaban indefinidamente qué producto ir a buscar a tal estante antes de depositarlo en tal o cual contenedor.[7] Aquí, los seres humanos reciben informaciones que tienen que llevarlos

7. Ver, respecto de la guía robotizada de gestos en al empresa, Marie Gueguen, "Les damnés del'hyper", *Philosophie Magazine*, nº 90, junio de 2015, y Naiké Desquesnes, "Cours Rebecca Entretien avec deux expréparateurs de commande chez Chronodrive", Z, nº 9, primavera de 2015.

inmediatamente hacia las acciones correspondientes, o que corresponden perfectamente al mantra gerencial liberal actual que exige una "plasticidad continua" de parte de todos ellos, teniendo que tejer una alianza incansable con la rítmica de situaciones que varían continuamente según los flujos del mercado: "La tecnología digital permitirá confiar a las personas correctas las tareas correctas dentro de una fuerza de trabajo líquida, adaptable, lista para el cambio y reactiva" (este pasaje fue extraído de "Technology Vision 2016 Trends", informe preparado para Accenture).[8]

Exactamente en ese mismo período, en el campo militar, se generalizó la utilización de nuevas generaciones de drones dotados de capacidades de vuelo mucho más largas, equipados con sistemas de visión de alta definición y que eran capaces de detectar blancos interceptando prioritariamente las señales emitidas por los teléfonos móviles de las personas situadas al ras del suelo y por medio de dispositivos de reconocimiento de formas y de rostros. Las máquinas son telecomandadas a distancia por "pilotos" de un nuevo tipo que, en función de informaciones que reciben en tiempo real, deben decidir en algunos segundos eventuales ataques. Este principio fue especialmente puesto en práctica en ocasión de la política llamada de "asesinatos quirúrgicos" que comenzó George W. Bush y que fue incrementada por Barack Obama a comienzos de los años 2010 en el marco de la lucha contra los grupos yihadistas en Afganistán, en Yemen y en Somalía, utilizando en ese caso modelos Reaper y Predator, que causaron gran cantidad de "daños colaterales", según la terminología que de ahora en adelante usarían los portavoces de los ejércitos altamente tecnologizados.[9]

8. Accenture, *Vision technologique*, 2016.

9. Sobre la política de los "asesinatos quirúrgicos", ver Jeremy Scahill y el equipo del sitio The Intercept, *The Assassination Complex: Inside the Government's secret drone warfare program*, Nueva York, Simon & Schuster, 2016.

Lo que hace singulares a estos procedimientos es que, en nombre de la supuesta preservación de los propios soldados y de un aumento de la eficacia, ya no invocan una aprehensión sensible de los hechos que sea resultado de un contacto carnal con el terreno. Contribuyen a instituir el credo de la eliminación como imperativo casi exclusivo, delimitando toda acción a la mera ecuación binaria: no lanzamiento/ lanzamiento de un tiro de alcance mortuorio. Todas las alternativas habituales, maniobras de infiltración, de neutralización bajo diversas formas, o incluso las tentativas de diálogo, se ven excluidas en beneficio del uso o no de un joystick accionado desde salas de control generalmente situadas en la otra punta de la Tierra. Individuos a los que se había querido gratificar apenas algunos años antes con ciertos márgenes de iniciativa, se ven ahora reducidos a tener que responder a toda prisa o bajo una forma de histeria temporal y sin tener manera de manifestar cualquier distancia crítica ante conclusiones captadas a la velocidad de la luz por procesadores.

Lo que caracteriza todas estas lógicas, que actúan de diversos modos en los campos de la empresa y lo militar, es la subordinación simbólica y formal de los seres humanos a las ecuaciones. Sin embargo, está emergiendo un régimen de naturaleza inédita. No se relaciona con ninguna categoría conocida, no responde ni a un aumento de la supuesta iniciativa ni a su contrario teórico (la enunciación de una orden) sino que se relaciona con una esfera completamente diferente: la esfera de lo *fulminante*. Amazon patentó un brazalete destinado a definir con mucha precisión no dónde se encuentran los cuerpos en un espacio, como ya ocurre en los depósitos o más ampliamente en las diferentes áreas de la *data driven manufacturation*, sino las manos de un empleado en el ejercicio de sus tareas.[10]

---

10. Anaïs Cherif, "Bientôt un bracelet pour suveiller les employés d'Amazon?", *La Tribune*, 5 de febrero de 2018.

El dispositivo emite vibraciones si se sitúan en una microzona que se juzga impropia o si se acercan a un artículo que no corresponde a aquel apuntado en el marco de una recolección de datos, a fin de obligarlos a tomar otra dirección. Ya no se trata de hacer que los sistemas realicen apreciaciones respecto de acciones que deben ser ejecutadas de inmediato por personas, sino que se trata de evaluar, en sus fundamentos, la pertinencia de un gesto y de reorientarlo si no se estima conforme a la situación. Estamos frente a una funcionalidad en devenir, y radical, de las tecnologías de la *aletheia*, encargadas ahora de medir en tiempo real algunas de nuestras acciones, de verificar su regularidad y, en caso de eventual inadecuación, de volverlas a llevar nuevamente al orden. Si este brazalete todavía no fue explotado, da testimonio, no obstante, de algo que va más allá de este caso puntual: de la fascinación que siente la sociedad ante la inteligencia artificial. Creemos que es a tal punto portadora de verdad que estaríamos de ahora en más dispuestos a acordarle la autorización, en circunstancias de diversa naturaleza, de recuperarnos, casi de volvernos a poner en la senda correcta.

Los drones manejados a distancia se relacionan con dispositivos en los que lo humano, en gran parte, sigue quedando "in the loop", en el bucle decisional. No obstante, desde hace poco tiempo se formuló la hipótesis de que se pueden elaborar aparatos que lo pongan directamente "out of the loop", para que no se vea implicado en el proceso final de lanzamiento de un disparo, que ahora estaría llamado a ser tomado a cargo por armas letales autónomas (*lethal autonomous weapons systems*), más bien llamados "robots asesinos". Hay sistemas dotados de la facultad de identificar personas y evaluar en tiempo real su eventual pertenencia al "campo enemigo" y que están destinados, a largo plazo, a cometer ejecuciones por "su propia iniciativa". Si no están actualmente en servicio, son objeto igualmente de activas investigaciones, especialmente llevadas adelante por la DARPA y muchos laboratorios públicos o privados de todo el mundo.[11]

El principio mismo de su consumación futura da testimonio de que estamos fulminados frente al poder inigualable de los sistemas *aletheicos* a los cuales se les otorgará de modo casi "natural", un día, el poder de estatuir el acto más sensible de todos: dar muerte. Dada la exigencia de la "guerra propia" vigente desde la Primera Guerra del Golfo, que no dejó de incrementarse por la presión de la opinión pública, la intención a la que aquí se apunta responde al imperativo de la "muerte cero", en todo caso respecto de las propias tropas, pero sobre todo respecto del lugar, más reciente, del "error cero". Debemos entender cuál es el alcance sintomático de todos estos dispositivos concebidos para sacarnos o evacuarnos del "círculo", dando testimonio de cómo, en el extremo de nuestra ambición, vemos formarse un mundo desprovisto del menor contratiempo y que sería testigo en todo momento del advenimiento de la mera "necesidad". No, nunca las máquinas se rebelarán contra nosotros, no, nunca los robots buscarán eliminarnos como los perros de metal aterradores que cazan y masacran humanos unos tras otros hasta el último, como el

11. Por ejemplo, el Pentágono recomienda "acelerar la adopción de capacidades autónomas por parte del ministerio de Defensa". El vicepresidente del Estado Mayor Conjunto estadounidense, el general Paul J. Selva, indicaba que aproximadamente de aquí a una década los Estados Unidos podrían concebir robots capaces de decidir por ellos mismos proceder a ejecuciones. Las empresas estatales chinas desarrollan ya robots que tienden hacia la autonomía. Rusia habría probado el sistema UNICUM, que, según la agencia de gobierno, "dota a los vehículos de capacidades intelectuales que permiten también al porvenir excluir la intervención humana". El fabricante ruso Kalachnikov anunció que está trabajando sobre un modelo de combate basado en las redes neuronales "y que incluso puede identificar blancos y tomar decisiones". Ver particularmente algunas investigaciones en curso, Toby Walsh, *It's Alive! Artificial Intelligence from the Logic Piano to Killer Robots*, Melbourne, La Trobe Unversity Press, 2017.

escenario de un episodio apocalíptico de *Black Mirror*.[12] En cambio, las criaturas artificiales van a erradicarnos, simbólicamente y en los hechos, desposeyéndonos de nuestra facultad de forjar una composición libremente con lo real y engendrando lógicas autoritarias de un tipo inédito.

Nos equivocaríamos si pensáramos que esta potencia no se ejercería *in fine* sino en estos dos campos, dejándonos preservados en los restantes segmentos de nuestra vida, porque probablemente estos campos solo se sitúen en la vanguardia de un orden destinado a inspirar, o a "aspirar a su paso", a todos los demás. Porque podemos suponer que la dimensión incitativa, imperativa y prescriptiva están llamadas, dado el extremo utilitarismo que instauran, a subir de nivel, a acercarse al estadio fulminante y coercitivo antes de consumar su finalidad última, la de colaborar en la concreción de un mundo perfecto, de espíritu higienista, que ya no debe encontrarse con el estorbo del menor error, donde todo estaría perfectamente regimentado, como en la visión leibniziana del mejor de los universos que se consumará muy pronto gracias a los cálculos hechos por máquinas que nos entregarían, en toda circunstancia, la verdad, una verdad *sistemática* que, según Hannah Arendt, termina inevitablemente por encubrir una función tiránica, porque "las afirmaciones [...] una vez percibidas como verdaderas y declaradas como tales, tienen en común estar más allá del acuerdo, de la discusión, de la opinión o del consentimiento [...] Cuando se la considera desde el punto de vista de la política, la verdad tiene un carácter despótico".[13]

12. "Metalhead", quinto episodio de la cuarta temporada de la serie *Black Mirror*, escrita por Charlie Brooker y realizada por David Slade, con producción de Netflix, 2017.

13. Hannah Arendt, *Entre el pasado y el futuro. Ocho ejercicios sobre la reflexión política*, Barcelona, Península, 1996.

PARTE 03

LA MANO INVISIBLE AUTOMATIZADA

1
UN LEVIATÁN ALGORÍTMICO

Llegó el momento del milagro: el sueño de una ciudad perfecta no depende ahora de la fantasía de un filósofo o de algún visionario iluminado, sino que está en vías de tomar forma. La ciudad perfecta se emparenta en varios puntos con la que imaginaba en el Renacimiento Tomás Moro, quien no pretendía ubicarla en ningún lugar identificado porque, al ser concebida, y dada la extensión de su perfección, no tenía que hacer referencia a ninguna tierra conocida que hubiera podido corromper su carácter ideal. Debía ubicarse en una isla imaginaria antes de verse algún día, quizás, edificada. En ella todo estaría escrupulosamente ordenado y se derivaría de una armonía que convergería hacia el bienestar de todos. Esta concordancia universal no resultaría de la voluntad de un tirano visionario o de la resolución de un pueblo inspirado, sino de la instauración de un nuevo método de gobierno basado en una herramienta que debía garantizar la excelencia en la administración de los negocios: *las matemáticas*. Los más ínfimos segmentos de esta comarca estarían definidos con suma precisión, hasta el ancho de las calles. Las 54 ciudades que la compondrían estarían edificadas sobre un plano idéntico, incluirían los mismos edificios y estarían localizadas a menos de un día de viaje unas de otra, otorgándoseles así nuevas formas de autonomía así como la posibilidad de comerciar fácilmente entre sí. El libro de Moro, *Utopía*, publicado en 1516, describe una organización política, económica y social regulada y planificada al detalle. Este mundo encontraría algún día una forma consumada porque estaría hecho conforme a la razón de un extremo al otro, a esa razón cuya más alta expresión consiste en reducir los elementos de lo real a números a fin de detentar respecto de ellos una inteligibilidad perfecta que podía llevar entonces a la mejor gestión de las cosas.

Lo que dio vida a las grandes naciones europeas en los inicios del siglo XVII fue esta ambición de gobernar un país no de modo ideal sino apoyándose más pragmáticamente en bases racionales. Esa ambición mantenía una relación no explícita con la fe de Moro en las virtudes de una aprehensión numérica de los fenómenos. Correspondía al Estado definir métodos apropiados para llegar a este objetivo. Uno de ellos, juzgado prioritario, exigía implementar instrumentos capaces de ofrecer un conocimiento detallado de la situación del territorio y se relacionaría con el estado de la agricultura, de la cría, del artesanado, de los ríos, de la flota mercantil, de las costumbres de los habitantes, de su contribución a los impuestos generales, de los censos de las propiedades del reino y las de sus miembros. Esto llevaba entonces a recabar en el territorio distinta información relativa a los recursos humanos y materiales, y para eso hubo nuevos agentes: los *agentes del censo*. En 1663, Jean-Baptiste Colbert, Intendente de Finanzas de Luis XIV, compuso, para los funcionarios de su ministerio, una *Instrucción para los jefes de impuestos, comisarios enviados a provincias* que estaba destinada a identificar mejor las riquezas de la región. De ahí en adelante, los gobernantes pretendieron detentar una visibilidad precisa de la constitución del país a fin de efectuar elecciones que tenían que tener cuenta mejor sus múltiples realidades y necesidades. Condicionaría la implementación de una buena gobernanza política porque, "antes de actuar, *el Estado debía hacer encuestas, hacerse sociólogo*".[1]

Desde ese momento, dicho principio se convirtió en una invariante de la administración pública y fue sostenido por técnicas que no dejaron de hacerse cada vez más sofisticadas a lo largo del tiempo hasta ser reagrupadas, a partir del siglo XIX, dentro de una misma práctica que adquirió el estatuto de una "ciencia": la *estadística*. Esta ciencia comenzó a ser objeto de métodos que la enseñaban y que se intentó perfeccionar. El volumen regularmente creciente de informaciones recolectadas requería herramientas de representación capaces de dar testimonio de toda su diversidad y espesor. Este herramental tomó la forma de curvas, historiogramas, diagramas, circulares, gráficos, mapas coloreados, que construían una suerte de visión especular de la sociedad: "En el siglo XIX, la estadística es una conciencia de sí colectiva".[2] Permitió erigir una cartografía en movimiento de la vida de las naciones; hasta tal punto su utilización acompañó su expansión que se vio, a fines del siglo XX en Europa y los Estados Unidos, una verdadera "explosión estadística".[3]

Al término de la Segunda Guerra Mundial, la estadística convergiría con el desarrollo de las democracias

1. Pierre Ronsanvallon, *El pueblo inalcanzable*, México, Instituto de Investigaciones José Luis Mora, 2004.

2. Gérard Jorland, *Une société à soigner. Hygiène et salubrité publiques en France au XIX siècle*, París, Gallimard, 2010, p. 87.

3. Ver Olivier Rey, *Quand le monde s'est fait nombre*, París, Stock, 2016.

social-liberales y de la sociedad de consumo gracias a la implementación de organismos como el INSEE (Institut National de Statistique et des Études Économiques), que fue creado en Francia en 1946. Aparecieron otros de modo simultáneo en el Reino Unido y en los Estados Unidos, y luego en otros países. A partir de ese período, dos factores decisivos modificaron en parte su naturaleza y más todavía sus usos. Primero, la estadística moderna no estaría ya destinada solo a respaldar políticas públicas sino que también respaldaría a los actores económicos que quisieran estar informados respecto de las costumbres de los "ciudadanos-consumidores". Estas instituciones revisten de algún modo la función de "oficinas de tendencias" dando testimonio del espíritu de una época. Con ellas es posible obtener una multiplicidad de informaciones que permiten elaborar mejor las estrategias industriales, así como también concebir nuevos productos más acordes a lo que esperan las personas.

Más tarde, el movimiento de digitalización iniciado a partir de los años sesenta implicó el registro extendido de las actividades realizadas en sociedad, así como hizo posible el almacenamiento, la indexación y la manipulación más sencillas de la información. En este contexto, se redactó en Francia, en 1978, la Ley de Informática y Libertades, que pretendía tomar nota de esta posibilidad reciente, para las administraciones, de disponer de informaciones relativas a ciertos segmentos de la vida de los ciudadanos. La mayor parte de los sectores generaron progresivamente datos digitales entre los cuales muchos podían ser objeto de una recolección por parte de los organismos estadísticos; esta recolección se vio después favorecida por la generalización de la interconexión a partir de los años noventa. Hoy en día disponemos, en teoría, de cifras, diagramas y gráficos a propósito de una miríada de campos y en una escala planetaria. Sin embargo, en el momento mismo en el que se reúnen todas las condiciones para que las estadísticas vivan, de alguna manera, su "edad de oro", parece que de algún modo viviéramos, de ahora en adelante, en el alba de la tercera década del siglo XXI, *el final de la secuencia de preponderancia estadística*.

Existe una nueva configuración que está destinada a sustituirla a partir del doble fenómeno de la generalización del uso de protocolos digitales por parte de individuos y de entidades colectivas, por un lado, y por la integración de sensores en superficies cada vez más variadas de nuestro entorno, por el otro. Esta configuración organiza el pasaje del conocimiento de componentes asociados a estados y comportamientos, que corresponde a la función primordial de la estadística, a la puesta a punto de máquinas que tratan masas de datos y habilidades en función de los análisis que efectúan y que pueden iniciar ellas mismas operaciones según criterios previamente definidos. Este deslizamiento desde la estadística hacia la gestión automatizada de situaciones garantizada por sistemas de inteligencia artificial consagrados a ello encuentra una forma particularmente emblemática en los *smarts grids*. Su principio consiste en cartografiar los consumos de electricidad gracias a medidores conectados en tiempo real –como ocurre con el modelo francés Linky concebido por Enedis–, en vistas a generar una producción ajustada a la demanda en función de las necesidades del momento, sea por parte de centrales o por parte de los mismos edificios, que están equipados con paneles solares u otros dispositivos que se ponen en red y que pueden de ese modo redistribuir la energía según la demanda del momento. Hasta hace poco tiempo, los volúmenes de energía puestos a disposición de los usuarios dependían de las estadísticas de cada temporada, que a veces, por irregularidades no previstas, llevaban a fallas inopinadas, como los grandes cortes de luz que todos los años afectan a diversos territorios en todo el mundo. Esta lógica, que consiste en hacer medir a los dispositivos ciertas situaciones y hacer que procedan a operaciones en función de ellas, se extiende hoy a numerosos sectores.

En los grandes aeropuertos del planeta, hoy gerenciados como gigantescas máquinas integradas, vemos sistemas que orquestan su funcionamiento general y que estiman en tiempo real la llegada y partida de los aviones en función de las condiciones metereológicas y del estado del tráfico; gestionan las entregas de equipaje y su eventual redireccionamiento hacia otros destinos; indican el número de comidas necesarias a las unidades de preparación según las demandas del día; hacen el seguimiento de los flujos de pasajeros en los diferentes puntos de control habilitando la constitución de equipos en función de los niveles de densidad del tráfico; tratan las señales emitidas por los aparatos para las unidades de mantenimiento que proceden a análisis predictivos de las intervenciones a programar para cada banda horaria... Estas megaestructuras arquitecturales y logísticas laten de ahora en más al ritmo de procesadores que garantizan en cada instante su correcto equilibrio. Ese principio está vigente todavía hoy en la *smart city*, concebida como un conjunto ensamblado dentro del cual cada uno de los engranajes –desplazamiento de los cuerpos, redes de transporte, sistemas de provisión energética, comercios, servicios, dispositivos de vigilancia y seguridad...– genera datos que están continuamente sometidos a análisis que deben continuarse de inmediato por acciones reguladoras de modo automatizado y, en muchos menos casos, por manipulaciones realizadas por seres humanos.

La dinámica pretende estar plenamente vigente en el proyecto que desarrollo Sidewalks Labs, la filial consagrada a la "innovación urbana" de la casa matriz de Google, Alphabet, que pretende "revitalizar" un barrio de Toronto que está destinado ahora a verse totalmente tapizado de sensores, cámaras, radares y otros aparatos de medición.

Los datos recolectados entre las personas y en casi todas las unidades materiales de la zona alimentarán, en teoría, a sistemas encargados de interpretar continuamente el estado de todos los componentes de la ciudad con vistas a actuar eventualmente sobre ellos y organizar su mejor orquestación, como si se tratara de un programa de simulación 3D que ve cómo cada operación efectuada en un punto de inmediato despierta efectos visibles en otros planos más o menos adyacentes.[4] Lo que parece destinado a imponerse es una concepción de inspiración biológica y vitalista de la ciudad, que nos muestra cómo los *data scientist* y los codificadores *conciben programas* y dejan al margen, y probablemente pronto excluirán, a los urbanistas y arquitectos, así como volverán obsoletos a los representantes municipales. Más allá de cualquier caso de referencia, lo que emerge a gran velocidad es un tipo de sistema llamado a largo plazo a aplicarse a la sociedad entera.

Vivimos la consumación de una puesta en equivalencia entre nuestro mundo y una maquinaria perfectamente regulada que podría manejar del mejor modo posible, y en todo momento, el conjunto de sus engranajes. Parece estar tomando forma lo que solamente tenía un estatuto teórico, el Leviatán de Hobbes, pensado a mediados del siglo XVII como un reloj político y social dentro del cual cada uno de los componentes estaría vinculado con todos los demás abriéndose entonces a un mejor funcionamiento concertado. Desde las primeras líneas del *Leviatán* la hipótesis de un buen gobierno procede de la modelización sobre una máquina: "este gran LEVIATÁN llamado REPÚBLICA O ESTADO no es otra cosa que un hombre artificial, aunque de estatura y fuerza superiores a las del hombre natural, y a cuya protección y defensa él fue destinado, y en el

4. Olivier Mougeot, "Google invente avec prudence la cité dù futur à Toronto", *Le Monde*, 4 de febrero de 2018.

cual la *soberanía* es un alma *artificial*, en tanto que da vida y movimiento al cuerpo entero, y dentro del cual los *magistrados* y otros *oficiales* afectados al juicio y a la ejecución son las *juntas* artificiales".[5] Hoy encontraría su consumación, como por milagro, el ideal fantaseado desde la antigüedad de un mundo en el cual la acción humana pudiera actuar sin fallas gracias a la manipulación de los signos abstractos -dado que "todo está acordado según el número", de acuerdo con la fórmula de Pitágoras, según un axioma recuperado más tarde por Platón y que irrigará más tarde una gran parte del pensamiento occidental de más de dos milenios de duración.

Las matemáticas, históricamente consideradas como la condición imperativa para una buena inteligibilidad del mundo y de su dominio consecuente, revestiría hoy una eficacia absoluta al no quedar ya restringida a cuerpos hechos de líneas abstractas o explotados con el objeto de aplicaciones limitadas, sino que se verían dotadas del medio para dar cuenta de cada partícula de lo real gracias a técnicas que reducen a este mismo real a códigos, y gracias a sistemas capaces de interpretarlos y modificar su curso según las necesidades. El desafío consiste, a largo plazo, en abarcar la totalidad de los fenómenos haciéndoles emitir signos a fin de tener de ellos una perfecta y completa "inteligencia": esta "vasta inteligencia" codiciada por el matemático Laplace, formada por el conocimiento de la globalidad de los estados del mundo en un instante dado, le permiten deducir la totalidad de los movimientos del pasado y del porvenir: "Tenemos que considerar el estado presente del universo como efecto de su estado anterior y como la causa de lo que va a venir, de lo que se deriva que una inteligencia que, para un instante dado, conociera todas las fuerzas que animan a la naturaleza, y la

5. Thomas Hobbes, *Leviatán, o la materia, forma y poder de una república eclesiástica y civil*, México, FCE, 1980.

situación respectiva de los seres humanos que la componen, si fuera por otra parte lo bastante amplia como para someter a esos mismos datos al análisis, abarcaría, en la misma fórmula, los movimientos de los mayores cuerpos del universo y los del átomo más ligero: nada sería incierto para esa inteligencia y el porvenir, tanto como el pasado, sería presente ante sus ojos".[6] Conforme a dicha ambición de proveerse de un saber absoluto, Laplace había elaborado una teoría de las probabilidades destinada a extraer inferencias a propósito de múltiples fenómenos marcados por la incertidumbre gracias al cálculo de todos sus efectos posibles.

Entonces, sería recién ahora cuando el término "ordenador" adquiriría toda su envergadura, ya que se trata de *ordiner*, ordenar, poner en orden, el orden correcto, de ahora en más ya no dentro de campos circunscritos sino a escala del mundo entero. En 1955, IBM había pedido al filólogo Jacques Perret que sugiriera un vocablo adecuado para nombrar los artefactos que elaboraba la firma. Después de pensarlo, presentó sus conclusiones: "¿Qué dirían ustedes de *ordenador*? Es una palabra formada de modo gramaticalmente correcto, que incluso está en el diccionario *Littré* como un adjetivo que designa a Dios poniendo orden en el mundo. Una palabra de este tipo tiene la ventaja de dar origen con facilidad a un verbo, el verbo *ordiner*, una palabra de acción que corresponde a la acción de realizar un ordenamiento". Sin embargo, no estaríamos ante una máquina única y omnipotente sino más bien ante la multiplicación creciente de *maquinarias reguladoras y ordenadoras* que nunca se fusionarán en una sola porque su eficacia es indisociable de la lógica liberal y del principio de la competencia, azuzando ciertamente la ambición

6. Pierre-Simon de Laplace, *Ensayo filosófico sobre las posibilidades*, Madrid, Alianza, 1995.

de dominar el mercado, aunque viéndose inevitablemente confrontada con una ambición similar que animaría a una miríada de otros actores. Este sería exactamente el terreno de la nueva lucha económica que exige a las empresas que se erijan como poderes capaces de organizar, gracias a la implementación de sistemas de recolección y de interpretación de datos, un supuesto mejor orden de las cosas, y de comercializar productos y servicios que respondan a las necesidades reales o supuestas de cada acontecimiento espaciotemporal a escala del globo.

El *Leviatán* planteaba el postulado de una soberanía absoluta que se corporeizaba en un príncipe o una asamblea cuya autoridad reconocida daba su fundamento a una comunidad política y garantizaba la paz civil. Lo que está en marcha con la inteligencia artificial, en una de sus funcionalidades principales, es la institucionalización de un modo de organización de los asuntos comunes. Pero al contrario de la concepción hobbesiana, que apostaba a la entronización de un poder al cual se le habría voluntariamente concedido el monopolio de la violencia a fin de asegurar la viabilidad de las actividades humanas, que se ponían así a resguardo de la injusticia, se trata de lógicas tecnoeconómicas que, en su base, determinan un principio de gobernanza que tiene valor de constitución política. En su fundamento esta gobernanza se deriva de objetivos únicamente lucrativos y utilitaristas, consumando de algún modo la ambición original de la informática, que había buscado racionalizar ciertos sectores de la sociedad, y que un siglo más tarde lleva a que cubra un alcance casi universal, haciendo advenir una "era de la racionalidad extrema". Lo que da potencia a esta dinámica, a esta casi omnipotencia, es que opera de modo automatizado. Entendemos mejor por qué el tecnoliberalismo trabajó tan duro, en sus maniobras de propaganda de apariencia *soft*, para generalizar el término "ecosistema", dejando entender que los esquemas biológicos y neuronales imprimen toda acción que dependa de protocolos digitales, por estar entonces afectados de una suerte de sustrato natural. Acá se juega otro tipo de desasimiento que ve a los seres humanos atrapados, en nombre de un aumento de la eficacia, dentro de las mallas del *Leviatán* de nuestra era, algorítmico, formalizado en mecanismos a los cuales, por el supuesto bien de todos, se les otorga el derecho de actuar "por sí mismos" sin apelar a nuestro consentimiento, y sin que estemos en la medida, al menos en un gran número de casos que tomamos como referencia y que están dados a aumentar en número, de oponerles cualquier corriente contraria o divergente.

Para que este orden no deje de crecer, para que adquiera su plena envergadura, conviene gestionar un problema de dimensiones atendibles: lo humano. Porque su naturaleza entra en contradicción con la de la inteligencia artificial. Las opone una forma de incompatibilidad estructural, dado que no evolucionan a la misma cadencia, ni apuntan en cada caso a los mismos objetivos. Entonces lo humano puede hacer que la máquina rechine. Ejerce una forma de pesadez que es opuesta a su ritmo vital y que lleva o bien a no tener nada que ver con él más que en caso de ser necesario, o bien, opción más radical pero más fructífera también, a excluirlo de los asuntos. Sin embargo, no hay que inquietarse, porque a fin de cuentas lo humano encontraría mejor su lugar, como dentro de un jardín inglés que se pareciera a aquel que imaginara Rousseau en *La nueva Heloísa,*[7] que se describe como un conjunto en donde todo estaría artificialmente cultivado a fin de tener una apariencia natural, de modo tal que, aunque el humano haya intervenido para organizarlo, termine por fundirse con él y se deje entonces acunar por las olas armoniosas

7. Jean-Jacques Rousseau, *Julia o la nueva Eloísa*, Madrid, Akal, 2007.

que animan dicho biotopo. El ser humano ya no tendría que padecer las maldiciones originales del esfuerzo y de tener que componer continuamente con lo real y con los demás, y podría entonces gozar en toda calma de las riquezas inagotables que ofrece la utopía de un mundo perfecto finalmente consumado no ya gracias a un Leviatán de aspecto atemorizador, como un Pantocrator imperioso, sino gracias a flujos incorporales que consuman la ambición enloquecida de Laplace y le garantizan, en toda ocasión, el mejor avance de la sociedad.

2

LO HUMANO MARGINADO

En 2013 se produjo un sismo cuyas sacudidas se hicieron sentir en los cuatro rincones del mundo. Una investigación publicada por el estudio de consultorías McKinsey evaluó el impacto sobre el empleo de las tecnologías llamadas "disruptivas", y particularmente de la inteligencia artificial. Sus conclusiones eran alarmantes. Muchos oficios estaban destinados a desaparecer y ser reemplazados por robots o máquinas cognitivas. El fenómeno afectaba tanto a las tareas que requerían en general poca formación, como ser cajero, chofer de taxi, cartero, cuidador... como a las que exigían competencias basadas en varios años de estudios, profesiones hasta ahí supuestamente mejor preservadas de las variaciones introducidas por las mutaciones tecnológicas en curso, como la de los matemáticos especializados en cálculos económicos, los contables, los asesores bancarios, los diseñadores gráficos, los genealogistas, los *traders*... Parecería que entramos en la era de la "sustitución por un programa", según los términos de Bill Gates, el fundador de Microsoft.

La investigación fue tematizada de inmediato por la prensa del mundo entero y su contenido generó oleadas de comentarios alarmistas. Una verdad parecía revelarse de súbito: la evolución incesante y acelerada de las tecnologías digitales, de ahora en más capaces de garantizar funciones de naturaleza diversa, ponía en peligro las condiciones de nuestra subsistencia. Muy pronto se hicieron otras investigaciones prospectivas. Citamos especialmente aquella solicitada en 2016 por el gobierno de los Estados Unidos, que concluyó que la cada vez mayor injerencia de la inteligencia artificial en la economía del país podía provocar el desempleo de la mitad de la población hacia el horizonte del año 2050. Estas perspectivas provocaron estupor: uno de los pilares de la sociedad moderna, el trabajo, se veía a largo plazo amenazado de extinción en todos los sectores de la economía. Lo que se anunciaba era una suerte de fin de un mundo, y eso solamente por la falta de producción humana.

Estos informes dejaron huellas profundas en nuestra representación de la inteligencia artificial, y a tal punto que, cada vez que se habla de ella en la eterna ecuación binaria que evalúa de uno y otro lado sus ventajas y riesgos, siempre se menciona entre los riesgos, sistemáticamente, la próxima e inmediata destrucción de los empleos. Parece que esto nos espanta tanto que no podríamos ver otra cosa además de eso, y entonces limitamos nuestra percepción del asunto a dicho aspecto. Más tarde hubo otros trabajos que relativizaron los de la agencia McKinsey, situándolos en una perspectiva histórica que recuerda que toda sustitución está infaliblemente destinada a encontrar una contrapartida, como si se tratara de una balanza, y que aquí sería la creación conjunta de nuevos oficios, lo que llevó a que se utilizara para estos procesos esa expresión, que ya es un cliché de nuestra época, de "destrucción creativa", acuñada originalmente por Joseph Schumpeter.

Sin embargo, el espanto planetario suscitado por estas previsiones da testimonio de una forma sorprendente de ingenuidad en la medida en que, si los miramos más de cerca, estos procesos se inscriben, continuándola con exactitud, en la historia del capitalismo industrial y sus aspiraciones, que venimos viendo desde fines del siglo XVIII. Lo que caracteriza al capitalismo industrial, al menos lo que se impuso a partir de la Revolución Industrial, es que sus principales artesanos nunca dejaron de tener a lo humano como una variable, solo que lo ponían sistemáticamente en relación con las tasas de beneficio a obtener porque buscaban reducir siempre las cargas que traía aparejada la mano de obra. Los medios que se desplegaron para alcanzar este objetivo consistieron en mecanizar los modos de producción a fin de acrecentar los volúmenes producidos, mientras se hacían esfuerzos al mismo tiempo por hacer la mayor presión posible para bajar los salarios. Esta lógica fue analizada por Marx en el momento mismo de su generalización porque implicaba de modo sistemático la explotación de las fuerzas del trabajo en beneficio de una acumulación, que se juzgaba ilegítima, del capital.

Hacia fines del siglo XX, se comenzaron a aplicar métodos que apuntaban a maximizar la productividad y que se habían establecido sobre principios tayloristas. Aparecía una nueva ciencia que pretendía idear una distribución más racionalizada de los dispositivos y los cuerpos en el interior de las fábricas a fin de evitar la menor pérdida y de tender hacia la mayor ganancia. Esta ciencia adoptó el nombre de *management*. Sus teóricos y partidarios proliferaron primero en los Estados Unidos a partir de los años veinte, y luego en diferentes países nórdicos, contribuyendo a transformar las condiciones generales de la producción. Sin embargo, cualesquiera fueran los procedimientos implementados, los costos vinculados con el trabajo seguían existiendo y eso tanto más dado que las reivindicaciones por mejores remuneraciones, que enarbolaban por entonces con fuerza los sindicatos, se expresaban de modo recurrente y originaban conflictos costosos.

Hacia fines de los años setenta se implementarían nuevas soluciones llamadas en parte a resolver esa ecuación gracias a la introducción progresiva de máquinas-herramientas robotizadas capaces de garantizar diferentes acciones repetitivas. Estas máquinas organizaron el reemplazo de numerosos puestos de trabajo muy penosos y consiguieron considerables alzas en la productividad. Primero fueron introducidas en la industria del automotor, particularmente en Japón, que fue el país que inauguró ese movimiento histórico. Si no dejaron en el transcurso de la década siguiente de ganar en eficacia y de garantizar tareas cada vez más diversificadas, no dejaban por ello de responder a un registro a fin de cuentas restringido de tareas, mientras que solamente las grandes empresas disponían de los medios necesarios para su adquisición. En ese mismo período comenzaron las grandes maniobras de deslocalización de la producción hacia unidades tercerizadas, la mayor parte de ellas ubicadas en China y en países del sudeste asiático, lo cual trajo aparejado un crecimiento sustancial de los márgenes de ganancias. Sin embargo, cualesquiera fueran los modos de organización implementados, hay un factor que, además de generar costos, opone una fuerza de resistencia inercial, es fuente de errores e impugna decisiones: lo humano mismo. Lo humano representa, desde los inicios del capitalismo industrial, el agente con el cual hay que negociar continuamente y que termina inevitablemente por hacer más lenta la gran máquina económica.

Hoy, la solución para todas estas dificultades está al alcance de la mano: consiste en acordar a los mecanismos automatizados el estatuto, simbólico tanto como formal, de *metro patrón*. El objetivo ya no es solamente que los gestos respondan a la orden impuesta por el trabajo denominado "en cadena", vigente en la fábrica de inspiración fordista, ni tampoco es suprimir a toda costa lo humano mismo -todavía puede servir para algo-, sino que el objetivo consiste en determinar el valor de cualquier acto productivo comparándolo con otro acto productivo, juzgado el óptimo, de los sistemas. Este axioma está en vías de erigirse como el criterio principal desde el cual se derivará todo agenciamiento organizacional y logístico. Descansa en el postulado según el cual en todas partes en donde la eficacia de las máquinas sea juzgada superior, y cualesquiera sean las máquinas disponibles, entonces esas máquinas terminarán imponiéndose. Esta estrategia toma forma bajo cuatro modalidades diferentes.

La primera, cuando la comparación no es bien recibida porque hace desaparecer a las personas, y porque algunas de las técnicas anheladas no se encuentran en el mercado, se vale del principio de la "copresencia". Por ejemplo, Amazon, en sus depósitos, asigna a los robots una cantidad cada vez más variada de funciones mientras conserva paralelamente la ejecución de otras maniobras para que las hagan los empleados, pero solamente en el caso de que estas maniobras no se puedan someter todavía a procesos automatizados. Hay un nuevo movimiento de sustitución masiva que se anuncia en las fábricas y entonces, para llevar tranquilidad, las empresas que producen ese tipo de dispositivos argumentan que lo que hay es una complementariedad: "Lo propio de lo humano es ser un *Homo faber*, siempre fabricó herramientas y máquinas para hacer más liviano y mejorar su trabajo. El robot perpetúa este linaje y libera al hombre de las tareas más penosas, lo hace menos esclavo. El hombre finalmente va a poder dedicarse a tareas dignas de él".[1] ¡Vayamos entonces a preguntarle a

1. Palabras de Bruno Bonnell, ex dueño de Atari, responsable del plan *Objets connectés* para el gobierno de Manuel Valls, hoy a la cabeza del fondo especializado Robolution Capital. En Frédéric Joignot, "Robotisation générale", *Le Monde*, 4 de enero de 2016.

un obrero que se debe someter a las cadencias que imponen los procesadores que tratan en tiempo real los pedidos de los clientes si esta arquitectura organizacional le permite "mejorar su trabajo" y "dedicarse a tareas dignas de él"!

El mito de la liberación de "la servidumbre del trabajo" gracias a la robotización sigue siendo predominante: pululan discursos sobre el tema, y muy particularmente sobre las empresas que brindan servicios: "Estas delegaciones a la máquina permiten a los colaboradores concentrarse mejor en actividades más creativas".[2] Surge así una ficción que permite organizar "la aceptación social" de estas técnicas, "la cobótica", es decir la "robótica colaborativa". Pasaríamos "del robot que trabaja en paralelo al Hombre al robot que trabaja con el Hombre; en cierta manera, ya no habrá más 'humano' sino un cobot [...] La próxima generación será la de los 'nativos cognitivos' y para ella será normal estar acompañado en la vida cotidiana por robots y trabajar 'mano a mano' con ellos".[3] En realidad, al contrario de lo que dice esta fraseología engañosa, lo que está cerca de consumarse no es un "acompañamiento mano a mano" que aporta una supuesta "alza en la gama de las competencias" sino *un alineamiento de los desempeños de las personas respecto de los desempeños de los sistemas*.

La eficacia de los sistemas representa de ahora en adelante la medida a la cual hay que acercarse y que nos muestra cómo los individuos, sea en las fábricas o en las oficinas, se ven continuamente puestos en relación con un referente de rendimiento evaluado como superior e inevitablemente llamado a suplantarlos desde el momento en que haya técnicas *ad hoc* que lo permitan. Hoy más

2. Palabras de Laurent Stefani, director del departamento de IA en Accenture Technology, en François Desnoyers, "L'entreprise à l'épreuve de l'intelligence artificielle", *Le Monde*, 16 de octubre de 2017.

3. Jean-Philippe Desbiolles, "Le cobot, du robot collaboratif au robot cognitif", *Les Clés de demain*, 1º de mayo de 2017.

que nunca las palabras de Gilbert Simondon, formuladas en 1958 en *El modo de existencia de los objetos técnicos,* parecen equivocadas. Según él, "el hombre tiene como función ser el coordinador e inventor permanente de las máquinas que están alrededor de él. Está *entre* las máquinas que operan con él";[4] a medida que la máquina se convierte en "individuo técnico" se transforma en autónoma respecto del hombre, que deja de ser su simple auxiliar para cumplir otras actividades menos penosas. Simondon no quiso ver en la técnica sino el producto de la inteligencia humana y entonces llegó al punto de esencializarla, sin captar los contextos dentro de los cuales esa técnica se produce y evoluciona, y particularmente sin ver el influjo cada vez mayor que ejerce desde hace dos siglos el mundo industrial para lograr que el hombre se adapte a sus exigencias y responda a sus intereses, llevando a la imposición de *modos de existencia* que proceden, la mayor parte del tiempo, de relaciones asimétricas de poder. Frente a dicha posición cándida, Jacques Ellul, exactamente en el mismo período, había sabido detectar, especialmente en *La edad de la técnica* [*La Technique ou l'Enjeu du siècle*],[5] hasta qué punto los desarrollos técnicos, en su gran mayoría, no apuntaban sino a satisfacer objetivos vinculados con la obtención de beneficios y representarían entonces los vectores de una sujeción según una lógica que, desde entonces, no dejó de incrementarse, desembocando hoy en día en que lo humano no se sitúe en modo alguno "entre las máquinas" sino que deba, en muchos casos que tomamos como referencia, o bien someterse a su cadencia (y de ahora en más a su dictado), o bien exiliarse, sin miramientos, desde el momento en que estos dispositivos se vuelven aptos para garantizar algunas de sus funciones.

4. Gilbert Simondon, *El modo de existencia de los objetos técnicos,* op. cit., p. 34.

5. Jacques Ellul, *La edad de la técnica,* op. cit.

El segundo nivel de este ordenamiento logístico gerencial responde exactamente a dicho esquema. Consiste en hacer como si los centros de producción fueran parecidos a "lugares para vivir", pero con la particularidad de que ahí no viviría ningún cuerpo orgánico. Como una empresa china de distribución que hacía circular robots sobre vías dentro de un amplio tablero y que, después de buscar paquetes a los containers, a ciegas de alguna manera, proceden de inmediato a su escaneo antes de ir a depositarlos en cajas vacías en el fondo de las cuales están las bandejas correspondientes a su destino final.[6] Cada movimiento se deriva de una necesidad y nadie expresa la menor fatiga ni comete el menor error. Lo que se produce es una forma de concordancia desprovista de toda disonancia entre masas de datos tratadas continuamente en tiempo real y las operaciones físicas relacionadas con ellas conforme a un concepto de fábrica que de ahora en más debe ser considerada como un "gemelo digital" (*digital twin*), lo que lleva a que cada gesto responda sin demora y sin falla a cada ecuación producida por los sistemas.[7] Nunca un humano estaría a la altura de trabajar con semejante cadencia ni con semejante nivel de regularidad y de eficacia. Si ya en muchos sectores queremos endosar a las personas el rol de "gemelos digitales", la dimensión de equivalencia estricta que induce la misma denominación supone que a largo plazo la revocación de lo humano será ineluctable en todas partes en donde haya un "verdadero gemelo" para ocupar su lugar. Lo que caracteriza a estos nuevos agenciamientos industriales es que, a diferencia de la mecanización de las cadenas que requería el desfile continuo de los módulos ante diferentes máquinas que

6. *Robots, le meilleur des mondes?* Película realizada por Martin Mischi y Vincent Lepreux, emitida en "Envoyé spécial", France 2, 11 de enero de 2018.

7. Michel Grieves, "Le jumeau numérique est un intéressant moteur de l'innovation", *Les Clés de demain*, 17 de septiembre de 2017.

trabajaban a medida que esos módulos se iban desplazando, son las máquinas mismas las que ahora se mueven como si fueran cuerpos de ballet dando saltos dentro de una coreografía perfectamente regulada.

A lo que se apunta ahora es a asignar a los aparatos cualidades sensoriomotrices y kinésicas idénticas a aquellas de las cuales están dotados los humanos, según las investigaciones actuales en robótica que aspiran también a concebir conformaciones antropomórficas en vínculo directo con aquellas que operan en las ciencias computacionales. Esta inflexión hace que la robótica ingrese en una etapa superior dentro de la cual los ingenieros no se conformarían ya con poner a punto mecanismos que ejecuten operaciones de posibilidades gestuales limitadas, sino que concebirían máquinas capaces de responder a largo plazo a un número virtualmente ilimitado de maniobras, otorgándoles a los robots el estatuto de "gemelos propioceptivos de nosotros mismos". Hoy se hacen robots que, contrariamente a los de las "generaciones" precedentes, proceden a todo tipo de acciones y además están dotados del sentido de la reactividad, incluso del sentido de la iniciativa, encarnando entonces el sueño de los teóricos del *management* que aborrecen toda latencia: esto adopta el nombre de "robolution". Depende de máquinas "hábiles" cubiertas de sensores y de lentes focales de video que están "animadas" por programas de inteligencia artificial. Un ejemplo es YuMi, que está provista de brazos y manos flexibles y que puede localizar distintas piezas situadas a su alrededor y realizar ensamblajes de aparatos electrónicos.[8] Amazon pretende producir "robots-carteros", que son drones que vuelen a baja altura a fin de efectuar entregas express. El robot Tug es presentado por

8. Ver Liz Alderman, "Robots ride to the Rescue Where Workers Can't Be Found", *The New York Times*, 16 de abril de 2018.

quienes lo idearon como un "auxiliar de enfermería". Está hecho de una mesa rodante a la cual se le integró un ojo de video y se parece al personaje R2-D2 de *La guerra de las galaxias*. Ya está en funciones en muchos hospitales estadounidenses entregando medicamentos, vasos de agua o bien comidas a demanda.[9] En verdad, se supone que a largo plazo todas las tareas profesionales que puedan ser asumidas por robots lo serán, se trate de robots hechos de metal o de robots incorpóreos. Es inútil pedir a los institutos informes respecto del porvenir de este campo. La voluntad irrefrenable del mundo industrial para presionar a la investigación para que ponga a punto dispositivos que garanticen la casi totalidad de nuestras operaciones cognitivas y materiales nos acerca desde ahora la respuesta.

El tercer nivel de esta dinámica gerencial procede mediante la evanescencia y el vacío. Toma forma de modo particularmente emblemático en los comercios sin empleados en las cajas, como aquellos ideados por Amazon. Su disposición permite, gracias a una miríada de sensores, que los sistemas de inteligencia artificial operen en tiempo real identificando clientes, buscando sus compras, empaquetándolas, para señalar después el estado de los stocks a las unidades logísticas. Esta configuración se inscribe con exactitud en la senda de los dispositivos automáticos que ya funcionan desde hace largo tiempo en las estaciones de metro de distintas ciudades de todo el mundo, o en la casi totalidad de las calles en Japón, que nos muestran vidrieras llenas de productos de variedad limitada porque están obligados por su tamaño modesto. Muy pronto tendremos que deambular entre estantes exentos de personal viendo cómo nos orientan voces sintéticas, sistemas de realidad aumentada o nuestros propios asistentes personales hacia los productos que responden a todas nuestras necesidades

9. Ver Matt Simon, "Tug, the Busy Little Robot", *Wired*, 11 de octubre de 2017.

y ganas de la hora, ya que ellos se ocuparán de guiar todas las operaciones hasta su término feliz.

El cuarto nivel, aquel que más se comenta hoy en día, y el que despierta mayores inquietudes, probablemente porque pone en peligro los oficios de "alta calificación", consiste en hacer que ciertos sistemas garanticen un número cada vez mayor de tareas cognitivas. Principalmente se lo ve hoy en el sector de los servicios, como nos muestra la introducción de una versión especialmente concebida de Watson bautizada Explorer dentro de una compañía japonesa de seguros de vida, la Fukoku Mutual Insurance, que implicó el despido de una parte de los asalariados.[10] El dispositivo está encargado de reunir los datos médicos de los clientes, de "leer" los certificados redactados por los médicos a fin de determinar el monto de los contratos y de los reembolsos que habría que efectuar. Los ejemplos relacionados con estos usos son legión, involucran a los gestores de cuentas bancarias, a los consejeros financieros, a los expertos en contabilidad, a los analistas jurídicos, hasta a los presentadores del clima en los canales de televisión... entre una plétora de casos de referencia.

Hoy más que nunca el liberalismo representa una inestabilidad permanente valiéndose del arma implacable (enarbolándola como espada de Damocles) que consiste en ajustar las propias estrategias únicamente de acuerdo con la dinámica suprema de los procesadores, sometiendo así a los cuerpos y las psiquis a esta continua dinámica comparativa. Sin embargo, sería un error creer que esta lógica permanece circunscrita a la estricta cuestión de la sustitución de los empleos, en la medida en que hay otras formas más maliciosas de negación de nuestras facultades que ya se están poniendo en práctica, particularmente las

10. Justin Mc Carry, "Japanese Company Replaces Office Workers With Artificial Intelligence", *The Guardian*, 5de enero de 2017.

que se valen de nuestra inteligencia y nuestra intuición, y esto dentro de un gran número de funciones, por ejemplo las de los enfermeros, o bien la de los auxiliares de enfermería en las unidades de tratamiento paliativo, roles donde hay que ser capaz de demostrar atención y empatía en la relación con los enfermos. También lo vemos en una multitud de oficios que requieren *savoir-faire* sutiles como los del jardinero, el panadero o el cocinero, cuyos gestos se pretende automatizar gradualmente. Es lo que ocurre con el mecanismo concebido por la *start-up* Zume, que para fabricar pizzas ubica en la cadena de producción a un robot que primero pone la salsa de tomate, antes de que otro deposite el queso y los condimentos, y de que al final una tercera máquina tome el producto y lo meta en un horno.[11] También pasa en la agricultura llamada "de precisión", que propone, a través del uso de sensores, drones y sistemas de inteligencia artificial, aplicaciones de ayuda a la decisión que contribuyen a deshacer la relación directa con los elementos e imponen prácticas homogéneas que terminan por desposeer a las personas de sus saberes en beneficio de la ejecución de acciones que se suponen las más pertinentes y que se relacionan con cada uno de los acontecimientos espaciotemporales en disputa. Sin embargo, existe, en numerosas actividades, en aquellas que permiten hacer valer las propias aptitudes, en aquellas mismas que deberían ser ferozmente defendidas, un gusto por el trabajo que representa una parte de la dignidad humana. Es por esta razón que el movimiento, hoy en curso, que sustituye aquellos empleos que movilizan nuestras cualidades representa una afrenta a nuestra condición. El humanismo que defendemos consiste en favorecer la plena expresividad de cada uno de nosotros en el ejercicio de sus tareas.

11. Jerôme Marin, "En Californie, les robots s'invitent au restaurant", *Le Monde*, 9 de marzo de 2018.

Todavía existe una forma de borramiento de la esencia de nosotros mismos en la erradicación de ciertas dimensiones inherentes a la sociabilidad. Hay operaciones automatizadas que sustituyen el contacto, la acción llevada adelante en común, y todo esto implica la abolición progresiva del intercambio, de la relación entre los seres humanos y consecuentemente la abolición del acuerdo, del desacuerdo, del conflicto, de la negociación y sí, de la amistad. En síntesis: de la sociabilidad basada en la sumatoria de todas las subjetividades que nos obliga a dar pruebas de comunidad y a apelar a nuestra inteligencia compartida. A fin de cuentas, lo que se juega es el desplazamiento de la palabra hacia los márgenes, de los lazos que genera el lenguaje, y más ampliamente de la necesaria consideración de la alteridad que debería inspirar gran cantidad de nuestros actos. Lo que se está negando es nuestra pluralidad para permitir que se construya un mundo en donde todo reviste un valor utilitario y que termina por hacer que cada uno de nosotros se adapte a dicha ecuación. Y entonces nos vemos reducidos al rango de instrumentos, de simples engranajes en la cadena de una maquinaria impersonal que es utilizada, llegado el caso, solo en función de ciertas circunstancias que serán testigo de la negación de la excepción de cada ser humano, ya que la figura humana se verá impactada por una obsolescencia, según una lógica analizada en su tiempo por Günther Anders. Hoy vemos consumada esta lógica, dado que "no tendremos otra existencia más que la de piezas mecánicas o de materiales necesarios a la máquina: como seres humanos, estaremos entonces liquidados".[12] Puesto que el individuo no es ya sino una variable que puede de ahora en más ser sustituida por cualquier otra variable, humana o material, conviene entonces encontrar

12. Günther Anders, *Nosotros, los hijos de Eichmann. Carta abierta a Klaus Eichmann*, Barcelona, Paidós, 2001.

continuamente una coyuntura favorable. Precisamente con eso pretende gratificarnos la inteligencia artificial: la comparación de toda unidad con cualquier otra, instituyendo la *comparatología integral* como principio determinante de esta nueva civilización que hoy se erige a altísimas velocidades, dejándonos, en todos los sentidos del término, completamente desvalidos.

3 EL REINO DE LO COMPARATIVO

El consumidor es inconstante. Se puede dejar tentar por un producto, abandonarlo después de haberlo probado por decepción, por capricho o por ganas de elegir otro. Solo depende de su cabeza. El pasatiempo de deambular a lo largo de los estantes, de sostener los artículos entre las manos, de descubrir las informaciones relacionadas con ellos, de dejarlos otra vez en el estante si se le ocurre, todo esto forma parte del encanto que ejerce desde la posguerra y hasta el día de hoy la sociedad de consumo. Ofrece, en secuencias reiteradas *ad infinitum*, la oportunidad de vivirse como plenamente amo y señor de los propios actos, cuando en realidad la mayor parte del tiempo se ve enfriado por la realidad coactiva de los medios de los que dispone. La misión históricamente conferida a la publicidad consistió en intentar llevarlo nuevamente a la senda correcta, a convencerlo, con ayuda de diversas estrategias que evolucionaron en el transcurso del tiempo, de abandonarse a tal o cual marca, de sacar partido de todos los favores que esta marca podía hacerle. Pero no sirve de nada porque, a pesar de las maniobras de seducción desplegadas gracias a grandes sumas de dinero, cada uno puede en cualquier momento encontrar los demonios de su propia libertad. Hay una lucha sin tregua que opone la tendencia del cliente a escuchar solamente su propio capricho, por un lado, y la voluntad de las empresas de llevarlo hacia sí mismas, por el otro. Sin embargo, el atributo de poder elegir, de ahora en adelante, no será solamente un privilegio de los individuos sino también de los actores del mercado que se pueden valer a su manera de su licencia para someter a las personas, las entidades privadas, los regímenes jurídicos a análisis varios a fin de optar por la alternativa que se crea más ventajosa. Y eso hoy en día ocurre a un grado que nunca había sido alcanzado antes, principalmente porque hay procedimientos que así lo permiten.

La naturaleza de una economía está determinada en parte por las técnicas sobre las cuales se apoya. En la era moderna, la generalización de las máquinas de cálculo que realizaban diferentes operaciones algebraicas –sumas, restas, multiplicaciones, como pasa en las cajas registradoras–, daba testimonio de la preponderancia del comercio, particularmente de los intercambios entre empresas y personas. Durante más de un siglo, desde la Revolución Industrial hasta la posguerra, el núcleo de este modelo se basaba en las transacciones mercantiles. A partir de los años sesenta, y aunque esta dimensión no dejó de crecer, se agregó también otra: la gestión optimizada de ciertas tareas habilitada por la introducción de las computadoras que, pese a su nombre, se usarían menos en vistas a ejecutar operaciones de cálculo contable que para sostener la entronización de nuevos modos de administración y colaborar así en la planificación de estrategias. Se abría la era de la organización y el *management*, respaldada por los progresos de la informática y muy rápidamente analizada por James Burnham en su libro *La revolución de los directores.*[1] Más tarde, hacia mediados de los años ochenta, si estas prácticas se hicieron más intensas, hubo también otro esquema que comenzó a prevalecer paulatinamente, y era aquel que nos mostraba cómo los bienes manufacturados y los flujos financieros circulaban entre un número creciente de regiones del planeta. A esto se le puso muy pronto el nombre de globalización. La aparición de la interconexión global, una década después, sostuvo el auge de estas lógicas que pudieron beneficiarse entonces de estructuras de comunicación en red. Hoy la economía entra en una nueva secuencia que ya no se opone a las precedentes, sino que les hace tomar otro curso en favor de una facultad de la cual está dotada desde hace poco tiempo: la de poder, en todo momento, comparar todo con todo. Esta disposición se hizo posible gracias a la tecnología dominante en nuestro tiempo: *la inteligencia artificial.*

La inteligencia artificial procede en sí misma mediante comparaciones. Su base descansa en la codificación binaria que recorta los elementos en unidades mínimas, los bits, que permiten reducir los componentes simbólicos, y ahora también los fragmentos de lo real, a datos numéricos. A partir de este estado, se conciben algoritmos para que efectúen comparaciones a gran velocidad entre los volúmenes de datos tratados y un modelo determinado a fin de evaluar su nivel de similitud, del mismo modo que hace un sistema de reconocimiento facial que identificara en tiempo real el rostro de una persona a partir de una imagen catalogada midiendo su grado de concordancia con ella. Y si no se trata de una forma indexada previamente, los sistemas la podrán discriminar gracias a una descripción matemática por medio del recorte, por ejemplo, de algunos objetos o de palabras. La inteligencia artificial,

1. James Burnham, *La revolución de los directores*, Buenos Aires, Huemul, 1962.

al operar puestas en relación continuas, se enlaza nuevamente, de cierto modo, con la tradición epistemológica del Renacimiento que aprehendía el mundo estableciendo largas cadenas de analogía entre sus componentes,[2] aunque hoy no se relaciona con una dimensión metafórica sino que toma cuerpo en dispositivos técnicos encargados de detectarlos.

Históricamente las empresas formaron parte del conjunto de la cadena de producción. Estaban constituidas por múltiples ramas que se encajaban unas dentro de las otras en un proceso verticalista que iba desde los departamentos de concepción y de fabricación a los departamentos de personal, de contabilidad, de logística, de distribución... Las empresas estaban hechas de múltiples cuerpos unidos entre sí. Con la llegada del neoliberalismo, a comienzos de la década del ochenta, el fenómeno doble de la presión de la competencia (que aumentaba sin respiro) y de la flexibilización de los códigos del trabajo favoreció un principio que después se generalizó muy rápidamente: hacer externas ciertas actividades. Comenzó la práctica de convocar empresas prestatarias a fin de hacerles garantizar tareas que hasta ese momento estaban asignadas a los empleados, como los trabajos de limpieza, de vigilancia, de contabilidad, o el despacho de mercaderías, entre otros casos a citar. Hubo cada vez más cantidad de funciones que fueron sometidas a la tercerización con el objetivo de reducir costos, lo cual obligó a llamar regularmente a licitaciones –con las evaluaciones comparativas derivadas– para establecer contratos que se inscribían dentro de temporalidades ahora fluctuantes. Estos métodos se vieron facilitados por la digitalización de los registros contables relativos al funcionamiento de los tercerizados que permitieran tener una visión detallada de sus prácticas. La profundización

2. Ver Michel Foucault, *Las palabras y las cosas*, México, Siglo XXI, 1968.

de la globalización a fines de esta misma década amplió el espectro de los proveedores a disposición a la escala (teórica) del planeta. Sin embargo, estos procedimientos requerían la movilización de nuevas competencias dedicadas a estas consultorías.

De ahora en adelante, estas tareas pueden ser asumidas por sistemas que son capaces, en función de múltiples criterios, de poner en la balanza diferentes ofertas y seleccionarlas ellos mismos sin necesitar ninguna intervención humana, como hace Retail Link, sistema desarrollado por IBM por pedido de Walmart, que es capaz de elegir al prestatario más apto para responder al encargo solicitado con las tarifas más ventajosas y según los plazos requeridos. La naturaleza de una tecnología basada en el cálculo comparativo se confunde con un objetivo económico que pretende poner en comparación cualquier cosa con cualquier otra a fin de hacer intervenir permanentemente un criterio de competencia y de extraer, en cada operación, el margen de beneficios más amplio. Ya no nos estamos moviendo dentro del "mundo plano" que había descrito Thomas Friedman,[3] que suponía la existencia de un mercado de pronto ampliado gracias a las virtudes de Internet y de las infraestructuras logísticas y de transporte que cada vez eran más sofisticadas y reactivas. El reino de lo comparativo ya no corresponde exactamente a una Tierra pretendidamente "lisa" sino que corresponde a un real duplicado en todo lugar por códigos que los algoritmos miden a cada instante en vistas a responder a necesidades indefinidamente circunstanciales. La prioridad que se asigna a la circulación de bienes y de información deja espacio al predominio de la evaluación comparativa con el objetivo de establecer lazos efímeros

3. Ver Thomas Friedman, *La tierra es plana. Breve historia globalizada del SXXI*, Madrid, MR, 2006.

que se reanudan una y otra vez de modo indiferenciado con interlocutores cercanos o bien de cualquier punto del globo. La velocidad de la época remite menos a la de las comunicaciones que al hecho de poder identificar la solución más ventajosa en tiempo real. Podríamos decir que pasamos de una lógica de flujos, de líneas y caminos, a una lógica de partículas que los sistemas evalúan en detalle y cuyo tenor estiman a la velocidad de los procesadores considerando simultáneamente todas las demás para terminar arrojando un resultado que privilegia a una de ellas. Vemos cómo se está pasando de una organización basada en una estructura geométrica que privilegia la figura de la red, a esquemas inspirados por una geometría no euclideana que ya no se relaciona con una topografía repertoriada y estable, sino que está hecha de planos continuamente ondulantes y fugitivos.

Sin embargo, este principio no se aplica solamente a las relaciones externas entre empresas sino también a sus propias actividades internas. Vemos cómo los sistemas proceden a la medición de los desempeños del personal a través del seguimiento del uso de sus computadoras, de su puerto de sensores y de su integración a las cadenas y espacios de trabajo, que registran los gestos y las cadencias; todo esto permite que se establezcan cartografías comportamentales granulares y evolutivas. Estas cartografías apuntan menos a comparar los seres humanos entre sí que a evaluar su capacidad de ajustarse a modelos que de ahora en más se erigen como la norma de referencia, como hicieron los métodos desarrollados por Toyota en el transcurso de los años setenta, que fijaban a sus equipos, día tras día, los objetivos que debían alcanzar, y que establecían *de facto* una clasificación comparativa entre cada uno de ellos. Estas prácticas se relacionan con el denominado *benchmarking*, que consiste en implementar procedimientos que se suponen que llevan a mejores resultados y que entonces se toman como botón de muestra (*benchmark*); los empleados deben asumir este criterio y después, gracias a técnicas específicas, se puede evaluar su capacidad para amoldarse a ellos.

Así es como se fue imponiendo una nueva etapa del *management* que determina objetivos a corto plazo firmando en general contratos cada vez más precarios que, cuando llegan a término, serán objeto, para esa tarea o para otra, de nuevas licitaciones que se presentarán a todas las agencias de contratación de personal a disposición, a fin de someter (en teoría) a todos los individuos a exámenes comparativos que nunca terminan: "Bajo este nuevo régimen de trabajo, inherente a la gobernanza de los números, los candidatos deben estar listos para responder a las necesidades del mercado según el modo en que estos pedidos sean considerados por sus empleadores o –si son desempleados– por la agencia de empleo. Dicho de otra manera, los individuos deben ser *movilizables* en todo momento y, cuando llega el momento, deben *movilizarse* ellos mismos para realizar los objetivos que se les asigna".[4] Cada uno de ellos se verá indefinidamente puesto a competir según una multitud de criterios definidos por gabinetes especializados y que escapan a nuestra inteligibilidad, según una lógica que consuma el axioma ultraliberal que considera a la persona humana como una variable más que permite, por medio de procedimientos *ad hoc*, extraer el mayor beneficio de la *intercambiabilidad* continua de los seres.

Hay que relacionar esta disposición con la doctrina del *Law shopping* que alienta a ciertos actores económicos para que pongan en juego la competencia entre territorios antes de decidirse por un lugar de implantación. Esta doctrina se deriva de la teoría del *Lawand Eco-*

4. Alain Supiot, *La Gouvernance par les nombres*, París, Fayard, 2015, p. 356.

nomics, que procede a una evaluación comparativa entre diferentes regímenes jurídicos nacionales a fin de seleccionar, para cada sector de actividad, el lugar que se juzga más ventajoso. A tal efecto el Banco Mundial implementó un programa, *Doing Business*, que ofrece una base de datos detallada de la "medida objetiva" del derecho de 183 países: "Está ilustrada con un mapamundi que representa la Tierra como un espacio de competencia entre distintas legislaciones y que está equipada con un cursor temporal que permite visualizar en cada lugar el progreso de la racionalidad económica. Esta base debe ayudar a los inversores a elegir, teniendo a la vista el mapamundi, los países más receptivos. También debe comprometerlos a atraerlos reformando sus leyes en el sentido que estos inversores desean".[5] Finalmente, el proyecto, que consiste en edificar "islas flotantes", conforme a los objetivos del Seasteading Institut (fundado por una de las figuras del libertarismo, Patri Friedman,[6] y que está destinado a ver los modos de liberarse de las leyes y restricciones estatales), no termina teniendo tanta pertinencia desde el momento en que es bastante menos costoso plantar el equipaje ahí donde se juzga más beneficioso y después ver si uno se muda o no según las evoluciones que se observan a escala del globo.

Lo que emerge hoy es una economía en perpetua "fisión y fusión" y que instaura el principio de la competencia como algo que opone no solamente a las empresas entre sí, sino también a cada uno de sus componentes, así como a todos sus interlocutores, convirtiéndolos en suertes de "electrones libres" administrados por sistemas de inteligencia artificial a los que se le asigna indefinidamente la tarea de optar por la mejor alternativa. Por ejemplo,

5. Ibíd, p. 210.

6. Ver "Remaining Civilization with Floating Cities", The Seasteading Institute – Opening humanity's next frontier, disponible en seasteading.org

Inditex, líder mundial de la confección textil, propietaria de Zara, entre otras empresas, opera mediante comparaciones continuas entre numerosas marcas que se toman como referencia, entre los contratistas tercerizados, entre los comportamientos de las personas a escala del mundo entero, a fin de ajustar la concepción de los productos en función de las tendencias del momento. Esta disposición de puesta en relación continua opera también en Marketplace de Amazon, o en Facebook, que coloca una gran cantidad de ofertas que se ven comparadas entre sí según múltiples criterios para dirigirlas a las sociedades o los consumidores. Es esta también la función de los sitios que comparan precios que se expandieron en el transcurso de los años dos mil diez, como Liligo, Kayak, Skyscanner, que clasifican las tarifas de los pasajes aéreos, de las noches de hotel, del alquiler diario de un automóvil, de los contratos de seguros.

Sin embargo, esta facultad no solamente es privativa de las empresas: se la otorga ahora a los individuos, que se pueden beneficiar también de esos mecanismos que les señalan una infinidad de sugerencias. Desborda el marco estricto de lo comercial para inmiscuirse subrepticiamente en otras dimensiones de la existencia, mostrándonos cómo la puesta en relación se estatuye como principio previo a la realización de cualquier acto. Esto ocurre tanto en la elección de un itinerario (que se basa en aplicaciones que evalúan en tiempo real el trayecto más optimizado), como en la elección de un restaurante (que se realiza mediante aplicaciones destinadas a tal fin), o en las elección de una persona dentro de un sitio web de citas (que nos habilita a pasar "perfiles" con un solo toque en la pantalla, a diferencia de los encuentros que implicaban un contacto físico, haciéndonos operar una comparación, a veces compulsiva, antes de tomar la decisión de entrar en contacto con una persona). Probablemente estemos entrando en una *antropología de lo comparativo*, y asistamos como consecuencia al clímax de una relación utilitarista con lo real, el estadio último del utilitarismo teorizado por Jeremy Bentham, que había estimado que la utilidad prevalecía antes que cualquier otra consideración, y que encontraría su forma consumada en los asistentes digitales personales que representan máquinas ultrasofisticadas que consideran todo con vistas a trabajar "por nuestro mayor interés".

Se está perfilando una nueva era de la competencia que ya no opone solamente a las empresas y los individuos entre sí, sino que pone todo cuerpo orgánico y todo bien material en relación con todos los demás a fin de poder extraer la mejor ventaja. Cada sustancia se encuentra reducida a un valor objetivado, y no vale ya en ella misma, por ella misma, sino solamente en función de sus atributos evaluados. Más ampliamente, es la sociedad entera la que se ve alineada según estos imperativos. Los vínculos se anudarán en función de los beneficios proyectados de modo indefinidamente provisorio, y serán susceptibles en todo momento de deshacerse para que se tejan nuevas alianzas con otros interlocutores, exaltando las lógicas posmodernas que "invitan" a todos, desde hace treinta años a esta parte, a vivirse a sí mismos como una "mónada nómade". Hay un régimen de racionalidad tecnoeconómico que se convierte en un régimen de racionalidad intersubjetiva y social. Cómo no ver que es la *psyché* colectiva la que se ve atravesada por esta dinámica que coloca a las personas continuamente en paralelo, en el trabajo, los grupos de afinidades, en las relaciones humanas, relacionándolas con valores asignables y erradicando el principio jurídico-político hasta ahora en la base de nuestra civilización, a saber, la afirmación de la singularidad irreductible de cada ser. Cómo no ver los procesos de interiorización que están operando de modo insidioso: a cada uno de nosotros se le asigna una suerte de "rating" y trabaja, le guste o no, consciente o inconscientemente, para hacer subir este rating y entonces capitalizarlo.

Cómo no ver en esta comparatología integral una violencia simbólica extrema que ultraja la "autoestima" y la "dignidad humana" porque, "en el reino de los fines, todo tiene un precio o una dignidad. Lo que tiene un precio puede ser muy bien reemplazado por otra cosa de título equivalente: por el contrario, lo que es superior a todo valor, lo que entonces no admite equivalente, es lo que tiene una dignidad".[7] De ahora en más, tendremos que experimentar la sensación de nuestra "utilidad" desde el momento en que nos vemos elegidos después de haber sido comparados, y no sentiremos que vivimos sino en el momento en que nosotros mismos comparemos antes de elegir en el interior de una civilización en devenir que reduce a cada uno de nosotros a una unidad indiferenciada, que termina por confundirnos con el estatuto del dinero; según Georg Simmel, el dinero se caracteriza por el hecho de que somete toda cosa al principio de una estricta equivalencia con otra cosa.[8] Sería este un nuevo tipo de impacto de la ideología tecnoliberal sobre nuestras vidas: la generalización de una sistemática únicamente destinada a satisfacer el objetivo egoísta de todos los intereses particulares, lo que nos remite al diagnóstico hecho por Adorno y Horkheimer, apenas terminada la Segunda Guerra Mundial, y que hoy asume una forma universal –y radical– según la cual "es la equivalencia lo que se vuelve entonces un fetiche".[9]

---

7. Emmanuel Kant, *Fundamentos para una metafísica de las costumbres*, Madrid, Alianza, 2012.

8. Ver Georg Simmel, *Filosofía del dinero*, Madrid, Capitán Swing, 2013.

9. Theodor W. Adorno y Max Horkheimer, *Dialéctica de la Ilustración. Fragmentos filosóficos*, Madrid, Trotta, 1994.

4

BITCOIN Y *BLOCKCHAIN*: LA ÚLTIMA ETAPA DE LA SOCIEDAD DEL CONTRATO

Hay una pasión común que acerca el liberalismo económico radical a un cierto espíritu libertario: ambos detestan toda instancia intermediaria, de cualquier naturaleza que sea. Estas instancias intermediarias tienen el rostro del Estado, de las instituciones, de las leyes que imponen un orden obligado de las cosas y restringen los márgenes de acción de las personas. Para el liberalismo económico radical, estas instancias intermediarias solo buscan contener abusivamente la fuerza de iniciativa, elevar los impuestos, redistribuir las riquezas en beneficio del avance, que se juzga inútil e ineficaz, de los asuntos comunes. Para el espíritu libertario, el orden de las cosas, la política oficial no emana para ellos de la voluntad del pueblo, sino que procede de estructuras jerárquicas que asientan normas y permiten perpetuar los privilegios, impidiendo *in fine* una expresión libre y plena de los individuos. Sobre la base de esta animosidad compartida se produjo una síntesis ideológica muy singular que lleva el nombre de libertarismo.

Podemos identificar su país de nacimiento, los Estados Unidos. Podemos remontarla hasta los años posteriores a la crisis de 1929. Se origina en algunos padres fundadores, no declarados como tales, que vivieron antes de su advenimiento. Son Herbert Spencer y su teoría del darwinismo social; Henry David Thoreau y su feroz pretensión de hacer prevalecer la autonomía de las personas; Ralph Waldo Emerson y su trascendentalismo, que estimaba que toda entidad, religiosa o política, corrompe la sociedad y perturba la independencia de los individuos. Bastante más tarde, hubo muchos otros teóricos del liberalismo, en actividad hacia fines de la década del sesenta, que siguieron inspirando esta corriente, principalmente Friedrich Hayek, el autor de *Los fundamentos de la libertad*,[1] y Milton Friedman, autor de *Capitalismo y libertad*.[2] Son dos obras que encontraron una amplia repercusión y que postulaban el imperativo de la menor regulación como condición de una vitalidad económica que, a fin de cuentas, tenía que beneficiar a la mayor cantidad de gente posible.

La figura tutelar del libertarismo sería Ayn Rand, y su teórico Robert Nozick. El primero es autor de *La rebelión de Atlas*,[3] publicado en 1957, que ofrece un relato de los espíritus "más brillantes" –los grandes empresarios de los Estados Unidos–, decididos a no participar más en la vida del país y a negarse a financiar a los "extorsionadores del fisco". Reunidos en un valle aislado, estos "seres libres" viven en la autarquía a fin de escapar a los "ladrones", dejando al Estado de bienestar naufragar en la pobreza. El segundo es autor del libro *Anarquía, Estado y utopía*, que afirma que el Estado, cualquiera sea la naturaleza de su régimen, en su mismo fundamento, presupone

1. Friedrich Hayek, *Los fundamentos de la libertad*, Madrid, Unión Editorial, 2004.
2. Milton Friedman, *Capitalismo y libertad*, Madrid, Rialp, 1966.
3. Ayn Rand, *La rebelión de Atlas*, Barcelona, Deusto, 2019.

en uno u otro grado la negación de una parte de nuestra libertad, y esto se juzga inaceptable: "Nuestras principales conclusiones se resumen en lo siguiente: un Estado mínimo, limitado a funciones restringidas de protección contra la fuerza, el robo, el fraude, la aplicación de los contratos y así sucesivamente, se justifica; todo Estado que sea algo más extenso infringirá los derechos de las personas libres de negarse a cumplir con ciertas cosas, y entonces no estará justificado".[4]

Este movimiento, más exactamente esta corriente de pensamiento que inervó el espíritu de Silicon Valley y que triunfa desde los años noventa, fue objeto de numerosos estudios y artículos. Fue muchas veces desacreditado, burlado, particularmente las grandes figuras empresariales de California que lo reivindican, vistas en general como personajes excéntricos agitados por todo tipo de visiones megalómanas y extravagantes. Sin embargo, más allá de todas estas manifestaciones sensacionalistas, vivimos hoy el momento de su consagración, de modo todavía discreto pero cada vez más pregnante. Este triunfo resultaría no de la conquista del poder político sino más bien de la difusión de una ideología que habría irrigado poco a poco todos los discursos, las prácticas, los modos de organización, encarnando un nuevo horizonte utópico que se convertiría de ahora en adelante en realizable. Se corporeizaría en una conformación perfecta porque estaría liberada de todo intermediario, porque sería descentralizada y completamente transparente. Cumpliría para unos el sueño de un mercado fluido en todas sus partes, que por fin se pudiera desarrollar sin trabas, mientras que para otros abriría las puertas del paraíso que consiste en surfear sobre las redes al abrigo de las miradas y disfrutando entonces de todas

4. Robert Nozick, *Anarchy, Anarquía, Estado y Utopía*, Madrid, Innisfree, 2014.

las riquezas del mundo. Esta unión entre dos corrientes a las que todo parecía oponer se hace hoy posible en favor de una tecnología capaz de satisfacer plenamente sus aspiraciones convergentes: el *bitcoin*.

El *bitcoin* tiene origen en la utopía de las redes que surgió a fines de los años noventa, que creía en la consumación próxima de la "ciudad global" que había teorizado Marshall McLuhan, autor que por entonces estaba muy en boga en el medio de los especialistas en informática y los programadores. Su portaestandarte fue la revista *Wired*, que apareció por primera vez en 1993. Rápidamente sus creadores no se satisficieron con poder expresarse a propósito de todos los temas en foros de discusión, o con descargar ilegalmente archivos musicales para su beneficio en el marco de una libertad semejante a la de los piratas con turbantes liberados de toda regla. No: esta formidable emancipación en vías de consumación no era suficiente, o al menos no en los Estados Unidos, donde todos integraron el principio cardinal de extraer algún beneficio de cada oportunidad posible. Era necesario también que este "mundo horizontal", pronto liberado de toda instancia tercera, encontrara su prolongación en el marco de intercambios que no podían ser sino relativos al lenguaje, y que se tendrían que traducir, de un modo u otro, a través del comercio entre las personas establecido sobre los axiomas redefinidos. Estos intercambios debían poner directamente a los individuos en relación entre sí conforme a los procedimientos expuestos en el *Whole Earth Cathalog*,[5] que había forjado una retórica que celebraba el primado libertario del "bricolage" y de lo colaborativo, y que sería retomado bastante más tarde por la economía "del compartir". Esta aspiración era impulsada por los criptoidealistas y otros

5. *Whole Earth Cathalog*, creado por Stewart Brand, fue publicado regularmente entre 1968 y 1972, después de modo esporádico hasta 1998.

cyberpunks, que veían en el cifrado de datos los instrumentos de la nueva lucha global que consistía en proteger la propia "vida privada" y en combatir contra el enemigo jurado: el Estado y todos sus "agentes coercitivos", principalmente los organismos de vigilancia. Tomaban en préstamo elementos del *Manifiesto criptoanarquista* redactado en 1992 por el ingeniero en informática Timothy C. May, un texto de orientación anarcocapitalista que adelantaba que "la criptoanarquía permitirá hacer circular libremente secretos nacionales y vender materiales ilícitos o robados", y que "los métodos criptológicos alterarán fundamentalmente la naturaleza de las interferencias del gobierno y las grandes compañías en las transacciones económicas".[6]

La nueva gran utopía, entonces, consistió en sentar las bases de una moneda constituida por códigos digitales que podría circular entre todos sin depender de un banco central. La avidez habitual de los liberto-hackers californianos y de los ultraliberales por barrer con todo "intermediario parásito" se corporeizaba en los actos mercantiles; el poder soberano de acuñar moneda se derrumbaría junto con otros principios que Internet ya estaba deshaciendo. A fines de los años noventa, se probaron proyectos como Hashcash, Bit Gold, B Money, pero por entonces no encontraron una amplia adhesión. No fue sino unos diez años más tarde que la gesta se relanzó aprovechando la crisis financiera de *subprimas* de 2008, que mostró cómo los bancos y los *traders* asumían riesgos irreflexivos con total irresponsabilidad, socavando la confianza de los ahorristas y confirmando la desconfianza fundamental de los criptoidealistas respecto de las instituciones financieras, ya que estas actuaban dentro de tal opacidad que de ahí en más se hacía evidente que iban a favorecer malversaciones de todo tipo.

6. Timothy C. May, "The Crypto Anarchist Manifesto", disponible en activism.net, 22 de noviembre de 1992.

Un personaje enigmático que respondía al nombre de Satoshi Nakamoto, sobre el que nadie sabía si correspondía a una identidad verdadera o si se trataba de un estratega enmascarado –práctica muy en boga entre los hackers–, empezaba a teorizar desde nuevas bases el concepto de una "moneda virtual". Lo ayudaban codificadores especialistas en criptografía. Establecieron el principio de una emisión limitada para que esta moneda adquiriera valor, regulada por un programa que generaba unidades de modo decreciente hasta que su número alcanzara los 21 millones. El procedimiento funcionaba *peer-to-peer*, apoyándose en individuos que ponían sus computadoras a disposición a fin de garantizar la realización en red de todas las operaciones según un mecanismo denominado "de minería", lo que se veía recompensado por créditos. El *bitcoin* hace posible transacciones descentralizadas, seguras, rastreables y que no requieren ninguna mediación bancaria; en 2010 se lanzó el Bitcoin Market, la primera plataforma de intercambio que permitía convertir dólares en *bitcoins*.

Muy pronto la moneda fue usada por criptoanarquistas, como los fundadores y usuarios de la plataforma Silk Road ("ruta de la seda"), que pretendía extraer beneficios de estas nuevas rutas descentradas en vistas a efectuar compras anónimas de estupefacientes, o bien operaciones de blanqueo de capitales dentro de una "darknet", una suerte de mercado "libre", o más exactamente negro, situado a resguardo de todo control. El FBI empezó a observar estas transacciones y procedió a cerrar varios sitios y a efectuar arrestos a partir de 2013. Sin embargo, después de estos acontecimientos, los medios de las finanzas, del capital de riesgo, de Silicon Valley, entendieron las potencialidades que prometía esta arquitectura técnico-monetaria que habilitaba una instantaneidad de los intercambios y que era perfectamente apropiada a la estructura dinámica de las redes. Como ocurrió con la generalización de Internet dos décadas antes, fue rápidamente objeto de inversiones privadas. Entonces el espíritu "cyberpunk libertario" por un lado, y el liberalismo digital por el otro, "disruptivo", comenzaron a operar concertadamente para la construcción de un mundo finalmente liberado de todo marco estéril y su inercia derivada. Las cotizaciones subieron brutalmente mientras empezaron a aparecer otras criptodivisas: el *ether*, el *monero*, el *ripple* o el *dash*. Hoy hay cientos de miles de sitios que aceptan estos medios de pago. Sin embargo, este nuevo universo del dinero no podría haber adquirido su plena envergadura si no estuviera articulado con una técnica basada a su vez en la misma osamenta, que representa su "contrapeso natural": el *blockchain*.

De ahora en adelante, los datos pueden circular no ya a través de una unidad central sino ser distribuidos en una multitud de sectores formando "cadenas de bloques". Todas las partes involucradas tienen acceso a las mismas informaciones encriptadas y pueden alcanzar niveles históricos. Un gran libro contable no modificable ni falsificable garantizaba así la integridad del conjunto de las operaciones efectuadas mientras estaba al alcance de todos. Por fin se corporeizaba el sueño de un mundo horizontal, que durante tanto tiempo se había visto entorpecido y frustrado. Estaría liberado de todo intermediario, especialmente de las plataformas, que representaron el modelo dominante de la industria de lo digital en el transcurso de la segunda década del siglo XXI. Hoy las plataformas están destinadas a ocupar un rango secundario, o incluso, a largo plazo, a desaparecer. La capacidad que se concedía hasta ahora a los sistemas (generalmente a pesar de los usuarios) de almacenar volúmenes de información que trataban sobre sus comportamientos, y que ahora incluyen también los tratamientos dudosos de los cuales son muchas veces objeto, quedó súbitamente descalificada. Además, la posibilidad de certificar sin un tercero de confianza las transacciones se vincula con el deseo originario de formar "comunidades" y de intercambiar, dentro de círculos afines, lo que cada cual quiera y pueda intercambiar en cada momento, sin malas o segundas intenciones falaces, haciendo fracasar toda intención de explotación desleal.

Así, entre una multitud de ejemplos, los hospitales pretenden utilizar el *blockchain* al servicio de programas de testeos clínicos de nuevas moléculas a fin de permitir a todas las personas implicadas seguir las evoluciones de los estados de los pacientes. Hay distribuidores que implementan sistemas de rastreabilidad de alimentos, como Walmart, que estableció partenariados con industriales del rubro de los agroalimentos, entre ellos Nestlé y Unilever, a fin de proceder a "la mejora de la seguridad de los productos" y de autorizar, para provecho de los clientes, el acceso a los historiales gracias a la tecnología *blockchain* desarrollada por IBM. Stratumn, "líder de las tecnologías *blockchain* que reinventa las relaciones interempresariales",[7] concibió una arquitectura de sistemas capaz de seguir el recorrido de todas las piezas separadas que componen un aparato. En lugares de trabajo complejos que implican numerosos subcontratistas, la *blockchain* puede facilitar la identificación de las diferentes responsabilidades jurídicas. Maersk, líder mundial del transporte marítimo, cuenta con recurrir a ello para la gestión logística de sus contenedores a fin de verificar precisamente su tenor y de reducir las formalidades administrativas.

El sueño, compartido por los criptoidealistas de todos los rincones del mundo, de un mundo que se desplegaría continuamente a partir de contactos directos, se hace concreto en un mercado fluido, transparente, seguro y global.

7. Ver stratumn.com

Los partidarios de una "Internet libre y abierta", que habrían padecido tanto la regulación, principalmente la relativa a la propiedad intelectual, consuman su venganza. Este ascenso hacia la independencia de los intercambios une en éxtasis a los cyberpunks y a los ultraliberales.[8] Pero si lo miramos de más cerca, lo que se estaría consumando no es solamente su visión de las cosas, que les permitiría ser felices a sus anchas porque los preceptos que habían defendido ferozmente durante tantos años ya no corresponden a un movimiento marginal, sino que estos mismos preceptos adquieren la fuerza de un principio universal que está llamado a imponer un nuevo orden en el avance general de las cosas: *una organización libertarista de los asuntos humanos.*

La asociación entre criptomoneda y *blockchain* insufla una nueva dinámica al dinero. Opera en múltiples niveles que van desde el de las instituciones financieras, que cuentan con explotarla con el objetivo de crear productos complejos, de simplificar diversas operaciones bancarias y bursátiles y de acceder a los pagos internacionales, hasta el de las ONG como la Cruz Roja o Greenpeace, que se valen de ella con la finalidad de alentar "micro donaciones", entre otros usos. Estamos frente al primer instrumento monetario que, en teoría, puede ser usado por todos para el propio beneficio. Es la razón por la cual todo esto determina nuevos modos de organización social en donde los lazos mercantiles están dados a reanudarse sin cesar, y no ya tanto entre las empresas y las personas sino entre las personas mismas. Por ejemplo, en Alemania, la red Share and Charge, junto con Innogy, una filial de RWE, la empresa de energía alemana, permite a particulares instalar

8. Ver esta declaración, aquí tan elocuente y grotesca: "Déclaration d'indépendance monétaire", redactada por un grupo de personas bajo la égida de grupo especialista en informática libertario Team McAfee, "The Declaration of Currency Independence".

frente a su domicilio una terminal de recarga eléctrica para los vehículos. Cada cual fija su tarifa y cuando se usa una terminal de recarga, se asigna un crédito, sea para el uso de otra terminal o bien para una conversión en euros. Una habitación equipada con una antena eólica puede poner a disposición de las habitaciones contiguas su excedente energético con sus propias condiciones tarifarias. Stratumn propone incluso un servicio, bautizado Lenderbot, que autoriza, cuando se alquilan alojamientos de corta duración entre particulares, la suscripción en línea de contratos de microseguros inmediatamente validados y autentificados, y eso por un costo insignificante.

La plataforma abierta Arcade City pone directamente en relación, y en múltiples ciudades de los Estados Unidos, a pasajeros y conductores. Los usuarios postean un monto que juzgan apropiado a fin de que los lleven en automóvil hasta el destino deseado. Asistimos al final de la sociedad de consumo que ponía frente a frente marcas y personas, y que abre paso hoy a una economía de *peer to peer* o más precisamente de "pro-sumidor", una suerte de "productor-consumidor" según la neolengua característica de los estudios de tendencias. Cada uno de nosotros ya no sería solamente "empresario de sí mismo", sino que también se podría beneficiar de todos los demás individuos-empresarios dentro de una ecuación "ganador-ganador" sin terceros, con costos a la baja y procediendo de modo automatizado e instantáneo. Más allá de la acción deliberada que supone toda transacción, se hace ahora posible instituir "*smart-contracts*" que consisten en dejar a mano un objeto conectado para que él efectúe "por sí mismo" el acto mercantil. Por ejemplo, un lugar de estacionamiento que pertenece a un particular indica a un automóvil, a través de un sensor, si puede ocuparlo durante un tiempo definido. En el caso en que el automóvil "dé su acuerdo", entonces regularía la suma con su "monedero *blockchain*" integrado.

El mercado liberal procedía según una lógica frontal que ponía en relación, por un lado, a las empresas, y por el otro, a una multitud de seres humanos. Esto ocurría según un ordenamiento de sentido único. Lo que vemos no es tanto la inversión de este modelo sino la emergencia de otra configuración que está llamada a establecerse entre una multiplicidad de actores de cualquier naturaleza. De ahora en más, todo bien o servicio puede formar parte de un gran reloj automático, poniéndose en competencia sin intermediarios parásitos con cualquier otro y quedando luego repertoriado en un catálogo accesible para cualquiera, haciendo las veces también de libro contable universal. Lo que está triunfando es la filosofía política de John Locke, que había inspirado el liberalismo económico. Esta filosofía afirmaba que los individuos se encuentran en un "estado en donde son perfectamente libres de ordenar sus acciones, de disponer de sus bienes y de sus personas como quieran, dentro de los límites del derecho natural y sin pedirle autorización a ningún otro hombre y sin depender de su voluntad".[9] Es exactamente lo que permite el advenimiento de *la era de la contractualización generalizada* que permite que los seres humanos se asocien entre sí con la única finalidad de garantizar sin trabas sus intereses particulares según una lógica que se erige de ahora en más como el nuevo horizonte providencial de nuestra época.

La competencia perpetua se convierte en la regla de los vínculos humanos, pero dentro de un conjunto común donde todo se efectuaría como si no hubiera violencia simbólica, siempre a capricho de cada cual y de modo fluido, según un principio que (se sobreentiende) sería benéfico para la sociedad entera. El liberalismo, del cual resulta una partición inevitable entre ganadores y perdedores, toma otro giro más complejo o retorcido, porque cada uno

9. Ver stratumn.com

de nosotros ya no sufriría sus efectos perniciosos sino que se lo apropiaría, lo integraría a la propia conducta, impregnaría su psiquis con él, se aliaría a este nuevo espíritu de época que nos ordena que encontremos indefinidamente la oportunidad más aprovechable. La globalización, bajo su forma hasta ahora predominante, ha quedado ahora caduca. Entramos en la era de lo comparativo y de la puesta en relación integral dentro de la cual la totalidad se ajusta y sincroniza todo el tiempo independientemente de una instancia central. Entonces las instituciones políticas ya no revestirán mayor utilidad, sino solamente esta (y provisoria) de sostener dicho movimiento a fin de que, gracias a los avances de la inteligencia artificial y la generalización de su uso, tome forma la aspiración libertario-californiana de ahora en más adoptada subrepticiamente por las democracias socioliberales. Nos equivocaríamos si nos burláramos de estas personas y no las tomáramos en serio. En favor de sus esfuerzos y de una tecnología específica, habrían logrado hacer triunfar su visión, la que buscaba dejar que los mecanismos actuaran por sí mismos a fin de que se realice el mayor volumen de operaciones en cada segundo, a la mayor velocidad posible, y a escala del globo entero. El dogma de la "mano invisible", que hoy habría alcanzado un estadio automatizado, toma ahora la forma de una verdad instituida. Trabajaría perpetuamente para el interés de todos y cada uno de nosotros, y nos hace entrar en el mejor de los mundos posibles o en un "paraíso artificial" llamado a imponerse a todo instante.

PARTE 04

EL PARAÍSO ARTIFICIAL

1

LA NECESIDAD HACE LA LEY, O LA LIQUIDACIÓN DE LO POLÍTICO

La política institucional nunca creyó en lo político, cualesquiera fueran sus filiaciones. Siempre supo operar muy hábilmente en dos tiempos. El primero es el de las campañas electorales, que procede mediante una suerte de lanzamiento de fuegos artificiales de promesas, la mayor parte de las cuales están destinadas a conformar a la mayor cantidad de gente. El segundo tiempo nos muestra cómo se encuentran las fuerzas que conquistaron el poder cuando llegan al mando de las cosas y se confrontan con lo concreto de lo real. Generalmente, por el estado de gracia que sigue a las victorias, se suelen implementar algunas de las medidas anunciadas. Pero muy pronto surgen dificultades y los simpatizantes forman parte de las primeras decepciones, ya que las críticas de la oposición se vuelven más virulentas y entonces se produce sistemáticamente, como por un reflejo condicionado que invade a todos los dirigentes poco tiempo después de su entronización, un repliegue cuya única preocupación es garantizar la gestión de los asuntos comunes y el abandono de cualquiera de los ambiciosos proyectos iniciales, que se evalúan más costosos de lo que se había pensado y finalmente demasiado arriesgados. Este automatismo se puede verificar en casi todas partes desde la posguerra hasta hoy. Hay un ejemplo que lo ilustra particularmente: el ascenso al poder de François Mitterand a la presidencia de la República francesa en 1981. Mitterand daba forma a infinitas esperanzas expresadas desde décadas atrás. Su gobierno gozó del beneficio de los "cien primeros días" para hacer que se votaran reformas valientes. Pero muy pronto, a la vista de los gravosos déficits públicos, se decidió tomar otro rumbo y optar por una política llamada "de rigor", que dio la espalda a los compromisos pasados y que sembró confusión durante mucho tiempo, diríamos hasta hoy, dentro del espíritu de la corriente llamada "socialista".

No obstante, sería ingenuo pensar que todas estas tentativas abortadas se llevan adelante de modo forzado y con el corazón roto. No: corresponden más bien al tormento que desde siempre mina a las democracias, que asisten a una suerte de lucha continua entre la aspiración a demostrar que se hace política, es decir, de que se busca intervenir sobre el curso de las cosas movido por convicciones y un proyecto, y el imperativo de garantizar una buena gestión sin alejarse mucho de ciertos marcos bajo el riesgo de poner el peligro los equilibrios presupuestarios. Hay un conflicto continuo que opone lo político al imperativo de la administración, las veleidades reformistas a la necesidad de responder a los asuntos cotidianos. Pero como lo humano es hábil y sabe extraer partido de las coacciones que se le oponen, hay una corriente relativamente reciente que pretende hacer de dicha tensión un estandarte afirmando en voz alta que se inscribe dentro de la acción reformadora aunque dentro de la observancia paralela de una gobernanza rigurosa. Lleva el nombre de *social-liberalismo*. A partir de inicios de la década del noventa, lo encarnaron especialmente Bill Clinton, Tony

Blair, Lionel Jospin, Gerhard Schröder, Barack Obama o François Hollande. En realidad, lejos de converger hacia avances sociales, esta corriente de pensamiento se sometió sobre todo a los dictados formulados por la esfera económica y las instituciones internacionales, que ordenaban desregular los códigos de trabajo, aligerar la fiscalización de las empresas, reducir el gasto público, en otros términos, sostener por todos los medios el crecimiento, que se había convertido en el único proyecto político honorable de la época, dado que se sobreentendía que este crecimiento, a fin de cuentas, beneficiaba a todos. Hoy, dicha tendencia encuentra condiciones que le permiten adquirir su plena envergadura gracias a conformaciones técnicas que se suponen capaces a la vez de responder a gran cantidad de expectativas de la sociedad y de asegurar la mejor conducción de los asuntos públicos.

La digitalización creciente de la sociedad se acompaña de la digitalización de las administraciones, hoy capaces de recolectar directamente los datos, de tratarlos y de *ofrecer nuevos usos* de aquí en adelante. En primer lugar, la digitalización nos lleva al establecimiento de vínculos "directos" entre los ciudadanos, que ahora pueden proceder a múltiples operaciones online. Esto se deriva del gran proyecto "político" de las democracias social-liberales que consistía en operar la "transformación digital del Estado".[1] Participa también de la reducción de los empleados del sector público, implementada en todos los países que vieron el advenimiento de dicho régimen, y de la "facilitación" de las transacciones, trabajando así para una mejor gestión general de las cosas. La digitalización toma forma, en segundo lugar, en la "open data",

1. Ver la "Ley para una República digital", promulgada por la Asamblea Nacional de Francia el 7 de octubre de 2016. Esta ley, de espíritu tecnoliberal, apunta particularmente a "liberar la innovación haciendo circular informaciones y saberes para armar a Francia frente a los desafíos de la economía de los datos", disponible en economie.gouv.fr.

es decir, en el principio de la visibilidad y de la puesta a disposición de los datos públicos o parapúblicos generados por los ministerios, las administraciones, las colectividades territoriales o ciertas grandes empresas que tienen al Estado como parte de sus capitales. El objetivo declarado no consiste solamente en hacer accesibles todo tipo de informaciones relativas a las propias actividades, sino que prioritariamente consiste en autorizar su explotación con vistas a estimular la oferta de nuevos servicios. El Estado se piensa de ahora en más como una "plataforma" que debe garantizar la unión entre los ciudadanos y los actores privados a fin de favorecer, gracias a una estructura tripartita inédita, un avance fluido de la sociedad. Esta lógica supone no solamente que el mundo económico ya no está situado a la distancia justa de la organización de los asuntos en común, sino más todavía, que se beneficia de la colaboración del Estado, que le permite hacer más intensos los vínculos con las personas, al mismo tiempo que se ocupa de la misión cuya mayor parte dependía hasta entonces de la competencia pública, viéndose así súbitamente provisto de atribuciones inéditas. La gobernanza automatizada de los campos colectivos termina siempre por originar beneficios. Se trata de una invariante que nunca tenemos que perder de vista.

Sin embargo, esta proximidad franca o, lo que es más, este entrelazamiento, lejos de representar una ruptura, tiene origen en una tradición ideológico-política identificable que, desde su nacimiento y hasta hace muy poco tiempo, seguía quedando relativamente acantonada en un margen y que hoy, como por una astucia de la Historia, encuentra las condiciones de su realización: la de Saint-Simon y los saintsimonianos. Veían en la industrialización de las naciones la oportunidad de insuflar una dinámica saludable a su avance, contribuyendo de un modo u otro al "progreso social", y eso de un modo bastante más eficiente que el que se supone que resulta de toda voluntad política. Contra la feudalidad territorial y los rentistas, estimaban que convenía privilegiar a quienes invierten, inventan, fabrican mercancías o asumen una parte activa en el desarrollo de la región. Esta apreciación se manifiesta en la famosa metáfora de las abejas, que producen miel como los "industriales" producen riquezas trabajando, a fin de cuentas, para el bien común. Sin embargo, los avispones amenazan con extraer beneficios del fruto del trabajo de las abejas, y componen entonces la casta "militar feudal", la del "mundo de antaño" que Saint-Simon execraba porque pretende capturar el capital para su sola ventaja y gozar de rentas injustificadas: "El arte de gobernar [...] se reduce a dar a los avispones la mayor cantidad de miel sacándoselas a las abejas".[2] La "miel-dinero" no debe ser desviada en beneficio de los gobernantes, sino que debe circular a fin de irrigar a la sociedad entera que será capaz así de tomarse a sí misma a cargo, sin remitirse a una tercera instancia, gracias a la movilización de todas sus fuerzas vivas. Con esta condición se hará entonces posible abordar el gran pasaje "del gobierno de los hombres a la administración de las cosas", según la fórmula de uno de los discípulos de Saint-Simon, Barthélemy Prosper Enfantin.

Esta dimensión es la que se pone precisamente en juego en la *smart city*, cuyo objetivo declarado consiste en hacer como si el funcionamiento general de las ciudades, pero más ampliamente el de los territorios, evolucionara de modo cada vez más autorregulado. Más allá de estas sempiternas metáforas biomórficas, su principio lleva, en los hechos, a una delegación no dicha de los servicios públicos en favor del régimen privado, prolongando por otros medios las lógicas de tercerización que ya operan en las empresas desde el advenimiento del neoliberalismo. Los dirigentes electos están sometidos al dogma reciente que

2. Claude-Henri de Rouvroy, conde de Saint-Simon, *L'Organisateur*, 1819.

pretende establecer en toda ocasión "partenariados público privados", al mismo tiempo que quedan bajo el doble *lobby* de los proveedores de tecnologías y de las empresas de servicios que aspiran a ser parte contante y sonante en la vida cotidiana de los ciudadanos. Si lo vemos desde más cerca, los axiomas de la "transformación digital de las administraciones", del "Estado plataforma" y de la *smart city* implican un *cambio en el estatuto de los ciudadanos*. Hasta ahora considerados como sujetados por derechos y deberes en el seno de un orden común, se convierten en *usuarios* con el derecho de beneficiarse de las mejores ofertas –como los consumidores–, conforme a un espíritu que procede, por cierto, de las lógicas mercantiles pero que, antes que nada, de un alineamiento sobre las *lógicas de la satisfacción*. La política se reduce desde hace poco tiempo a garantizar *la satisfacción de los ciudadanos*.

Hasta tiempos muy recientes, la política, al menos la política basada sobre la exigencia mínima que buscaba trabajar por el desarrollo de las personas y por preservar la dignidad humana, suponía perfeccionar la igualdad de derechos, trabajar en los avances sociales, sostener la educación, permitir un acceso universal a salud, favorecer a la cultura. De ahora en adelante el desafío consiste en reducir los costos, dejar actuar a los sistemas y hacer como si todos pudiéramos beneficiarnos relativamente de distintos servicios en cada secuencia de la vida cotidiana. Un ejemplo es aquello en lo que se están convirtiendo las bibliotecas, que ya no son lugares de lectura de libros y periódicos que ofrecen momentos propicios para los descubrimientos y para la adquisición de conocimientos en un marco favorable a la reflexión y en una atención serena, sino que se convierten en espacios en donde ahora se proponen cursos de yoga, donde se hacen relatos de los propios viajes, donde se toman cafés o jugos de fruta y en donde hay intercambios de acuerdo con la nueva doctrina de la vida social basada en el primado del bienestar y la expresividad de uno mismo.[3] Los adherentes no son ya lectores sino consumidores de diversas "actividades" y deben quedar conformes, según ese espíritu dado a prevalecer en el marco de nuestras relaciones con el conjunto de los servicios públicos. Y en el caso en que no estuviéramos satisfechos, es posible hacerlo saber sin demora a través de plataformas consagradas a ello, igual que ocurre con un producto o una marca en las "redes sociales". Los funcionarios, o lo que quede de ellos, deben gerenciar las dolencias y superar los descontentos. Están destinados a transformarse en "administradores de sistemas", o bien en community managers.

De algún modo, esta formación permite dar un doble golpe, porque además de permitir la consumación de la aspiración a inscribir la vida pública dentro de la mayor fluidez y reactividad posibles, participa además en el crecimiento general, dando cuerpo a la ecuación saint-simoniana según la cual las riquezas producidas por los industriales contribuyen al buen desarrollo de los asuntos comunes. Sin embargo, se produce una forma imperceptible de inversión que nos muestra en este punto cómo la "buena administración de las cosas" genera por sí misma cifras, según un esquema inédito que se revelaría en su totalidad como de "ganador-ganador". El "Estado plataforma" es el nombre de la institución política que opera, casi en la retirada, para que todo funcione como un procesador que regularía la actividad pública y sostendría, a la vez, el impulso de un nuevo *ethos* económico. La dimensión orgánica se

3. Ver las recomendaciones que van en ese sentido de la misión encargada por el Estado a Erik Orsenna, acompañado de Noël Corbin, inspector general de los Asuntos Culturales, "Voyage au pays des bibliothèques. Lire aujourd'hui, lire demain", Ministerio de Cultura, febrero de 2018. Sobre las conclusiones de dicha misión, leer el artículo de Éric Dusssert y Christina Ion, "Bonne sieste à la bibliothèque", *Le Monde*, nº 771, junio de 2018.

yergue como el principio nodal, se pasa con gran exaltación desde la inercia inherente a las instancias de gestión, al peso de la "burocracia", hacia un entorno continuamente dinámico que rechaza toda entropía. Se supone que la inteligencia artificial, aplicada colectivamente, permite organizar bien las cosas y a la vez generar dividendos y ofrecer a todo el mundo lo que está en derecho de esperar. Opera en esto una síntesis ideal entre las aspiraciones liberales y las que se reivindican "de izquierda".

Por esa razón Emmanuel Macron, por ejemplo, pretende instituir "una nación que piensa y actúa como si fuera una *start-up*", porque los primados de la reactividad -propios del sector privado, particularmente de las *start-up*- y la "agilidad", palabra clave de la neolengua gerencial, son retomados de ahora en más por los discursos políticos, mezclando todas la tendencias que afirman trabajar para la instauración de una sociedad que continuamente sería capaz de responder a las circunstancias sin falla ni demoras. En verdad, el designio consensuado social-liberal no hace sino satisfacer la ambición ultraliberal que ve en dicha automatización la oportunidad histórica de reducir las prerrogativas del Estado, percibido como un vector de perturbación del orden espontáneo del mercado: "Una vez que demos permiso a los políticos para que intervengan en el orden espontáneo del mercado, [...] inician el proceso de acumulación cuya lógica intrínseca desemboca forzosamente en una dominación, que se amplía sin cesar, de la política sobre la economía".[4] Esta sistemática, más allá de las peticiones de principio, permite dar *in fine* "plenos poderes" al tecnoliberalismo, que se verá libre entonces de extraer indefinidamente un beneficio de su contribución activa a la "buena gestión algorítimica" de los asuntos comunes.

4. Friedrich Hayek, *Estado, legislación y libertad*, Madrid, Unión Editorial Argentina, 2005.

La inteligencia artificial representa antes que nada un poder dinámico de organización, lo que muy pronto supo capturar al mundo de la empresa, mientras que también es un poder dinámico de gobernanza. Encontramos nuevamente la concepción cibernética, que habría logrado, un siglo más tarde, encajarse dentro del pensamiento saint-simoniano para confundirse ambos en el deseo compartido de barrer con toda acción que resulte de la concertación inevitablemente portadora de apatía: "Podemos soñar con una época en la cual la máquina de gobernar llegue a suplir –¿para bien o para mal, quién lo sabe?– la insuficiencia hoy patente en las cabezas y aparatos habituales de la política".[5] La gran máquina de gobernar que hoy está tomando forma hace caduca toda voluntad política abriendo paso a una sociedad regida por las señales, y que elimina todo proyecto deliberado, conforme a la fantasía humana, nunca explícitamente formulada como tal, de ver prevalecer un mundo sin signatario que trabaja en cierta manera por sí mismo, de manera orgánica, para su mejor curso: "¿Acaso no tenemos la fantasía profunda, desde siempre, de un mundo que funcionara sin nosotros? La tentación poética de ver el mundo en nuestra ausencia, exento de una voluntad humana, demasiado humana?".[6]

Se está imponiendo un nuevo modelo de sociedad. Estaría dotada de poderes homeostásicos, pretendería permitir a todos salir ganando y estaría manejada por sistemas en un número cada vez más extenso de sus engranajes. Ya lo había afirmado Margaret Thatcher en su época: "La sociedad no existe" ("There is no such thing as society").[7] Ella había defendido el principio de un orden

5. Norbert Wiener, *Cibernética y sociedad*, op. cit.

6. Jean Baudrillard, *¿Por qué todo no ha desaparecido?*, Buenos Aires, Libros del Zorzal, 2009.

7. Margaret Thatcher, palabras en ocasión de una entrevista dada a la revista *Woman's Own* en septiembre de 1987.

inervado por las lógicas orgánicas del mercado, que llegarían para abarcarlo todo y paralizarían, por su potencia, todo proyecto divergente. Si su feroz ideología se concretó en parte, causando a su paso gran cantidad de daños de envergadura *sobre la sociedad*, encontró sin embargo resistencias de toda índole. No fue sino tres décadas más tarde, finalmente, y por efecto de la explotación muy ingeniosa, por parte de las fuerzas tecnoliberales, de la inteligencia artificial en todos los niveles, que la sociedad está en vías de desaparecer. Es el momento en el que la política ya no reviste pertinencia alguna, porque su razón de ser se ha desmoronado. O bien la política ya no existe, o bien se la abandona a los regímenes autoritarios, lo que constituye una grave falta, ya que están focalizados en la única preocupación de delegar a mecanismos impersonales, que ultrajan nuestro derecho a pronunciarnos libremente, el cuidado de organizar las cosas: "La burocracia no es, infelizmente, el gobierno de nadie, y por esta misma razón quizás sea la forma menos humana y la más cruel del poder".[8] Este giro tiene lugar en el exacto momento de la crisis contemporánea de la democracia y de la crisis de la representatividad. En nuestro período confuso, quisiéramos que la inteligencia artificial, consciente o inconscientemente, se ocupara de resolver gran cantidad de nuestras dificultades. Cuanto más ingobernable es la sociedad, más pretendemos otorgar a una tecnología el cuidado de gobernar nuestras existencias.

En ese momento la necesidad hace ley. Ahora bien, lo propio del régimen de la necesidad es que se conforma con constatar el estado de las cosas y de reaccionar, principalmente respondiendo a las faltas y colmando las brechas, contribuyendo *de facto* a perpetuar el orden de las cosas. La vocación de lo político –su honor– consiste en creer

8. Hannah Arendt, *Responsabilidad y juicio*, op. cit.

que es posible cambiar ciertas situaciones y desplegar esfuerzos generalmente en vistas a promover mejores y más dignas condiciones de vida. En esto dichas modalidades son eminentemente conservadoras, contrariamente a las apariencias y a lo que afirman ciertos discursos. Francis Fukuyama se equivocó: el fin de la historia no habría advenido luego de la caída del Muro de Berlín en 1989 y del triunfo planetario del liberalismo político y económico, sino que se consumaría hoy en favor de la generalización del uso de la inteligencia artificial. Porque su principal función consiste en gerenciar un número, en teoría infinito, de coyunturas y en implementar soluciones supuestamente apropiadas y que se dan por sobreentendidas. Lo que se quiere aniquilar es nuestra voluntad pertinaz de edificar otros modos de existencia. La automatización firma la renuncia del principio de esperanza, el que desde la noche de los tiempos llama a no solamente conformarnos con lo existente sino a seguir buscando, dentro del riesgo y la incertidumbre, para dar curso a nuestras aspiraciones más inesperadas y más audaces gracias al poder transformador, saludable y jubiloso de la acción humana.

2

ADMINISTRACIÓN AUTOMATIZADA DE LAS CONDUCTAS

Hay una inquietud fundamental que nos agita desde la noche de los tiempos: ser observados por otros a pesar de nosotros mismos, sin que tengamos conciencia. Esta inquietud mantiene un vínculo con nuestro deseo, que es igual de fundamental, de poder actuar a nuestro capricho en ciertos momentos de nuestra vida cotidiana sin tener que rendir cuentas a nadie. Surge desde el momento en que una persona nos observa de lejos, en el campo raso, por ejemplo, o desde una ventana desde la que se espía una de las nuestras. Se apodera de nosotros de un modo bastante más amenazante cuando los regímenes políticos, generalmente autoritarios, pretenden acechar nuestras acciones sin que lo sepamos. En la época contemporánea, este miedo reapareció masivamente después de los atentados del 11 de septiembre de 2001. Lo fomentó un puñado de individuos que se hicieron capaces ellos solos de golpear a la primera potencia económica y militar del planeta. Este conflicto asimétrico de nuevo cuño implicó una serie de comportamientos que pusieron en marcha las agencias estadounidenses de información, que analizaban principalmente las navegaciones en Internet, las conversaciones telefónicas, el uso de las tarjetas de crédito, de modo indiferenciado a la escala teórica del país y del globo. En 2013, los hechos que reveló Edward Snowden relativos a la intercepción de datos de carácter personal, en muchos casos ilegal, que practicaron los organismos estatales expusieron la medida colosal de la vigilancia digital contemporánea.

De súbito, todos entendieron que la utilización de sus instrumentos digitales suponía dejar testimonio de gran parte de sus actos e intereses; la opinión pública mundial, con derecho, se sublevó contra estos procedimientos invasivos juzgados ilegítimos. Se expresó una indignación generalizada mientras todo el mundo se ponía a releer *1984* de George Orwell, cuyas ventas batieron récords, y después se hicieron manifestaciones contra estas ofensas perpetradas contra la vida privada. En muchos países se votaron arsenales jurídicos para sostener estas políticas; se invocaron las amenazas que pesaban sobre nuestras libertades fundamentales y más ampliamente sobre la democracia. El blanco fueron los Estados, sin comprender generalmente que el primer eslabón de la cadena estaba compuesto por actores económicos posicionados en la vanguardia de la recolección de datos. La exigencia de enmarcar esos datos se volvía el gran combate político del momento y despertaba un consenso universal. Sin embargo, lo que suele caracterizar a las movilizaciones masivas es que ocurren en tiempos desfasados. En este caso, dichos métodos ya estaban vigentes desde hacía más de una década atrás, desde fines de los años noventa, y había sido necesario cierto tiempo para captar tanto su naturaleza como su alcance. Pero en el momento en que la vigilancia digital securitaria parece alcanzar su clímax, se ve poco a poco reemplazada por otro tipo de parcelación que ejecutan los gobiernos, menos ocupados en espiar, es decir, en detectar actitudes "sospechosas", que en erigir técnicas destinadas *a actuar sobre las personas*, a incitar a todos a que participemos en el "orden correcto de las cosas". Si esas medidas están hoy en gestación, hay un dispositivo que reviste el valor de un laboratorio y que debe ser considerado como algo que anuncia el pasaje de la vigilancia *stricto sensu* a una *administración automatizada de las conductas*: el sistema, actualmente vigente en China, del *crédito social*.

Este sistema consiste en establecer una "evaluación científica" de los comportamientos. Primero concierne a los ciudadanos, con excepción de aquellos que poseen una causa judicial, que están dotados de un volumen inicial de mil puntos que van a evolucionar negativamente o positivamente según sus acciones. Por ejemplo, se contabilizan los actos reprensibles en transportes públicos, el pago de facturas con atraso, no respetar una prohibición de fumar, el hecho de no ir a visitar a los propios padres, todo esto implica la supresión de una parte de ese crédito, impidiendo entonces a esos individuos beneficiarse de ciertas ventajas al mismo tiempo que se menoscaba su reputación. Para recuperar los puntos, hay que dar pruebas de "sentido cívico", por ejemplo, dar sangre, destacarse como "trabajador modelo" o realizar algunas "buenas acciones". Son gestos que, entre otros tantos, y si se realizan no en vistas de "rescatarse" sino movidos por un "impulso voluntario", también aumentan el "crédito". Un buen puntaje puede dar derecho a un acceso prioritario a la salud, a un alojamiento social y a ciertos empleos públicos.

Este plan toma forma progresivamente en favor de proyectos que se multiplican a lo largo y ancho del país. Hay muchas ciudades que instalan, a lo largo de sus arterias, dispositivos de reconocimiento facial para identificar individuos buscados o desaparecidos; hay brigadas de policías que están equipados con anteojos que tienen las mismas funcionalidades y hacen rondas de vigilancia en las grandes estaciones. Hay instituciones que utilizan estas herramientas, por ejemplo, las universidades, para sus residencias estudiantiles a fin de estar al tanto de las idas y vueltas de los estudiantes. La empresa china SenseTime, especializada en el tipo de video llamado "inteligente", no deja de crecer y colabora tanto con las firmas como con las administraciones y servicios de inteligencia. Hay muchas municipalidades que implementan sistemas provistos de cámaras destinados a sorprender a los peatones que atraviesan pasajes tapiados cuando la señal de paso está en rojo. Si ocurren gestos como estos, la imagen de sus rostros y sus nombres quedan registrados en una multitud de pantallas instaladas en los cruces de avenidas. Los representantes políticos locales electos retoman en coro el slogan redactado por el Consejo de Asuntos Públicos de Estado de 2014: "Las personas confiables pueden caminar tranquilas bajo el cielo, y las que no son dignas de confianza no pueden dar un solo paso".[1] Este programa lleva incluso a la confección de listas negras que se exponen públicamente y que pueden implicar la prohibición de tomar trenes y aviones, o de alojarse en ciertos hoteles. En parte están constituidas según las informaciones que transmite la justicia, o bien los bancos, o bien las compañías de seguros, y que son relativas a descubiertos frecuentes de dinero, a deudas impagas, a comportamientos riesgosos, o bien a ciertas infracciones, como los trayectos que se hicieron sin pagar billete.

No son únicamente los ciudadanos los que se ven sometidos a procedimientos de esta índole sino también las empresas, a las que se les asigna un código de crédito social único. Hay una serie de dispositivos que velan porque se cumpla con el fisco, con la gestión, con la

---

1. Simon Leplâtre, "En Chine, des citoyens sous surveillance", *Le Monde*, 15 de junio de 2018.

conformidad de las prácticas relacionadas con las reglamentaciones "sociales y medioambientales", y que detectan los usos de falsificaciones o las faltas de pago en las cotizaciones. Hay compañías que son expertas en este tipo de auditoría: verifican el respeto de los criterios y ponen una nota que va desde "AAA" hasta "D"; de esa nota depende la posibilidad de responder a las licitaciones o a los contratos públicos. Por su lado, los representantes electos y los funcionarios en general están sujetos a estos mismos métodos y, si no cumplen con ellos, se les pueden endosar denuncias públicas sin juicio previo. Se supone que el "crédito social" favorece "la mejora" de los comportamientos y "hace reinar la confianza en una sociedad de gente honesta". El objetivo consiste en que se recurra menos a la justicia para dejar a los mecanismos automáticos el trabajo de garantizar la conservación del "mejor orden". El proyecto prevé unificar el mayor volumen de información posible en el seno de una base de datos centralizada que se tienen que relacionar, a largo plazo, con el conjunto de la población y con todos los sectores de la sociedad con el objetivo de instaurar una "cultura de honestidad y la integridad".

Algunos se espantan al ver cómo se instituye una "controlocracia", como el analista político noruego Stein Ringen, o Maya Wang, de Human Rights Watch, que denuncia una "recolección ilimitada de datos de los ciudadanos con finalidades de vigilancia y control".[2] ¿Y cómo no darles la razón? Sin embargo, estos modos de apreciar la situación continúan refiriéndose a modelos que estaban vigentes hasta tiempos muy recientes pero que están a punto de expirar. Porque no se trata tanto de "control" y recolección abusiva de "datos personales", sino de una conformación bastante distinta cuyo objetivo no es vigilar sino *influir sobre los comportamientos*, de hacer como

2. Brice Pedroletti, "En Chine, le fichage high-tech des citoyens", *Le Monde*, 11 de abril de 2018.

si, gracias a una arquitectura técnica, pudiera prevalecer indefinidamente una organización correcta de las cosas, como si el avance, tanto macro como microscópico de las cosas tomara en todo momento el curso deseado, el *curso programado*, deberíamos decir. Se supone que la vigilancia intercepta y aísla a los individuos que han cometido delitos o son susceptibles de cometerlos. *La administración automatizada de las conductas* pretende generalizar el principio de una interiorización de los preceptos estimados como "fundamentales" a fin de que, al igual que con las cercas eléctricas que cierran ciertos espacios, se envíen descargas a los elementos del rebaño que se extravíen y salgan del perímetro previsto, por descuido o voluntariamente. La arquitectura de la matriz basta por sí misma para contener toda veleidad divergente.

A lo que se apunta también es a un orden económico destinado a no sufrir ningún contratiempo y a evolucionar a un ritmo continuamente dinámico. Con este horizonte, el sistema se afirma en la declaración de su intención de permitir particularmente "la reducción del costo de las transacciones y prevenir los riesgos económicos, una necesidad urgente para restringir las interferencias gubernamentales en la economía y perfeccionar el sistema de la economía socialista de mercado". Y en esto, dicho ordenamiento busca alinear los regímenes políticos y económicos sobre los mismos esquemas basados en los imperativos de la autorregulación y la fluidez, a fin de garantizar a cada uno de ellos, y al conjunto común, el curso más eficaz. Es probable que el "capitalismo dirigido" decretado por los responsables chinos encuentre ahora las condiciones perfectas de su consumación, explotando con habilidad la extensión de las funcionalidades que ofrece la inteligencia artificial. Estaríamos menos ante un control estatal que ante un "monitoreo algorítmico" que trabaja para la construcción de una sociedad higienista y vitalista. Esta sistemática sería tanto más legítima por cuanto se puede emparentar con la figura del emperador que nunca debe ser visible y que, gracias a una forma de autoridad simbólicamente omnipresente, hace prevalecer incansablemente los ideales confucianos de la armonía social.

Sin embargo, lo reivindiquen en mayor o menor grado, esta lógica no es aplicada solamente por naciones en cuya vanguardia está China, sino que también es aplicada por los individuos que, a partir de ahora, se valen de las técnicas con la finalidad de gobernar su vida cotidiana. Las primeras manifestaciones de esta propensión se remontan a fines de los años noventa, cuando se generalizó poco a poco el reflejo de "googlear" el nombre de una persona antes o después de haberla encontrado en un marco profesional o privado, o a un producto, o a un destino de vacaciones entre una multitud de casos de referencia. Estos usos tomaron otra envergadura un poco más tarde en el momento de la aparición de las aplicaciones, que proponían un "*coaching* deportivo", por ejemplo, o la gestión a distancia de ciertas funciones dentro del domicilio. Luego se debían relacionar teóricamente con el conjunto de nuestros gestos gracias a asistentes digitales personales destinados a responder a todos nuestros deseos y necesidades, como si se tratara de un instrumental en evolución y sofisticación constantes, que desde hace poco tiempo también nos permite tomar "mejores" determinaciones, hacer más segura la propia vida, beneficiarnos de ventajas, cuidarnos de esfuerzos inútiles, verificar el perfil de tal empresa o tal persona, participar en clasificaciones, mantener la propia reputación, evitar que nos sancionen simbólicamente o en los hechos.

Quizás muy pronto adoptemos actitudes que lleven a una forma de síntesis que vemos, aunque de modo muy diferente, en dos ficciones cinematográficas. En la primera, *Anon*, nos encontramos con seres dotados de sistemas de realidad aumentada implantados en sus retinas que reciben en tiempo real una miríada de informaciones a propósito de las personas que se han cruzado, o bien de los objetos que han visto, a fin de guiar los propios comportamientos;[3] la segunda es un episodio de *Black Mirror* que pone en escena a una sociedad en la cual todos sus miembros están continuamente sometidos a una calificación, y cada uno se esfuerza, infatigablemente y con mayor o menor éxito por hacer un buen papel porque ha interiorizado el principio de un impiadoso calibrado universal.[4] Se instauran subrepticiamente nuevas relaciones con lo real y con los demás que buscan eliminar el riesgo y sacar partido de cada situación, respondiendo exactamente al espíritu del "crédito social" pero ahora con un aire *soft* y *cool*, procediendo sin embargo a una ingeniería social que, como en el modelo chino, pretende velar bajo cierto ostracismo los comportamientos "desviados" y gratificar, de un modo u otro, a los "más meritorios".

Así, nos convertimos todos en idealistas y llegamos al punto de desconfiar de las apariencias, pretendiendo estar indefinidamente al tanto del estado exacto de los seres y las cosas a fin de evitar cometer errores o ser inducidos al error. Al estar cansados de nuestra condición y la de nuestros semejantes, renunciamos al ejercicio de nuestras facultades, dando pruebas de aquel nihilismo que ya identificaba Nietzsche como resultado del deseo de remitirnos a una verdad absoluta y que contribuye particularmente a negar la parte irreductible de cada uno de nosotros, la que precisamente constituye nuestra singularidad y nuestra riqueza y la que despierta el deseo de ir hacia el encuentro del otro: "Cada alma tiene su propio mundo, y cada una

---

3. *Anon*, realizada por Andrew Niccol, Netflix, 2018.
4. Black Mirror, "Nosedive", guion escrito por Charlie Brooker y realizado por Joe Wright, temporada 3, episodio 1, Netflix, 2016.

de las otras almas es un transmundo".[5] Probablemente entendemos ahora más que nunca la incidencia de las producciones tecnoeconómicas no solo en nuestros modos de vida sino también en la relación entre los seres humanos, según una constatación hecha en su tiempo por el historiador de las técnicas Lewis Mumford. Hoy adquiriría otra escala: "No es sino considerándolo como una religión que podemos explicar el carácter compulsivo del desarrollo mecánico que se llevó adelante desatendiendo sus consecuencias reales en las relaciones humanas".[6] Hoy pasaríamos del estado de la individualización, que caracterizó en gran parte a la modernidad en la posguerra, al *estadio de la penetración de los cuerpos y las cosas*. ¿Nos damos cuenta de que este orden participa de un aislamiento generalizado pero sin tener el aspecto de hacerlo? Puede llevarnos a ese aislamiento cuyos mecanismos de sujeción había analizado Orwell, igual que Hannah Arendt: "Una sociedad de masas no es sino ese tipo de vida organizada que se establece automáticamente entre los seres humanos cuando estos conservan relaciones entre sí pero perdieron el mundo que antes les era común a todos".[7] Sin embargo, en nuestros días, ya no sería una lógica de masas lo que estaría erradicando los puntos de referencia en común, sino la práctica que surge voluntariamente de los individuos y que pone filtros entre ellos a fin de sostener una distancia, haciendo que imaginen poder tomar así determinaciones con más certeza en toda circunstancia.

Veríamos relanzada la teoría de la "física social": Auguste Comte la designaba como la "ciencia de las sociedades", y había precedido a la "ciencia de los hechos

5. Friedrich Nietzsche, *Así habló Zaratustra*, II, parágrafo 2, "El convaleciente", Madrid, Alianza, 2011.

6. Lewis Mumford, *Técnica y civilización*, Buenos Aires, Emecé, 1945.

7. Hannah Arendt, "La crisis en la cultura", en *Entre el pasado y el futuro*, Barcelona, Península, 1996.

sociales", que tomó el nombre de sociología. La primera habría creído en la posibilidad de erigir una cartografía casi total de los fenómenos humanos, que entonces podían ser ordenados según ciertas reglas. La otra tomaría nota de la imposibilidad de reducirlos a grillas. Émile Durkheim hablaba entonces de "leyes sociales" hechas de incertidumbre. Vivimos la era de la voluntad de modelar nuevamente los hechos sociales. Esta propensión sería emblemática en los trabajos de Alex Pentland, experto en informática y creador del MIT Media Lab, autor de la obra *Social Physics*,[8] que pretende una utilización pertinente de los datos que permita elaborar una teoría computacional de dimensión predictiva del comportamiento humano, y proceder así a una "ingeniería social" providencial, apoyada sobre las virtudes reguladoras y homeostáticas de la inteligencia artificial.

Ya no habría oposición entre el "holismo", que considera a la sociedad como un conjunto indivisible cuyas leyes determinan de un extremo a otro las condiciones de existencia de sus miembros, y el "individualismo metodológico", que encara a los fenómenos colectivos como resultantes de las características y las acciones de los agentes individuales y de las relaciones que ellos sostienen entre sí. Asistiríamos a la verificación conjunta de ambos modos de apreciación basados en una síntesis inédita. Porque cada uno buscaría deliberadamente, dotándose de medios *ad hoc*, integrarse a este orden técnico-higienista-liberal que se deriva de nuestro temor fundamental a lo real y apunta a que todo funcione de acuerdo con nuestra compulsión a privilegiar la seguridad, el confort y el beneficio, estando llamado, por su generalización anunciada, por su masa y por su potencia, a volver ilusoria e insensata toda aspiración divergente.

8. Alex Pentland, *Social Physic: How Good Ideas Spread. The Lessons of a New Science*, Londres, Penguin Books, 2015.

3 TEORÍA DEL AUTOMÓVIL AUTÓNOMO

Algunos fenómenos u objetos, más allá de sus manifestaciones o funciones, son testimonio de bastantes más cosas que de sí mismos. Respecto de ellos, hay algo que los supera porque, sea por lo que inauguran o bien por el alcance de sus consecuencias, condensan de algún modo el estado de una sociedad, de sus aspiraciones, de sus extravíos. Encarnan el espíritu de una época. Respecto de la edad moderna, aquella que comienza al término de la Primera Guerra Mundial, podemos extraer algunos casos de referencia particularmente emblemáticos. Las vacaciones pagas, por ejemplo, que corporeizaban una esperanza popular que se venía expresando desde largo tiempo atrás y que paulatinamente daría nacimiento a la era de los esparcimientos. O el camping, que respondía al mismo espíritu y que ofrecía, en su origen, la ventaja de no depender de ninguna estructura existente para peregrinar según el capricho de cada cual. Más de medio siglo después, aparecieron al mismo tiempo dos objetos que produjeron efectos en nuestros modos de vida que todavía se sienten hoy. Primero el *skateboard*, inspirado en el surf hawaiano, que después de esfuerzos intermitentes permitía deslizarse durante un momento sobre el asfalto haciendo que se sintiera, sobre las arterias de la ciudad, una sensación de libertad semejante a la que se vivía sobre las olas del océano. En segundo lugar, el walkman, un lector de *cassettes* de audio en miniatura provisto de auriculares, que fue colocado en el mercado en 1979 por Sony. El walkman otorgaba la facultad, liberada de toda atadura y como de toda pesadez, de deambular por todas partes vibrando según los ritmos elegidos por cada uno de nosotros. Ambos generaron, juntos, nuevas actitudes cuya pretensión era liberarse de un sinnúmero de convenciones y celebrar así la autonomía de los seres humanos. Se podrían mencionar otros ejemplos significativos, aunque ninguno produjo un impacto ni reviste un valor simbólico tal como el instrumento que reconfiguró las aglomeraciones, los territorios, nuestras relaciones con el espacio hasta redefinir de un extremo a otro las condiciones de nuestras existencias: *el automóvil*.

Más allá de su función principal –transportar personas de modo mecánico sobre la tierra firme en el interior de un habitáculo–, lo que el automóvil instauró es un arte de vivir: el de gozar de la libertad de ir y venir cuando y donde nos plazca. Permitía ir y venir según el vaivén de las ganas, solo, en pareja, en familia, en compañía de amigos, e ir hasta la ciudad vecina o bien atravesar el continente. Asumía la forma de un contenedor ingeniosamente acomodado hasta en sus mínimos detalles, pudiendo llevar desde valijas en el baúl hasta muebles o bicicletas sujetos en un soporte instalado en el techo, e incluso podía llevar un remolque. Acompañó el apogeo de la sociedad de consumo, favoreció particularmente la implantación de centros comerciales en las periferias; vimos cómo cada vez más gente afluía hacia ellos deambulando con sus amplios carritos a lo largo de estantes interminables abarrotados de una profusión de productos. El automóvil engendró la apertura de avenidas, de calles, de calzadas en los espacios urbanos, la construcción de los grandes ejes de autopistas, de los intercambiadores de aspecto faraónico, suerte de equivalentes modernos de las pirámides. Imprimió su marca sobre el suelo, transformó la geografía. Representó un nuevo medio para ir a los lugares de trabajo, contribuyendo a la expansión del fenómeno de la suburbanización, provocando eternos y crecientes embotellamientos del tráfico, especialmente cuando comienzan las vacaciones. De eso dejó testimonio, en un límite rayano con la caricatura, la película *Week-end* realizada por Jean-Luc Godard en 1967. A pesar de todo, la atracción que el automóvil despertaba no se percibía como algo puramente luminoso, sino que también estaba impregnada de un aspecto sombrío: los accidentes continuos, los dramas innumerables; desfiguró cuerpos, truncó vidas. Todavía carga con una gran parte de la polución del planeta así como con la responsabilidad de desconfigurar los paisajes. Sin embargo, pese a todo, está asociado a un imaginario, el de haberse deshecho de las estructuras comunes obligadas –participando, en una amplia medida, en la individualización de la sociedad–, o el de poder recorrer grandes espacios al mismo tiempo que se escucha, en un equipo de música propio, *La Traviata* de Elvis Presley o Charles Trenet, por ejemplo, dándonos la impresión de no estar sometidos ya a ninguna traba, de vernos beneficiados de una autonomía sin límites. El automóvil llegó al punto de personificar el colmo de la libertad, una dimensión particularmente manifiesta en el film *Thelma y Louise* (Ridley Scott, 1991), que nos muestra, en la escena final, a las dos protagonistas que, después de largas peregrinaciones, se arrojan en su automóvil desde lo alto hacia un cañón para escapar de las fuerzas del orden y de todos los yugos que ya no podían soportar. Ningún otro objeto de nuestra época simbolizó hasta ese punto una secuencia histórica tan larga, sus sueños, sus contradicciones, sus excesos, hasta dar nombre a una civilización: *la civilización del automóvil*.

Este objeto, cuyas estructuras siguen siendo idénticas, a grandes rasgos, desde hace más de un siglo, hoy está destinado a tomar un giro completamente nuevo. Si en su apariencia y en su forma general seguirá siendo en parte similar al previo –un caparazón sobre cuatro ruedas que transporta pasajeros–, su modo de funcionamiento, la naturaleza de sus trayectos, la vida dentro de él, están destinados a desarrollarse según modalidades totalmente diferentes. Si desde su origen hasta hoy el ser humano, una vez a bordo, tenía que tomar el volante y maniobrarlo, ahora un herramental técnico altamente sofisticado está consagrado a tomar su relevo para garantizar la conducción. Todo está concebido para que el automóvil se erija como un órgano sensible capaz de aprehender el entorno inmediato o lejano, al estar equipado de una batería de dispositivos que lo hace emparentarse más bien con un navío espacial más que con un automóvil tal como lo hemos conocido: un sistema de *lidars* (teledetección vía láser), transmisores de radar y sonares, una nube de sensores, detectores del movimiento, cámaras, escáners láser, receptores de GPS.

Todo eso permite al automóvil recolectar todo tipo de datos y analizarlos en tiempo real a fin de proceder en función de una multiplicidad de comandos que deciden la dirección, el control de la velocidad, la conservación de la distancia mínima que se exige respecto de otros vehículos, los lugares donde se debe detener... El automóvil, como si fuera un ser humano, se ve sometido a una serie de reglas a la vez que debe asumir permanentemente iniciativas y reaccionar de modo propio según los acontecimientos. Gestiona simultáneamente una gran cantidad de informaciones relativas tanto a sus componentes como a sus entornos y a las condiciones generales, como el estado del tráfico o del clima. Lo vemos ahora provisto de una visión a la vez micro y macroscópica, ya que está muy bien dotado de los medios para garantizar, "en plena conciencia" y de modo "soberano", la función de pilotaje. Si se le otorga semejante autonomía, es porque fue elaborado según la estructura tecnológica tripartita determinante en nuestra época, y que conjuga sensores, sistemas de tratamientos de datos y de inteligencia artificial. En este aspecto, y por las misiones que se le atribuyen, da más bien testimonio, y más que cualquier otro dispositivo, de la reciente dimensión interpretativa y autoemprendedora de la técnica.

Sin embargo, cada una de estas dimensiones no constituye un cuerpo aislado, sino que evoluciona, por el contrario, dentro de un todo, ya que está en relación con una multitud de elementos, los demás vehículos, el mobiliario urbano, una infinidad de bases de datos... A lo que se apunta es a la mayor seguridad, la optimización energética y la fluidez, que deben prevalecer en todas las escalas. Así esta sistemática impone un orden general y reconfigura todo aquello que lo rodea de cerca o de lejos, porque dada su naturaleza y su futura preponderancia, no nos dará otra elección sino acordar a lógicas que se deben aplicar a todos. A diferencia del modelo previo, lo que se está implementando no es una civilización sino una fantasía de civilización que aspira a que todo funcione al unísono en vistas a construir un universo desprovisto de fallas, indefinidamente dinámico y perfectamente autorregulado. Contribuiría particularmente al advenimiento del reino (o del paraíso) de la no propiedad, de la locación *ad vitam aeternam* promovida por el *leasing*, del *car sharing* generalizado, de los taxis robots, ya que muy pronto todos nos veremos liberados de una serie de pesadeces que se verán como superadas. Sería la consumación de una utopía de la ciudad y del mundo dentro de la cual cada uno de sus componentes se abocaría a mantener una rítmica óptima, porque ya nada estaría sometido a la inercia y todo evolucionaría a la cadencia de los flujos ondulatorios que erradican toda fijeza pasada –la señalética, los semáforos, hasta el tráfico mismo–, y esta gravedad se volverá obsoleta en beneficio de señales que no dejarán de interactuar entre sí garantizando en cada momento la mejor marcha de las cosas.

Se revelaría inútil mantener los estacionamientos en los centros urbanos porque cada una de estas entidades es susceptible de no detenerse nunca, ya que puede ser puesta al servicio de todos y, en caso de bajar la demanda, los vehículos mismos irían a estacionarse ellos mismos en las áreas periféricas. Todo ocurriría de modo automatizado y veríamos así la consumación de la visión cibernética en una versión radical. Entonces llegaría el momento de hacer fiestas en espacios súbitamente "liberados", como los que cuenta con tener a mano la ciudad de París, por ejemplo. Esta nueva capital de las *start-up* y de la "revitalización de los "espacios públicos" aspira a que del cuerpo y las mercancías no dejen de circular, trabajando así para el mejor empuje de la economía ofreciendo a la vez a los habitantes la posibilidad de recorrer paseos asépticos, y mostrando cómo se consuma la pesadilla de una sociedad feliz dentro de la cual *business* y esparcimiento irían a la par, en un régimen que alcanza su máxima expresión y de modo armonioso, porque se va a haber operado la síntesis entre muchas exigencias que hasta ahora se tenían por contradictorias: "En el futuro habrá automóviles autónomos que podrán funcionar casi continuamente. Entonces debemos pensar desde ahora en nuevos usos para esas superficies ocultas donde hoy se almacenan vehículos, e instaurar entonces un nuevo diálogo entre la ciudad subterránea y la ciudad de arriba', se entusiasma Jean-Louis Missika, intendente adjunto de París responsable del urbanismo".[1] En realidad, y contrariamente a esta visión sesgada y cándida, se constituirá un nuevo tipo de zonificación que se enlazará con aquella pregonada por el Modernismo de la Carta de Atenas, que pretendía establecer una distribución estricta entre vías de circulación y vías reservadas a los peatones. En lo que anuncia, se deriva de un retroceso respecto de los principios divergentes que entrarían en juego más tarde, especialmente aquellos teorizados por el grupo Team X que defendían las virtudes de la mixtura funcional y social.[2] Si hasta ahora era posible negarse a tener un automóvil, en el futuro esta elección traerá consigo un nuevo tipo de zonificación, visible tanto como imperceptible, que excluirá a los refractarios de gran cantidad de dimensiones nuevas destinadas a dar ritmo a las arterias urbanas.

Sin embargo, más allá de este ideal de una coordinación total providencial, la función principal del automóvil se juega en su interior. Respecto de este habitáculo, toda la industria de lo digital, en un momento dado, se puso a pensar pacientemente en cómo redefinirlo. Fue un proyecto en sí. Es necesario recordarlo: el proyecto de "automóvil autónomo", en su origen, no fue concebido por la industria del automóvil misma sino por la industria de los datos. En este caso fue Google, que el 9 de octubre de 2010, en la palabra de uno de sus ingenieros, el especialista en robots Sebastian Thrun, anunció la

1. Jessica Gourdon, "Liberés des voitures, les sous-sols deviennent le terrain de jeu des start-up", *Le Monde*, 6 de octubre de 2017.

2. Team X, grupo de arquitectos formado particularmente por Aldo van Eyck y d'Alison y Peter Smithson. El grupo se opuso a las concepciones racionalistas del modernismo. Se aplicó a dar forma a principios basados en tomar en cuenta el contexto, la historia de los habitantes, sus deseos, privilegiando también la mixtura en sus diversas formas. Estuvo activo en la década de 1950 hasta comienzos de 1980. Sobre su historia, sus escritos y sus realizaciones ver especialmente *Team 10 (1963-1981). In Search of a Utopia of the Present*, Rotterdam, NAI, 2008.

nueva conquista a la cual la empresa quería lanzarse. Si la firma ambicionaba organizar "toda la información del mundo", y ponerla a nuestra disposición, permitiéndonos así acceder al conocimiento de gran cantidad de cosas que nos interesaban, fue también ella la primera en entender que, dada la arquitectura que comenzaba a esbozarse y que asociaba sensores, sistemas de tratamiento de datos e inteligencia artificial, se podría elaborar un órgano de un tipo completamente nuevo que sería a la vez capaz de garantizar la conducta de modo automatizado pero que, sobre todo, iba a representar, más allá de esta facultad impresionante, un formidable instrumento de seguimiento de los comportamientos porque ofrecería un marco particularmente propicio para ello.

Y esto, antes que nada, porque pasamos mucho tiempo en el automóvil y hacemos en él distintas actividades. Escuchamos la radio o música, hablamos con otros pasajeros, los niños se entregan a sus juegos o miran videos en pantallas integradas a los asientos, o en sus tablets, y a veces, cuando no estamos conduciendo, dormitamos o soñamos despiertos. Y después vamos, de un lugar al otro, efectuamos trayectos que ahora son rastreables mediante GPS, que advierten nuestros hábitos, nuestros intereses, nuestras preferencias. Entonces, para estar al tanto de todos esos momentos vividos mientras estamos encerrados dentro de un caparazón, momentos que representan una suerte de reflejo condensado de nuestras personalidades, hay que implementar órganos de captura de nuestros gestos. Primero, usando las funcionalidades que ofrece la interfaz vocal, que permite proceder al análisis tanto de las conversaciones mantenidas entre las personas como de conversaciones con el sistema; luego, descomponiendo los rasgos del rostro mediante mini cámaras, pero también recolectando el aliento, la temperatura del cuerpo, la presión sanguínea, el ritmo cardíaco, el sudor, la actividad electrodérmica, hasta las ondas alfa del cerebro, por medio de una gran variedad de sensores incorporados a las butacas u otras superficies. Los datos generados alimentan dispositivos encargados de sondear nuestras emociones, de detectar si estamos preocupados o relajados, nuestros niveles de excitación, de estrés, de alegría o de pena... Entonces es cuando nos vemos penetrados por todos nuestros poros y nuestra psiquis y el automóvil está en la plena medida de conducirnos.

Nos acercamos no ya al estadio último (dado que parece posible correr indefinidamente los límites) sino al estadio extremo de la radiografía de los comportamientos y más todavía de las almas, de los trasfondos de la conciencia y del inconsciente. Ya no parece que pueda haber ninguna separación dada a interponerse entre el automóvil y nosotros; el vehículo puede ser entendido como un ser omnisciente y benévolo que nos protege no solo dentro de su habitáculo sino rodeándonos con su plasma, haciendo que nos beneficiemos con toda su atención e instaurando una relación fusional de aire casi maternal. Muy pronto dejará de haber negocios a la calle que busquen llamar nuestra atención; de ahora en delante de lo que se tratará, en el interior de estos úteros sobre cuatro ruedas, es de formularnos palabras apaciguadoras, prodigándonos la temperatura correcta, difundiendo los ambientes odoríferos, sonoros, cromáticos, luminosos ajustados a nuestros estados físicos y emocionales del momento a fin de intentar disponernos del mejor modo posible. El automóvil, en la primera forma que asumió, despertaba la sensación de libertad; el automóvil "autónomo" será una instancia totalmente solícita respecto de nosotros, de la escucha de nuestros estados de alma, y de una perfecta previsión respecto de la menor de nuestras necesidades. Da testimonio, bastante más allá de sí mismo, de un nuevo *ethos*, el de una asunción de nuestras vidas prometida a ser siempre más integral.

El término "autónomo" es inapropiado y engañoso, porque el vehículo está manejado por la industria de los datos y la inteligencia artificial, que pretende que nos beneficiemos, en el transcurso de los trayectos, de una infinidad de ofertas en función de nuestros estados, ofertas sobre tales o cuales restaurantes, tal hotel, tal centro de salud, tal película a ver dentro de su habitáculo, o señalarnos a tal o cual persona para encontrarnos en tal o cual bar cercano.... Está hecho a imagen y semejanza del mundo que adviene. Y entonces entendemos mejor por qué el objetivo, para la industria de lo digital, no consiste en fabricar automóviles sino únicamente en *estar en el interior de ellos*, de estar continuamente presente junto a nosotros. La automatización no es solamente la eliminación progresiva de lo humano en la realización de sus tareas sino también las presencias, los fantasmas, que nos rodean, nos envuelven, nos hechizan. La lucha industrial por venir será testigo de una competencia de las presencias, y todos se esforzarán por imponer indefinidamente su imperio espectral y eliminando a todo el resto. Será una sorda pero impiadosa *guerra de fantasmas*.

4

EL ADVENIMIENTO DE UN "PODER-KAIROS"

Autoridad. Coacción. Temor. Estos son los tres zócalos sobre los cuales descansa todo poder. Es en favor de este tríptico imperioso que Dios, o las divinidades, despiertan la veneración en las comunidades humanas. Apoyándose en él es como pueden reinar los jefes de tribu o los reyes y los tiranos imponen su voluntad. Estos tres principios categóricos producen efectos de múltiples maneras y en diversos grados según los casos de referencia que tomemos. También están en los fundamentos de los regímenes democráticos modernos que se apoyan en la ley, los reglamentos y un aparato policial a fin de garantizar un cierto orden de las cosas. Todo poder reviste una superioridad simbólica y formal que le permite someter a su régimen a los seres que les están sujetos, generando la sensación de que nos exponemos a un riesgo si no nos plegamos a sus códigos y costumbres. Si dicha armadura prevaleció durante tanto tiempo, hay un giro que se produjo paulatinamente en nuestras representaciones hacia fines del siglo XX, cuando las ciencias humanas comenzaron a detectar, más allá del marco político habitual, los innumerables juegos de poder que están en funcionamiento en la sociedad y que jalonan, bajo una gran cantidad de formas, nuestras existencias.

El poder ya no estaría solamente personificado en el cuerpo de un príncipe o en cualquier otra figura tutelar humana o institucional, sino que sería proliferante y se manifestaría en diversas escalas. Se ejercería en la pareja, en el círculo familiar, en los lugares de trabajo, en las costumbres, en la caracterización de los géneros, en el lenguaje que en general, por su estructura y su uso habitual, contribuye a asentar las normas. Llegaría hasta el punto de surgir de modo inesperado en el azar de una estampida, en un andén del metro, en una cola de espera, por ejemplo. Y, sin embargo, cualesquiera sean sus matices, esta estructura tripartita permanece. A pesar de cómo evolucionen sus definiciones, sigue determinando nuestra concepción así como nuestra experiencia del poder. Sin embargo, de ahora en adelante nos veremos confrontados a una configuración completamente nueva cuya naturaleza inédita desafía nuestras categorías. Emerge un tipo inédito de soberanía que, por primera vez en la historia, no surge de estas tres dimensiones sino de un compuesto de un tipo completamente diferente. Procede de la omnisciencia y de la omnipresencia y su nombre es *poder-kairós*.

Lo que lo caracteriza no es que busque obligar a algo, sino que detenta un saber superior que está dado a relacionarse, a largo plazo, con la totalidad de lo real, lo que le confiere un poder y un ascendente derivados. Esta facultad no apareció *ex nihilo* sino que emana de una "visión". No estaba al alcance de todos; necesitó, en su origen, capturar un nuevo *ethos* capaz de ser generado por una arquitectura tecnológica entonces en germen. Google fue quien primero lo presintió y que luego fue precisando progresivamente su modelo, y esto desde inicios de los años 2000. Tenemos que reconocerle a Google esta forma de presciencia, este don de la anticipación, ya que entendió muy pronto, antes que el resto, que la interpretación algorítmica de las situaciones asociadas al señalamiento de acciones a llevar adelante como consecuencia de esa interpretación iba a instituir un nuevo orden de las cosas. Se hizo necesario explotar entonces, a medida que se iban transformando, los dispositivos ya existentes de acuerdo con dicha finalidad, así como elaborar *per se* procedimientos dados a encarnar plenamente dicha disposición.

Ese designio exige construir un edificio en dos niveles. Dentro del primero hay que poner a punto instrumentos sofisticados destinados a penetrar en las conductas. Representan las armas que posicionan directamente a su detentor en la vanguardia de la nueva lucha económica de nuestra época: *la conquista de lo comportamental*. Tiene que dar muestras de los cimientos indispensables para el piso superior encargado de consumar la finalidad última, el que pretende sin descanso ser parte efectiva de nuestros gestos individuales y colectivos, estar permanentemente ubicado a nuestro lado, en nuestros cuerpos, durante las relaciones sexuales, durante el sueño, en los *toilettes*, en los baños, en el automóvil, en los transportes, en los lugares de trabajo, en el restaurante, en una velada con amigos, en nuestros momentos de alegría o tristeza. La industria de lo digital debía desplegar ahora *una ciencia del cronos*, esforzándose por estar presente en toda la línea del tiempo de nuestras existencias, para lo que tenía entonces que dotarse de medios que permiten, en cada circunstancia, presentarse como la única entidad capaz de garantizar, y esto mejor que nosotros mismos y que cualquiera, el buen avance de nuestros asuntos. Y a dicho efecto, es imperativo cultivar un sentido agudo de la *oportunidad* (*kairos*), saber anticipar, antes que cualquiera, las aspiraciones dichas o no, reales o simuladas, de las personas, y entonces responder perfectamente a ellas. En otros términos, debía erigirse como un maestro *en el arte del kairos*.

Entonces hay que ocupar la totalidad del campo de batalla: la casa conectada, el automóvil sin conductor, los esparcimientos, el bienestar, la salud, la educación... Entendemos mejor ahora por qué los grandes actores de la industria desarrollaron consorcios, como Alphabet, la casa matriz de Google, que no están tan abocados a ofrecer gamas variadas de referencias como a poner a disposición bienes y servicios que se pueden relacionar con la casi totalidad *de las secuencias de nuestra vida cotidiana*. Ahí se sitúa la diferencia con los grandes conglomerados históricos, General Motors o Mitsubishi, por ejemplo, que desarrollaban una mar de productos que se derivaban de familias diferentes y que se desplegaban sobre una enorme diversidad, pero que no resultaban de ninguna articulación coherente. Como es imposible cubrir todas las necesidades de la vida, la estrategia complementaria consiste en erigirse como *plataforma*, garantizando así el rol de *interfaz* principal, y estar en la medida, en caso contrario, y en toda oportunidad, de poner en relación mutua a las personas con las marcas. Es lo que supo hacer a la perfección Google a través de su motor de búsqueda, igual que Amazon, y en menor medida Facebook con Marketplace. Es la razón por la cual se formaron nuevos tipos de alianzas, los grandes distribuidores como Walmart o Carrefour se asociaron con Google con vistas a ocupar una posición hegemónica en el comercio online.[1] Los recintos conectados con altavoces y los asistentes digitales personales representaron otros tantos medios que permitieron consolidar esta presencia; su única misión, del lado de los industriales, apunta a ga-

1. Ver Jerôme Marin, "Face à Amazon, Walmart s'allie avec Google dans le commerce en ligne", *Le Monde*, 23 de agosto de 2017, y Cécile Prudhomme, Alexandre Picquard, "Carrefour s'allie à Google pour contrer Amazon", *Le Monde*, 11 de junio de 2018.

rantizar la función de plataforma universal, razón por la cual los mayores actores pretenden directamente dominar tanto su concepción como su gestión, en las vanguardias de los cuales están Google, Apple, Amazon.

Esta es la razón por la cual conviene ahora evitar también toda "ruptura de haz" en la relación anudada con los clientes, y eso al punto de buscar depositar los artículos en sus domicilios aunque los clientes no estén. Con esa intención, Amazon compró en 2018 la *start-up* Ring, especializada en la concepción de cerraduras y timbres conectados o cámaras instaladas en los entornos, o en el interior de las habitaciones, y que están destinados a garantizar las entregas en cualquier circunstancia.[2] A largo plazo, será posible hacer las compras a través del espacio Echo (producido por Amazon) que serán tratadas por Whole Foods Market, empresa de distribución alimentaria de productos biológicos (y que es propiedad de la firma desde 2017), que desembarcó en Francia gracias a los procedimientos puestos a puntos por Ring. La empresa madre se veía así posicionada a lo largo de un proceso de un nuevo tipo que articulaba la disposición a sugerir, el registro de los pedidos y la organización de la logística general. De ahí que se realizara toda una serie de compras a fin de estar cada vez más presente en todos los eslabones de la cadena de consumo. Hoy la industria de la "tech" se las ingenia menos para concebir *stricto sensu* productos que para desarrollar ramas que se relacionan con diferentes sectores de la actividad: la FoodTech, la CleanTech, la HealthTech, la BeautyTech, la FinTech, la CivicTech, la Happy/Tech... la "LifeTech" podríamos agregar, conforme a la emergencia reciente de una "industria de la vida".[3]

2. Nick Wingfield, "Amazon buys Ring, Maker of Smart Home Products", *The New York Times*, 27 de febrero de 2018.

3. Noción que yo mismo había desarrollado en *La silicolonización del mundo*, Buenos Aires, Caja Negra, 2018.

Podríamos asombrarnos legítimamente por esta dimensión faraónica, y sin embargo se trata de una estrategia pacientemente pensada a lo largo de los años: la intención, más o menos explícita, no es tanto vender como *operar la unión* pronto imprescindible entre, por un lado, el mundo, los otros, nuestro cuerpo, y por el otro nuestras conciencias y todos los tormentos de lo cotidiano.

La comparación con los Estados, barajada una y otra vez, es inapropiada, engañosa y corta de miras, ya que las modalidades vigentes en cada caso y los objetivos respectivos no pueden ser asimilados unos a otros. Se trata más precisamente de un cambio de estatuto de la noción de poder que no supone ya delegar el miedo a un soberano que encarnaría el Estado y que protege con su autoridad a los ciudadanos, conforme a la concepción de Hobbes, ni tampoco de implementar "tecnologías de poder" (Foucault) en vista a imponer un orden, el "biopoder", por ejemplo, que busca docilizar los cuerpos más a o menos subrepticiamente según esa finalidad; estamos frente a tecnologías de un nuevo tipo de poder que no llevan ese nombre: son *tecnologías de administración de la vida y de la previsión*. La partición aristotélica entre *polis* y *oikos*, la ciudad y la casa, la política y la economía, se desploma por las potencias que se abocan *a estar continuamente presentes solo para servir nuestras intenciones*. Hoy estaríamos pasando, con el mismo entusiasmo que en el siglo XIX, del estadio del fetichismo de la mercancía analizado en su tiempo por Marx, al estadio del *fetichismo del instante mejor gobernado*.

Sería momento de dejar de acordar crédito al transhumanismo, a este fenómeno sensacionalista cuyo alcance está demasiado sobreestimado, y de entender que lo que se instaura es más bien otra humanidad, no una "posthumanidad" sino *una humanidad maternizada, incubada, teleguiada desde servidores*, que nos muestra la irrupción solapada de una regresión civilizatoria. Es cierto que los procesos que están hoy en formación están marcados por contornos más solapados, pero igualmente están destinados a revestir un alcance bastante más determinante. ¿Qué es lo que buscamos exactamente? ¿A la búsqueda de qué nos hemos lanzado casi de modo irreflexivo, desde hace ya algún tiempo? ¿Aspiramos a satisfacer para siempre nuestra propensión a la pereza, nuestra necesidad de seguridad y de confort, remitiéndonos a tal efecto a fuerzas que están dotadas día tras día de capacidades crecientes para satisfacerlas? Esta coyuntura puede despertar un eco perturbador respecto de las palabras enunciadas por el padre Dubarle, un dominicano, en un editorial publicado en *Le Monde* en 1848[4] y que fueron comentadas por Norbert Wiener: "Lo inquietante en la máquina de gobierno del padre Dubarle no es el peligro de que realice un control autónomo sobre la humanidad; es bastante burda e imperfecta como para presentar siquiera un milésimo de la conducta independiente y deliberada del ser humano. Pero su peligro real, sin embargo, y es completamente diferente, es que semejantes máquinas, aunque impotentes en sí mismas, puedan ser utilizadas por un ser humano o un grupo de seres humanos para aumentar su control sobre el resto de la humanidad".[5]

Algo de dicha asimetría radical está ciertamente dado a prevalecer. Es imperativo al menos, entonces, identificar bien los fenómenos y evitar la confusión reinante: no estamos frente a formas de control *stricto sensu*, aunque algunos se hacen gárgaras hablando de "hipercontrol"; no, esta terminología está relacionada con giros antiguos. ¿Estamos en medida de capturar la diferencia decisiva que

4. Dominique Dubarle, "Vers la machine à gouverner?", *Le Monde*, 28 de diciembre de 1948.

5. Norbert Wiener, *Cibernética y sociedad*, op. cit.

hay entre "control" e "influjo"? No remiten a iguales finalidades. El control pretende restringir el margen de acción y garantizar un dominio cualquiera sobre algo; *el influjo busca estar presente*, instaurar una relación en vistas a un objetivo determinado y que en teoría no se debe interrumpir nunca. Con esta finalidad, es conveniente emplear estrategias sutiles: estar provisto de un rostro y a la vez poder ser reconocido; estar vinculado con un nombre, pero también saber desvanecerse; desaparecer intermitentemente a fin de dar la impresión de que se deja respirar; tranquilizar en cuanto a la persistencia de una distancia, por más ínfima que sea. En el seno de esta tensión tiene lugar esta intimidad algorítmico-industrial entre una realidad tangible y una distancia en apariencia respetuosa, entre una identidad tranquilizadora y un soplo espectral. Si hubiera una presencia más pregnante, eso inquietaría, y una ausencia demasiado marcada desharía el lazo.

Lo que hace singular al *poder-kairos* es que es polimorfo y adaptativo y que no pretende restringirse a un registro limitado de funciones, sino que pretende responder a todas las circunstancias de la vida. Afirma querer protegernos, encargarse de nuestra higiene y nuestro bienestar, liberarnos del esfuerzo, hacernos beneficiar independientemente de cualquier situación, distraernos... Porque sabe con habilidad jugar con nuestros miedos, nuestras angustias, nuestras faltas, nuestras aspiraciones secretas, nuestros límites. Está dotado de un conocimiento emocional que no deja de afinarse y que limita con un saber psicoanalítico. Parece condensar incluso virtudes que hasta ahora eran antagónicas, ofreciendo a cada cual lo mejor de lo que está en derecho de esperar, al mismo tiempo que pretende participar de la buena organización del conjunto, construir "comunidades de intereses", reducir la "huella de carbono", permitir a las poblaciones salir de la pobreza, enriquecernos de un modo u otro... Dentro de este ordenamiento, la satisfacción de las propias necesidades y deseos desbordan el mero marco personal para participar *in fine* en el "mejor" orden común, dentro de una lógica "solidaria" de nuevo cuño, que se enlaza, sin embargo, con la aspiración hegeliana que había sido analizada, bajo el prisma marxista, por Alexandre Kojève, y que apuntaba al advenimiento de un "Estado universal y homogéneo en el cual la vida colectiva [...] coincida a la perfección con la 'vida personal', que dejará de ser puramente 'privada'".[6] Hay dos estratos de poder que llegan a encajarse ingeniosamente uno dentro del otro y que actúan de múltiples modos en la vida de todos y sobre el conjunto del cuerpo social. Y en esto nos enfrentamos a una dimensión totalizante, pero de apariencia *soft*, puesto que únicamente se ocupa de trabajar sin descanso para perfeccionar el estado particular y general de las cosas.

Lo que toma el poder no es tanto lo económico, que se convierte en la condición de la buena gestión de todas las situaciones humanas. Esta prerrogativa nunca había sido la suya, ya que hasta ahora había respondido a una vocación solamente funcional, haciéndonos de ahora en más adoptar un modo de estar en el mundo que emana de un espíritu similar. El *poder-kairos* actúa sobre nosotros, modela cada vez más profundamente la forma de nuestras existencias, se deriva de una gobernanza más o menos perceptible de nuestras vidas cotidianas, pero no reviste los atuendos de un poder, ya que se emparenta más bien con una sustancia no identificada de naturaleza inédita. ¿Cómo tendríamos que llamar a una criatura que buscara, en toda oportunidad, abrirnos las puertas, tranquilizarnos, lisonjearnos, darnos un contento perpetuo al mismo tiempo que busca succionarnos la sangre? ¿Un vampiro

6. Dominique Auffret, *Alexandre Kojève. La filosofía, el estado y el fin de la historia*, Buenos Aires, Letra Gramma, 2009.

de aspecto benevolente? Pero ese vampiro se revela como magistral, y eso es porque nos da la impresión de dejarnos la iniciativa, a fin de cuentas, de que se presenta, de un modo u otro, como un soporte prodigioso de nuestras acciones, pero nunca como un mentor que nos desposee de nuestro propio poder.

Y en esto el encadenamiento trilógico que conjuga autoridad, obligación y temor se ve eliminado en beneficio de una figura cuadrilógica que articula poder interpretativo, constatación de la evidencia, sutileza sugestiva y satisfacción respecto del resultado producido por cada acción correspondientemente iniciada. No hay ningún poder que dependa de una estructura semejante. Entonces lo que se ve redefinido es nuestra relación histórica con el poder, prohibiéndosenos *de facto* la posibilidad de mantener una relación necesariamente distanciada y crítica respecto de él para eventualmente intentar liberarse de su yugo usurpatorio. Quizás algún día nos demos cuenta de que el poderío supremo del *poder-kairos* (en cuanto está hecho de una multiformidad incapturable y movido por una dinámica permanente, que pretende estar presente continuamente) es que nunca lo podemos tener frente a nosotros, a fin de que, con total lucidez, podamos saber de qué se trata, porque nunca nos muestra la totalidad de su rostro y huye indefinidamente, libre así de ejercer, al abrigo de cualquier forma de oposición consecuente, sus plenos poderes.

5 LA SECUENCIACIÓN Y LA DESAPARICIÓN DE LO REAL

Vamos a celebrar funerales gigantescos a escala de la Tierra entera. Tienen un alcance sin medida histórica común. Son testimonio de una pérdida tan enorme como ninguna que hayamos vivido. Sin embargo, y pese a su importancia, no tendrán el aspecto impresionante de los funerales que se organizan cuando desaparece una figura real o una *superstar* del cine o del rock. Serán discretos, no serán objeto de llantos, de dolores y lamentos. No, más bien todo lo contrario, serán funerales alegres, que nos llenan de arrebato porque estábamos resentidos con el difunto, dado que nos sometía desde la noche de los tiempos, y sin piedad, a su ley. Nuestras existencias se verían entonces liberadas, porque la inflexibilidad de las cosas, su aspereza, su crueldad, la suerte escurridiza de la vida parecen estar desapareciendo. De aquí a poco tiempo toda esa pesadez no será sino un recuerdo vago. Pronto nos costará representárnosla, recordar todo aquello a lo que nos obligaba, así como todo aquello a lo cual nos abría. Se nos presentará como un vestigio y, quién sabe, quizás no conservaremos de ella huella alguna. Esta entidad que agoniza y muere es *lo real*. Esa fuerza sorda y hasta ahora ineludible que representa la fuente de todas nuestras dificultades, nuestros riesgos, conflictos, encuentros fortuitos, penas y alegrías, variaciones continuas y acontecimientos imprevisibles y que, sin prevenirnos, modifica de modo anodino, para bien o para mal, el curso de nuestros destinos; este real contra el cual, según la fórmula de Jacques Lacan, no dejamos de "golpearnos", porque no hay una ley integral que nos permita capturarlo en toda circunstancia, ni hay manual de uso que verse sobre la infinidad de sus zonas, bien, asistimos actualmente a su extinción.

Expira porque hemos llegado de modo bastante inesperado a hacerlo hablar, y ya no está constituido por una infinidad de repliegues, ni está cubierto en todo lugar por zonas de sombra; ahora da testimonio de fracciones cada vez más extendidas de sí mismo. Y esto es porque hemos llegado a *secuenciarlo*, a detentar respecto de él un conocimiento detallado por el hecho de que se han integrado sensores sobre sus superficies que generan datos interpretados por sistemas de inteligencia artificial. Llegamos a detentar una visibilidad siempre más vasta, y a largo plazo casi total, de las cosas, de la "naturaleza", de los seres, de sus gestos. Pasamos, en menos de una generación, en algo así como tres décadas, del estadio de la sociedad llamada "de la información" a una episteme dotada de una captura *en tiempo real de los fenómenos del mundo*. Entonces podemos tomar determinaciones indefinidamente, en consecuencia, alcanzando el estadio de conciencia y dominio absoluto de nuestros actos. Ya no hay límite para que capturemos los fenómenos ni para que procedamos según nuestra voluntad, en cada ocasión, del modo más oportuno.

Con ese objetivo, la empresa SpaceKnow, por ejemplo, pretende analizar mediante imágenes satelitales y sistemas de inteligencia artificial la casi totalidad de los movimientos que se despliegan en la Tierra desde el cielo. Su ambición es determinar el nivel de actividad de una fábrica automotriz procediendo al cálculo de las tasas de ocupación de sus estacionamientos, el de un puerto comercial por el inventario de las ideas y vueltas de los navíos, el de una refinería por el recuento de los camiones que descargan petróleo crudo: los ejemplos podrían listarse al infinito. Su fundador, Pavel Machalek, afirma que pronto podrá "capturar y comprender toda la actividad humana".[1] Estos discursos, que nos hubieran podido parecer derivados de la demencia hace apenas veinte años, encuentran hoy una justificación en los hechos en la medida en que, en ciertos campos, se convierte hoy en técnicamente posible un seguimiento siempre más preciso de sus cursos evolutivos.

Detentamos un dominio creciente en nuestra relación con lo real, ya que de ahora en adelante podemos *plegarlo* a nuestros deseos, a nuestras exigencias, someterlo a nuestras categorías, y pronto no nos opondrá ninguna resistencia. Entramos en la era del poder no ya nuclear, o que asume aspectos prodigiosos, sino del poder relativamente discreto y otorgado a todos los sectores de la sociedad, y a cada uno de nosotros. Lo que se ve redefinido es entonces el sentido de la acción humana, y más ampliamente el de nuestra humanidad, ya que nos vemos liberados de la duda y del peso de la responsabilidad. Nos veremos invadidos por un sentimiento de fusión con el mundo que se relaciona con una dimensión mesiánica que hace eco a lo que proclamaba San Pablo, que anunciaba el advenimiento de la fe universal y reconciliadora en Cristo. Llegamos al "punto Omega" –un concepto elaborado por

1. Martin Untersinger, "SpaceKnow, l'entreprise qui analyse le monde en croisant images satellites et intelligence artificielle", *Le Monde*, 12 de marzo de 2017.

Pierre Teilhard de Chardin en *El porvenir del hombre* y *El fenómeno humano*–,[2] que representa la etapa última del desarrollo de la complejidad hacia la cual se dirigiría inevitablemente el universo, y que mantiene un vínculo directo con la retórica cristiana de los últimos fines. La ideología del progreso iniciada por las Luces, que surgía en una amplia proporción de un movimiento anticlerical y laico que buscaba, en su intención primera, deshacerse de un orden religioso anquilosado, desembocaría, más de dos siglos después, en la consumación en acto de una visión milenarista. Cristo, San Pablo, d'Alembert, Saint-Simon, Teilhard de Chardin, Norbert Wiener, la visión siliconiana que aspiraba a "hacer del mundo un lugar mejor", se amalgamarían hoy en favor de la instauración, a escala planetaria de un nuevo orden técnico-económico que realiza una síntesis inesperada y que produce, de aquí en más, efectos propios.

Puesto que lo real desaparece, entonces lo que pierde su sustancia es nuestra necesidad compulsiva de ilusionarnos respecto de él, de contarnos, en diversas circunstancias, ficciones sobre él. Lo que Clément Rosset definió como el "doble"[3] es precisamente esa propensión indefinidamente reiterada de no querer ratificar a lo real como tal, de imaginar otro tenor a las cosas que el que revisten en los hechos. A lo largo de su obra, se esforzó por recordarnos que lo real no es portador de ningún doble de sí mismo, que no hay otros elementos que aquellos en los cuales estamos sumergidos, y entonces es inútil representarse escapatorias porque *lo real es*. Es tautológico e ineludible. Se manifiesta en todas partes, en todo momento y de modo siempre singular,[4] prohibiéndonos

2. Pierre Teilhard de Chardin, *El fenómeno humano*, Madrid, Taurus, 1963.

3. Ver particularmente Clément Rosset, *Lo real y su doble*, Barcelona, Tusquets, 1993.

4. Ver Clément Rosset, *El objeto singular*, México, Sexto Piso, 2007.

aplicar soluciones prefabricadas –porque en esto reviste una crueldad implacable–[5] y, pese a todas nuestras construcciones, y el aporte de nuestras quimeras, no podemos escapar a su ley. De ahora en más hemos implementado otra estrategia que no consiste en correr detrás de espejismos sino en operar una torsión sobre lo real, en ajustar nuestros cánones haciendo aparecer siempre el mejor de los mundos posible, aquel que había teorizado Leibniz y que emana de Dios, y que hoy resultaría del poder milagroso de la inteligencia artificial.

Emerge un entorno transparente y liberado de toda restricción. Un territorio extranjero que ya no se vive a la distancia sino dentro de una suerte de repentina cercanía. Sistemas de traducción vocal instantánea, como Travis Translator o Google Pixel Buds se ocupan de ponernos en relación con cualquier ser de la Tierra sin haber recurrido previamente a ningún aprendizaje lingüístico y sin haber movilizado esfuerzo alguno, haciéndonos retomar contacto con nuestro estado prebabélico. Se hace también posible, en el momento en que faltamos a otras ocupaciones, de dejarlas a cargo de un *lovebot*, el asistente virtual de Tinder Box, por ejemplo, que selecciona perfiles para nosotros, chatea con cualquiera valiéndose del lenguaje natural, "likea" imágenes o comentarios y, en llegado el caso, fija citas. Sin embargo, si preferimos no complicarnos con un ser humano, podemos vincularnos con un "ser virtual", como Azuma, un "holograma acompañante" destinado a los solteros,[6] o tener experiencias sexuales con *sex dolls*, muñecas de tamaño humano, como las que fabrica la empresa RealDoll[7] que están hechas

5. Ver Clément Rosset, *El principio de crueldad*, Valencia, Pre-Textos, 2008.

6. Morgane Tual, "Azuma, l'hologramme de compagnie destinée aux célibataires", *Le Monde*, 22 de julio de 2017.

7. Yves Eudes, "La poupée gonflable de demain será bavarde et connectée", *Le Monde*, 7 de agosto de 2017.

de carne de silicona y un esqueleto articulado capaz de adoptar distintas posiciones. Sus "propietarios" pueden "programar su personalidad", modificar su rostro, la forma y tamaño de sus senos, regular el timbre de su voz, de la cual ellas se acordarán en ocasión de las distintas "conversaciones" para terminar respondiendo lo más dócilmente posible a todos sus deseos.

Probablemente estemos alcanzando el estadio doblemente psiquiátrico que hace de todo un sentido y nos determina constantemente en función de ello. Cada significación constituida debe prolongarse de inmediato través de acción correspondiente. Y entonces, como una consecuencia colateral, nos vemos impactados por la apofenia, la perturbación mental que resulta de una alteración de la percepción que consiste en dar un sentido inapropiado a las cosas o en establecer vínculos no motivados entre los hechos. Los programas destinados a "conversar" con una persona desaparecida se derivan de este orden, como el dispositivo desarrollado por la *start-up* Luka Inc, que junta textos y posteos de un difunto, compila artículos que hayan sido eventualmente publicados a propósito de dicho individuo y pone a disposición un *chatbot* que presenta sus "tics de lenguaje", permitiendo "conversar" con él según los deseos del usuario. La sociedad Replika, que concibió un sistema similar, propone que nos encontremos "con el doble de un muerto en una aplicación móvil".[8] Algunos tienen ambiciones mayores, como Hossein Rahnama, particularmente activo en el MIT MediaLab, que trabaja en *chatbots* llamados de "eternidad aumentada", y que se alimentan de todas las huellas disponibles relativas a figuras históricas con las cuales será posible entonces "dialogar": Julio César, Caravaggio y Molière, por ejemplo.

8. Yves Eudes, "Replika, le double d'un défunt dans une appli mobile", *Le Monde*, 28 de julio de 2017.

Nos gana tal exaltación por sentirnos menos confrontados con obstáculos que queremos que ese estado asuma una dimensión definitiva y total. Pronto tendremos una solución al alcance de la mano: *los implantes intracerebrales* que son hoy en día objeto de múltiples investigaciones en el campo de las "interfaces cerebro-computadora" (*brain-computer interface*), como aquellas que dice haber desarrollado Neuralink, una compañía creada con dicha finalidad por el multiemprendedor Elon Musk, que se caracteriza por su tendencia compulsiva a querer desplazar todo límite. La intención consiste en querer entrelazar minúsculos componentes electrónicos entre nuestros miles de millares de neuronas en vistas a "aumentar" nuestras capacidades cerebrales y poder entonces "descargar un día nuestros pensamientos, o salvaguardarlos". Porque, afirma, "es porque sufrimos la competencia de las inteligencias artificiales que deberíamos convertirnos nosotros mismos en una de ellas, con la esperanza de seguir en carrera",[9] a fin de que cada uno de nosotros esté en la medida de, desde lo alto de nuestro dominio pronto absoluto, dominar en todo instante el flujo de los acontecimientos. Así, y dado que vivimos el tiempo de todos los posibles –que conducen generalmente a cortejos delirantes y formas extremas de candor– es que Bryan Johnson creó Kernel, una *start-up* destinada a aumentar nuestra "capacidad cognitiva" y a "sentir aquello que es ser otro, para poder entonces destruir, quizás, nuestro concepto de enemigo".[10] ¿Existiría un testimonio más patente de nuestra voluntad reciente, que resulta de una condición de la técnica, de erradicar a largo plazo toda escoria y de sumergirnos en un estado de satisfacción y paz perpetuas?

9. Stéven Levy, "How Elon Musk and Y Combinator Plan to Stop Computers from Taking Over", Backchannel, 11 de diciembre de 2015.

10. Alexandre Piquard, "L'intelligence artificielle, star inquiétante du Web Summit à Lisbonne", op. cit.

Otro modo de llegar a ello consiste en trabajar desde ahora mismo en la concepción de inteligencias artificiales futuras llamadas "generales", AGI (acrónimo de *Artificial General Intelligence*), "superinteligencias" que todo lo vencerían. Sería el momento de las IA "fuertes" (*strong AI*), que se oponen a las actuales, que serían "débiles" (*weak AI*), y "restringidas" (*narrow AI*). Esta perspectiva se podría abordar "razonablemente" especialmente gracias al *maching learning* destinado a engendrar tecnologías de la perfección que llevan a la instauración de un mundo hecho de un extremo a otro de una perfección similar. La compañía Nnaisense, por ejemplo, pretende poner a punto una "percepción sobrehumana formada por inteligencias artificiales polivalentes"[11] dotadas de capacidades tan variadas como las de un humano, al mismo tiempo que las sobrepasa inconmensurablemente, conforme a toda aspiración antropomórfica. Quizás comprendemos entonces por qué algunos piensan que nuestra realidad sería "simulada".[12] Porque contrariamente a nuestras creencias ancestrales equivocadas, lo real no sería el producto de una infinidad de fuerzas de toda naturaleza, sino que sería resultado en verdad de un procesador universal perfectamente estructurado y cuyo curso habríamos contrariado siempre por ignorancia; los recientes desarrollos tecnológicos permitirían al fin revelar su tenor hasta ahora oculto a nuestras conciencias y aprovechar su plena envergadura concordando con él sin moderación.

Vivimos el momento de la abolición, a gran velocidad, de toda distancia con lo real. Esta distancia había prevalecido desde la noche de los tiempos, y hoy cambia en beneficio

11. Ver nnaisense.com. No es anodino que en la página de entrada del sitio de la compañía, la rúbrica que presenta al equipo de responsables coloque retratos únicamente masculinos, en este caso el de dieciocho hombres.

12. Kevin Loria, "Neil Degrasse Tyson Thinks There's a very High Chance the Universe Is Just a Simulation", *Business Insider*, 22 de abril de 2016.

de una fusión consumada con nuestro medio que oficia de plasma perpetuamente regulador. En 1637, Descartes, en las *Meditaciones metafísicas*, emprende el relato del esfuerzo metódico de pensamiento, del cual todos somos en teoría capaces, con el objetivo de hacerse de herramientas correctas para la comprensión de lo real. A fin de volver a encontrar las primeras bases de la certeza, y de volver a fundar el conocimiento científico, estima tener que aislarse, retirarse lejos de sus contemporáneos en una forma de *apartamiento* que se juzga saludable. Desde ese momento, ser lúcido consistirá en cultivar el retiro, la exploración activa, la distancia crítica, porque la denominada "inteligencia artificial" produce una "luz blanca" sobre todo fenómeno, y ya nada debe quedar situado en las zonas brumosas y enigmáticas, las que, precisamente, movilizan nuestra inteligencia y nos ofrecen la oportunidad de establecer lazos abiertos y potencialmente fecundos con los seres y las cosas.

Nietzsche estimaba que la voluntad de hacer sentido con todo, de tener razón en todo, se derivaba de una negación de la complejidad irreductible de lo real. Se relacionaría con la locura. Según él, se remontaría al racionalismo socrático que, gracias al recurso de la dialéctica, pretendía ofrecer los medios para superar las contradicciones de lo sensible, para liberarse de los tormentos de la vida y acceder a lo verdadero conforme a una tendencia que él denunciaba en un capítulo de *El crepúsculo de los ídolos* titulado "El problema de Sócrates". Y entonces, por nuestra pulsión de querer liberarnos de nuestra vulnerabilidad, de dotarnos de un dominio total, habríamos llegado a deshacernos de nosotros mismos, de nuestras facultades, engendrando un nuevo tipo de vulnerabilidad no todavía patente al día de hoy. Aún es demasiado pronto para que seamos totalmente conscientes de sus primeras manifestaciones. Se estaría anunciando un cruel beneficio ilícito: habríamos ambicionado lógicas orgánico-dinámicas prometidas a hacernos acceder a todas las riquezas del mundo, pero nos vamos a ver muy pronto reducidos a evolucionar según esquemas desvitalizados que ya no apelan a los poderes de nuestro cuerpo y nuestro espíritu. Quizás, pese a todos nuestros esfuerzos, no lleguemos tan fácilmente a deshacernos de ese real, nos daríamos cuenta de que termina inevitablemente por revelarse, por entrar por la ventana mientras que pretendíamos echarlo por la puerta, como le pasó a Platón, que, mientras no dejaba de afirmar que el uso de la razón nos colocaba al abrigo del azar, se vio atrapado, a lo largo de sus diálogos, por la parte incontrolable que nos constituye, el amor, la amistad, las relaciones apasionadas entre individuos, que son otras tantas fuerzas vitales que, de un modo u otro, contrabalancean el ideal de una racionalidad absoluta llamada a gobernar de un extremo al otro nuestras existencias.

Lo que se juega es la negación de nuestra vulnerabilidad, esa fragilidad constitutiva de nuestra humanidad que le hace decir a Aristóteles que "una vida tan vulnerable, sin embargo, es la mejor",[13] la vulnerabilidad que nos lleva a ir incesantemente por delante de la vida y sus caprichos, llevándonos a aprender a componer con el flujo de los acontecimientos, a liberarnos de la mera necesidad para erigirnos como seres activos que se valen de todos los poderes de nuestra sensibilidad y nuestro entendimiento. Martha Nussbaum trabajó extensamente sobre el principio de la vulnerabilidad, afirmando que la conciencia compartida de nuestra falibilidad representa el umbral de una sociedad que se niega a toda forma de explotación simbólica y efectiva de las debilidades de todos.[14] Por detestar nuestra condición, por detestar lo real (Nietzsche), nos habríamos comprometido en la empresa insensata de querer

13. Aristóteles, *Ética a Nicómaco*, Madrid, Alianza, 2014.

14. Martha C. Nussbaum, *La fragilidad del bien*, Madrid, Antonio Machado, 2015.

erradicar la vulnerabilidad consustancial a la existencia, la que excita la savia de nuestro ser. Nos corresponde entonces a nosotros –a todos los que pretendemos confrontarnos sin temor con lo concreto inagotable del mundo– experimentar los espantos y las maravillas, que no se alimentan del nihilismo y el odio de sí mismo y de los demás sino que, por el contrario, tienen fe en nuestras capacidades ilimitadas para cultivar los valores que nos fundan y para inventar libremente formas plurales de vida–, nos corresponde entonces a nosotros defender lo real.

Lo real debe ser defendido, ya que condiciona la posibilidad de experimentar sin retenernos la extensión virtualmente infinita de nuestras facultades, de perfeccionarlas e inscribirnos como seres singulares que evolucionan dentro de un conjunto común. Lo real es el establecimiento, en la incertidumbre, de lazos con los demás que nos hacen consentir la contradicción con felicidad, abrirnos a otras representaciones e imaginarios. Lo real es el lenguaje, la lengua, nuestras lenguas que nos ordenan permanentemente que juguemos con ellas, que nos arriesguemos a combinaciones que pueden desregular la rutina y hacer derrapar el espíritu de seriedad, ofreciéndonos la oportunidad de no reducir lo común a fórmulas ya preestablecidas. Lo real es el destino colectivo que buscamos mejorar en el disenso y el acuerdo posiblemente fructífero. Lo real es el amor inverosímil que nunca habríamos conocido, el niño que nunca habrá nacido, las heridas que nos hacen crecer. Lo real es lo inesperado, las sorpresas que nos trastocan y despiertan indefinidamente la atracción por el instante por venir. Lo real es lo que hace decir a Cervantes, con una alegría gozosa, que "por la libertad así como por la honra se puede y debe aventurar la vida".[15]

15. Miguel de Cervantes, *El ingenioso hidalgo Don Quijote de la Mancha*, segunda parte, capítulo LVIII, Barcelona, Planeta, 2017.

Lo real es la ensoñación, la poética de la ensoñación, recibir el silencio y la hipótesis tantas veces saludable de la inacción. En nombre de todas estas palpitaciones que nos atan totalmente con la vida, lo real es aquello que debe ser ferozmente defendido. Defender lo real se convierte en el nuevo nombre singular de la principal lucha política de nuestro tiempo. Y ustedes, que pretenden erradicarlo, esperen porque lo vamos a defender, vamos a desplegar todos los esfuerzos necesarios en vistas a salvaguardar ese real que, incluso si se encoge como un cuero viejo, sigue sin embargo sobreviviendo. Ese real que me hace escribir estas páginas, ese real que constituye la sustancia y la sal de nuestra vida, el motor de nuestras esperanzas sí, sepan que vamos a empeñarnos a capa y espada, en cuerpo y alma a preservarlo. Representa el campo de la expresión de nuestra libertad, el campo de acción de cada uno de nuestros destinos, nuestro terreno común. En su nombre bruñimos desde ahora nuestras armas para el combate, que se anuncia feroz y que recién está comenzando.

PARTE 05

MANIFIESTO DE LA ACCIÓN EN TIEMPOS DE LO EXPONENCIAL

1
FRACASO DE NUESTRA CONCIENCIA

Las representaciones colectivas evolucionan con lentitud y casi sin hacer ruido. Es difícil identificar los procesos que presiden sus modificaciones porque muchos de ellos son bastante imposibles de discernir y escapan a una discriminación clara. Lo que caracteriza a estas transformaciones –en general silenciosas, a diferencia de nuestras experiencias personales–, es que generalmente es imposible fechar con precisión los primeros signos de sus manifestaciones, porque nunca hay un único acontecimiento que sea su causa, sino una profusión de hechos que, actuando de modo más o menos concertado y según duraciones heterogéneas, contribuyen a renovar subrepticiamente las percepciones. Estas mutaciones necesitan tiempo antes de cristalizarse y, cuando finalmente parecen corporeizarse, siguen siendo reacias a la voluntad de establecer una genealogía precisa. Como ejemplo de lo previo, se produjo a fines de la década de 2010 una metamorfosis discreta pero decisiva de nuestra relación con las tecnologías digitales. Hasta entonces, oscilaba entre la sensación de satisfacción, incluso de fascinación, relativa a las nuevas facultades con las cuales nos gratificaban, y una indiferencia tendencial respecto de algunas de sus consecuencias. Principalmente, despertaban entusiasmo y adhesión. Ahora bien, algunos acontecimientos vinieron a enturbiar poco a poco nuestro apacible contento. Sería inútil hacer la lista exhaustiva de ellos, aunque algunos son más impactantes que otros. Entre ellos mencionamos la afirmación de Eric Schmidt, director ejecutivo de Google, según la cual la empresa tenía la intención de "organizar toda la información del mundo" manifestando una ambición totalizadora que pudo sorprender o inquietar.

Ese mismo año, Nicholas Carr publicó un libro que encontró un eco mundial, *The Shallows: What the Internet is Doing to Our Brains*,[1] que pretendía exponer los diversos impactos negativos que ocasionaba el uso regular de Internet sobre nuestros comportamientos, y particularmente sobre nuestras capacidades cognitivas. La rápida generalización de las redes sociales en este período, particularmente de Facebook, comenzaba a engendrar impulsos compulsivos de expresividad que llegaban al punto de revelar nuevas formas de exhibicionismo mediante posteos frecuente de fotos que supo favorecer la práctica –pronto propularizada– de la selfie. Además, una patología de nuevo cuño parecía expandirse en todas las capas etarias y en todas las poblaciones: la adicción a las pantallas. Finalmente, ese movimiento, del cual no sabíamos gran cosa, comenzó a lograr que se hablara de él: sus adeptos, la mayor parte en Silicon Valley, pronunciaban discursos muy singulares y que daban bastante miedo. Afirmaban poder hacer que las lógicas de lo viviente también pagaran su precio y pronto erradicar la muerte, un día de estos, mediante la "descarga de nuestros cerebros"

1. Nicholas G. Carr, *The Shallows: What the Internet Is Doing to Our Brains*, Nueva York, W.W. Norton, 2010.

en chips de silicio. Si bien parecía difícil tomarlos en serio, se evidenciaba en esos discursos un umbral que parecía dar testimonio de una forma de desmesura, casi de una perturbación psiquiátrica, que parecía afectar a la gente que trabajaba en el desarrollo de todas estas innovaciones y respecto de las cuales se volvía legítimo hacerse no pocas preguntas. Al mismo tiempo, comenzaban a ponerse al día los montajes complejos que operaba la mayor parte de ellos a fin de escapar del fisco de múltiples países, opacando todavía más su imagen y generando una distancia respecto de ellos cada vez mayor. Si todos estos fenómenos podían despertar inquietudes legítimas, hubo un acontecimiento que constituyó casi el resultado final de este movimiento gradual, pero cada vez más masivo, y que se derivó prácticamente de una confirmación repentina: las estruendosas revelaciones de Edward Snowden, que estallaron violentamente en junio de 2013, y que expusieron ante el mundo el alcance colosal, y en gran parte ilegal, de la vigilancia digital que llevaban adelante las agencias de inteligencia estadounidenses y de otros muchos estados. De súbito, se volvió patente que nuestra percepción a escala del planeta entero se estaba modificando y que había una cuestión ahora que tenía que preocuparnos particularmente: *la protección de los datos de carácter personal y la protección corolaria de nuestra vida privada*.

Más que ninguna otra, estas encrucijadas revestían una dimensión altamente sensible, dado que se trataba nada menos que de la preservación de nuestra intimidad, que nos importa tanto a todos, y que ahora era susceptible de verse amenazada por la llamada "revolución digital", que revivía los recuerdos de las prácticas implacables del pasado. Estos temas se habían evocado cada tanto durante las décadas previas, pero ahora se convirtieron en el fermento de una ansiedad global. Esta fue azuzada además por la serie de atentados perpetrados por el Estado islámico exactamente a partir del mismo período, que trajo como consecuencia un refuerzo de las medidas de seguridad y de los medios de seguimiento de las personas. Y no dejó de expandirse, al punto de convertirse en el único objeto de nuestras inquietudes relativas a las tecnologías digitales. De ahora en más, sobredetermina nuestros modos de percepción. Desde que la aparición de un nuevo protocolo o la instalación de un nuevo dispositivo despierta sospechas o plantea algún problema, de inmediato, y de modo sistemático, se los relaciona con el capítulo de los datos personales, de la vigilancia y la salvaguarda de la vida privada, al punto de despertar un reflejo generalizado desde el momento en que esta preocupación envuelve ahora a todas las demás hasta llegar a ocultar a los demás fenómenos. Dar pruebas hoy de una posición "crítica" consiste en focalizarse únicamente en estos asuntos, desde el momento en que no hay nada más candente. Finalmente, esta actitud no debería sorprendernos, ya que está hecha a imagen y semejanza del liberalismo político de las democracias actuales y de nuestra intención de restringir la cuestión de la libertad solamente al campo de nuestra esfera personal, conforme a la fórmula de Benjamin Constant según la cual el ideal de la libertad consiste, a fin de cuentas, en "esa parte de la existencia humana que, por necesidad, sigue siendo individual e independiente, y que está por derecho fuera de toda competencia social".[2]

Hay instituciones políticas que velan porque eso sea así, como es en Francia la CNIL (*Commission Nationale de l'Informatique et des Libertés*), y sus organismos emparentados en toda Europa, u otras instituciones de misiones más o menos similares que están en el mundo entero. Las

2. Benjamin Constant, *Principios de política aplicables a todos los gobiernos*, Buenos Aires, Katz, 2010.

primeras fueron implementadas a fines de los años setenta, cuando la informatización progresiva de la sociedad y luego, como consecuencia, de las administraciones, era posible generar procedimientos masivos de fichaje que podían entonces emparentarse con aquellos vigentes en el bloque comunista al cual se oponían las democracias liberales. Si su rol en aquella época fue saludable, pudiendo presentarse como una salvaguarda necesaria, a lo largo del tiempo no evolucionaron en sus objetivos sino en la naturaleza de sus tareas, que se fueron ampliando hacia la evaluación de las nuevas herramientas, a medida que iban apareciendo, seguido de la redacción de apreciaciones que se establecían con la sola intención de preservar las libertades personales. Se supone que estos organismos son los guardianes públicos encargados de velar sobre las derivas de ciertos usos de lo digital y respecto de ciertos principios fundamentales. En verdad, la ideología liberal que los irriga desde su origen hasta hoy los vuelve ciegos ante otros dilemas que sin embargo se les relacionan. Lo único que les preocupa es el respeto por la vida privada. Ninguna otra cosa los moviliza: ni la mercantilización integral de la vida que inducen las veleidades predatorias sin límites de los gigantes de la economía de lo digital y del florecimiento ininterrumpido de las *start-up*, ni la extrema racionalización de las sociedades que sostiene la "innovación disruptiva", ni el retroceso de la facultad de juicio que implica la implantación de estos sistemas, particularmente en los lugares de trabajo. No, nada de todo esto es objeto de una indagación ni de informes asociados. Por el contrario, sus esfuerzos no apuntan sino a sostener el impulso de la economía de los datos y de las plataformas, y los responsables de todos esos CNIL no dejan de afirmar que "un buen encuadre de los datos" representa la condición necesaria para la confianza de los usuarios y para el buen desarrollo de la industria de lo digital.

La razón es que, por tradición, dentro de los regímenes políticos que concibieron dichos organismos, el Estado de derecho apunta antes que nada a garantizar la propiedad privada y el libre mercado. Planteados a partir del siglo XVIII particularmente en Alemania y en Inglaterra, estos dos credos, por su institucionalización, tenían que permitir contener el ejercicio arbitrario del poder e incluso obstaculizar las iniciativas que emanaban de las élites ilustradas, particularmente los actores económicos. Juristas y estudiosos de la política los afinaron regularmente elaborando una arquitectura jurídica destinada a enmarcar las acciones de las autoridades: separación de los poderes, igualdad ante la ley, independencia de la justicia. El constitucionalismo tradujo entonces la voluntad de someter a los gobernantes a reglas definidas de antemano, que debían ser consignadas en un documento solemne: la Constitución. Parece derivarse de ello, como si fuera natural, que la Asamblea Nacional francesa inscribiera la protección de datos personales en la Constitución en mayo de 2018, conforme a la tradición política liberal mayoritaria de la nación, que tomaba acá la forma de una mascarada técnico-social-liberal de tanto que procede de la negación patente de otras dimensiones por lo menos igual de decisivas.[3]

Toda la doxa liberal –a la cual se agrega ahora la iconoclasia libertarista– se ve concentrada en esas bocanadas de buena conciencia. La CNIL organiza "debates sobre los algoritmos" y sobre su "lealtad", preconizando, sin miedo al ridículo, ¡que ella "constituye una plataforma nacional de auditoría de los algoritmos"! ¡Qué chiste! Como si los algoritmos, en su encabalgamiento y abundancia, pudieran ser objeto de "auditorías". ¿Sobre qué base? ¿El respeto de la vida privada, como siempre? Todo el resto ni

3. Louis Delatronchette, "L'Assemblée inscrit la protection des données personelles dans la Constitution", *Le Figaro*, 30 de julio de 2018.

siquiera forma parte del radar conceptual y programático de estas entidades que trabajan, pese a las buenas intenciones que proclaman, por la instauración, y a gran velocidad, de un antihumanismo que no se muestra todavía a la luz. Y como prueba suplementaria frente a la proliferación de dispositivos de recolección de datos, el "laboratorio de prospectiva" de la CNIL preconiza la creación de "comités de consulta" sobre la vida privada" dentro de las colectividades.[4] Todavía y siempre lo mismo: es el reino de la cortina de humo y del sostén deliberado, por parte de las instituciones públicas, a un modelo económico civilizatorio que es indigno. El RGPD (*Réglement général sur la protection de données*), surgido en una amplia parte de los trabajos de los CNIL, que entró en vigencia en mayo de 2018 y que hizo extasiar de felicidad a los "defensores de la vida privada", no apunta *in fine* sino a satisfacer solamente desafíos económicos bajo el paraguas de "devolver el control a los internautas". Este dispositivo fue presentado por quienes lo concibieron como inspirado en "valores europeos", y es cierto, los que inspiraron la preocupación estricta por un mercado único, los que fueron forjados por las figuras europeas liberales históricas, John Locke, Montesquieu, o Alexis de Tocqueville, por ejemplo, pero los que también habrían rechazado otras figuras, algunas europeas, más preocupadas por defender la dignidad y la integridad humana: George Orwell, Simone Weil, Günther Anders, o Hannah Arendt, entre otras.

Estos organismos encarnan de modo ejemplar la obsesión restringida a la libertad personal, la mezquindad envilecedora de la propia pequeña libertad personal. Como las asociaciones de "defensa de la 'Internet libre'", como *Quadrature du Net*, que, en el portal de su sitio, señala el objeto principal de su combate: "Internet &

4. Claire Legros, "À Marseille, un algorithme pour 'anticiper la sécurité'", *Le Monde*, 4 de febrero de 2018.

Libertés",[5] o la *Electronic Frontier Foundation*, que presenta una fórmula de espíritu abiertamente siliconiano: "The leading nonprofit defending digital privacy, free speech and innovation" (la principal organización de finalidad no lucrativa en defensa de la libertad de expresión y de la innovación).[6] Estos grupos, entre otros, no buscan sino navegar, según su espíritu geekolibertariano, a resguardo de la mirada de otro o de cualquier autoridad, por ejemplo con la finalidad de descargar "libremente" archivos entre los cuales la mayor parte está, sin embargo, bajo el régimen histórico e inalienable del derecho de autor, que ellos se jactan de violar. Esta práctica se relaciona ahora con un derecho adquirido sin que a sus ojos haya sido necesario haber hecho del asunto el objeto de un debate que implicara a todas las partes involucradas, dado que parece resultar *de facto* de la "ética" de una "Internet libre". Otro éxito consiste en haber sostenido la elaboración de mensajerías encriptadas o haber procedido a intercambios mercantiles exentos de todo impuesto gracias a los milagros de la *blockchain*. Todas estas "comunidades" no saben ver más allá de la idea fija de la protección de la vida privada tan emblemática del egoísmo generalizado de la época: jamás se preocupan por los modos de organización inducidos por los sistemas, por el utilitarismo creciente, por las lógicas de poder que se están implementando. No: están obnubiladas únicamente por la preocupación por la preservación de los datos personales. La libertad se restringe a una dimensión estrictamente individual, pero se defiende en el seno de una "causa común", atenuando así la eventual culpabilidad de sentirse replegada sobre su propio y asfixiante universo particular. Esta concepción, ¡oh, cuán restrictiva!, es moral y políticamente culpable porque ¿no presupone acaso, según los términos de Castoriadis, "que

5. Disponible en laquadrature.net.

6. Disponible en eff.org.

ya se ha aceptado la alienación o la heteronomía política, que ya nos hemos resignado ante la existencia de una esfera estatal separada de la colectividad, finalmente que ya hemos adherido a la visión del poder (e incluso de la sociedad) como un "mal necesario"?[7]

Esta "ética" basada en la sempiterna y exclusiva cuestión de los datos personales y de la vida privada hoy oficia de panacea; se la invoca en toda circunstancia e implica además el perjuicio de sostener confusiones, de enmascarar dilemas candentes y de dejar libre curso a todos los desarrollos tecnológicos y a quienes trabajan en ellos, en primera fila los investigadores, los ingenieros, los expertos en robótica, que se caracterizan por la manía reciente de tener solamente estas palabras en la boca. Como la casi totalidad de ellos son incapaces de concebir los impactos de su producción, y como es de buen tono ahora participar de algunas "sospechas críticas", y como su percepción es tan corta de miras, no hacen sino retomar en coro de modo mecánico esta cantinela imaginando que así lavan su conciencia con poco gasto y que dan una buena imagen a ojos de la opinión pública. Algunos hasta redactan obras generalmente de factura endeble, de poco interés y circunscritas a esta doxa. Intervienen en congresos en el transcurso de los cuales inevitablemente llega el momento fatal donde se ponen a dar testimonio de algunas de sus "inquietudes", pero de inmediato se ven contrabalanceadas por la afirmación según la cual conviene "posicionar a lo humano en el centro de los procesos", y otras tonterías de igual tenor, que dan la impresión de que, con semejantes intenciones, las cosas van a terminar por enderezarse por sí mismas. Jamás mencionan los intereses económicos en juego que organizan esa danza, dado

7. Cornelius Castoriadis, *Los dominios del hombre. Encrucijadas del laberinto*, Barcelona, Gedisa, 2009.

que dependen directamente de ellos. Además, estos expertos integran "comités de ética" que agrupan a investigadores del mundo entero, como IEEE Standards Association,[8] u otros armados por las mismas compañías, dentro de los cuales se parlotea sin descanso sobre la base de estos mismos criterios, que invocan la exigencia de "valernos bien" de la inteligencia artificial, de explotarla según lógicas de "complementariedad" para que finalmente sea "puesta al servicio del hombre". Es decir, un festival permanente de tonterías y lugares comunes animado por científicos de aires estilo *boy-scouts* escrupulosos.

Entre una multitud de ejemplos, tenemos el de Lionel Prevost, director del laboratorio *Learning Data, Robotics* dentro de la École *supérieure d'informatique,* électronique*, automatique* (ESIEA), quien declara de modo cándido e irresponsable: "Pronto nuestros asistentes personales digitales se transformarán en confidentes a quienes contaremos nuestros estados de ánimo, en *coachs* que nos ayudarán a preparar nuestras entrevistas laborales, y acompañarán a nuestros hijos o a nuestros mayores en dificultades. La tecnología está ahí, falta que hagamos de ella un buen uso".[9] Como Cédric Villani, que probablemente sea buen matemático pero que, desde que evoca las encrucijadas relativas a la inteligencia artificial, es incapaz de ninguna reflexión seria, retomando continuamente los mismos clichés, formulando discursos marcados por el cientificismo y ubicados bajo el sello tecnoliberal. Parece corresponder a la perfección con el retrato corrosivo que Alexandre Grothendieck hizo en su momento de las figuras científicas movidas por los ediles políticos y los medios: "Es bastante poco común que los científicos se planteen

8. IEEE Standards Association, disponible en standards.ieee.org.

9. Lionel Prevost, "Le paysage des interfaces homme-machine que nous connaissons va profondément changer", *Le Monde*, 10 de mayo de 2017.

la cuestión del rol de su ciencia en la sociedad. Incluso tengo la impresión muy nítida de que, cuanto más alto están en la jerarquía social, y, en consecuencia, cuanto más identificados están con el *establishment*, o al menos cuanto más contentos están con su suerte, menos tendencia tienen a cuestionar esta religión que nos fuera inculcada desde los bancos de la escuela primaria: todo conocimiento científico es bueno, cualquiera sea su contexto: todo progreso técnico es bueno. Y como corolario, la investigación científica siempre es buena".[10]

Él, como tantos otros, se inscribe en el linaje, de larga tradición francesa, desde siempre integrado por cierta categoría de científicos e ingenieros dentro de las grandes corporaciones del Estado y que contribuyeron a forjar el paisaje industrial de la nación. Los que fueron formados por la École *de Mines* o la École *Polytechnique* constituyen una suerte de aristocracia específica que se desarrolló dentro de una gran cercanía con el poder político y que manifiesta una forma de desdén respecto de toda reunión exógena. Probablemente deberían haber sido receptivos a las palabras del padre Dubarle, formuladas en las últimas líneas de su intervención publicada en *Le Monde* en 1948 a propósito de la cibernética: "No sería malo tal vez que los equipos que son creadores hoy de la cibernética añadan a sus técnicos, que provienen de todos los horizontes de la ciencia, algunos antropólogos serios y quizás algún filósofo curioso por estos asuntos".[11] Es desolador constatar que ya no debemos esperar movimientos de conciencia y vigilancia de parte de quienes trabajan en los desarrollos técnicos. Esa época caducó hace ya mucho tiempo. No todos los matemáticos y científicos son del nivel de probidad de un Alexandre Grothendieck. Lo que falta dolorosamente

10. Alexandre Grothendieck, "Comment je suis devenu militant", *Survire*, nº 6, enero de 1971, pp. 9-10. Céline Pessis, *Survivre et Vivre. Critique de la science, naissance de l'écologie*, París, L'échapée, 2014, p. 35.

11. Dominique Dubarle, "Vers la machine à gouverner?", op. cit.

hoy son personas con ese temple. En realidad, es mejor que todos estos investigadores tan prendados de la "ética" dejen de desfilar continuamente con sus buenos principios y que trabajen con plena conciencia sobre las consecuencias de sus "innovaciones", y no solamente sobre nuestras vidas privadas, sino también sobre *nuestros modos de existencia*; pero no es para nada certero que el sentido de esta mera frase pueda ser entendido por ellos.

Entre los charlatanes de esta vulgata ética restringida, el podio está ocupado hoy por una corporación: los "sociólogos de los usos de lo digital". Lo que los caracteriza en su amplia mayoría es la estrechez de su campo de investigación. La mayor parte de ellos piensa estar dando muestras de una mirada "crítica" mientras trabajan, una vez más, sobre la cuestión de los datos personales, o incluso emprenden de modo conexo investigaciones psicocomportamentales sobre los usuarios de Facebook, por ejemplo, analizando los clics, las duraciones y recurrencias de la presencia en determinados sitios, los "likes" y otras cosas que se "comparten"... Generalmente los resultados de estos estudios no solamente quedan en el estadio de la observación, sino que muy pronto son explotados por las marcas y las agencias de marketing, incluso por esa misma "red social" con el fin de ajustar sus modos de proceder. Otro hábito de la profesión consiste desde hace algunos años en interesarse por "los filtros burbuja", noción desarrollada en su origen por Eli Pariser en su libro homónimo,[12] que llama así al hecho de estar continuamente remitido a las propias preferencias a lo largo de las navegaciones, originando supuestas lógicas de repliegue en las categorías y hábitos propios. Más recientemente todavía, los sociólogos se interesan por los "sesgos", que se convirtieron en poco tiempo en el nuevo objeto de investigación

12. Eli Pariser, *El filtro burbuja. Cómo la red decide lo que leemos y lo que pensamos*, Madrid, Penguin Random House, 2017.

sociológico a la moda. Quienes se inclinan ante ellos, pretenden actualizar los tropismos y prejuicios, conscientes o no conscientes, que impregnan a los algoritmos con la finalidad de contribuir eventualmente a controlarlos, pero siguen siendo indiferentes -cuando incluso algunos de ellos se verían así neutralizados- a la influencia abusiva de los sistemas que gravitan sobre un número creciente de situaciones que no obstante se siguen ejerciendo. Pero estos ultrajes los tienen sin cuidado, porque dado su rango, nunca se cuestiona el núcleo del modelo, sino solamente fenómenos más o menos observables en superficie, dado que es precisamente del examen de estos fenómenos que vive la mayor parte de estos sociólogos.

A fin de cuentas, no hacen sino ratificar movimientos ya en curso, en la medida en que los objetos mismos de sus indagaciones se mantienen en la periferia de los asuntos candentes de nuestro tiempo. ¿Hemos visto acaso, al día de hoy, que un sociólogo se pase semanas dentro de una fábrica observando el modo en el cual los sistemas dictan los gestos y las cadencias al personal? No, el estudio de las prácticas en Facebook representa una tarea mucho más confortable y menos comprometedora. En realidad, no habría que hacer análisis de los usos; dada la envergadura de las cosas, estos programas no tienen hoy sentido alguno. Más bien son *las intenciones de quienes los conciben* lo que convendría examinar de cerca; y para eso sería juicioso proceder a realizar una sociología de los laboratorios, como la que hace tanto tiempo llevaron adelante Bruno Latour y Steve Woolgar.[13] Entonces quedaría a la vista de todos la amplitud de la sumisión de los científicos al poder económico. O habría que hacer una sociología del comportamiento de las grandes figuras de la industria de lo digital, o de los *start-uppers*, que nos

13. Bruno Latour y Steve Woolgar, *La vida en el laboratorio. La construcción de los hechos científicos*, Madrid, Alianza, 1995.

iluminaría respecto de sus motivaciones. Sería realmente muy instructivo en relación con la trayectoria que adopta la técnica desde hace una veintena de años y todos los intereses que la determinan. Pero es cierto que gran cantidad de esos investigadores son asalariados de esas mismas empresas, de Orange y Microsoft, entre varias otras, y, al estar sometida de un modo u otro a su orden, prefiere entonces comprometerse en lugares de trabajo que no se resienten y en los cuales sus investigaciones puedan ser utilizadas con finalidades estratégicas. Sí: una parte de la sociología contemporánea llegó hasta ahí. En Francia, por ejemplo, tomó impulso gracias al apoyo de los establecimientos de enseñanza superior (École *pratique des hautes* études, *Conservatoire national des artes et métiers, Collège de France*...), y fue integrada más tarde, paulatinamente, en el seno de institutos privados; los investigadores vieron a lo largo de tiempo cómo su autonomía se restringía y, de modo consecuente, cómo menguaba su capacidad crítica.

Todavía quedan los denominados "pensadores de Internet", quienes, desde hace unos diez años, se abren un camino narrando la distopía a la cual habrá conducido el desarrollo de las redes, el de nuestra terrible decepción respecto de nuestras ardientes esperanzas iniciales y que llaman, en discursos encendidos que se pronuncian en las misas *geek*, a reanudar vínculos con la corriente formidable de libertad que nos ofrecía la Web en sus inicios, como el jurista Lawrence Lessig, autor particularmente de la obra *Culture libre*.[14] No necesitamos "pensadores de Internet" sino un pensamiento sobre la digitalización del mundo, su automatización a largo plazo total, y todas sus consecuencias en nuestras existencias. Pero probablemente estemos alcanzando en este punto una suerte de techo de cristal de la conciencia "crítica" predominante. No es que

14. Lawrence Lessig, *Cultura Libre*, Madrid, LOM y Traficantes de Sueños, 2005.

haya que ser radical a toda costa, no sería ese el desafío, sino que depende de nuestro deber captar la radicalidad de las mutaciones en curso que arrastran consigo un cambio civilizatorio cuyos engranajes más determinantes nos cuesta detectar. Tim Berners-Lee, uno de los fundadores de la Web, se alarma también por las derivas de su criatura, y pretende poner a punto un proyecto desarrollado dentro del MIT llamado Solid, que apunta a diseñar una nueva arquitectura destinada a "volver a dar el poder a los internautas" y a hacer de cada individuo "el propietario de sus datos".[15] He aquí un gran experto en informática trabado en esquemas que datan de más de tres décadas atrás y que es ciego al hecho de que la Web, de ahora en adelante, desborda el marco estricto de la pantalla, que ya no responde a la misión solamente de ofrecer un acceso a la información, ya que su infraestructura se ve hoy cada vez más explotada a fines de instaurar una guía algorítmica de las conductas que representa una ofensa a nuestras facultades. Querer "dar el poder a los internautas" tiene que ver a la vez con una intención sumamente cándida, eminentemente restrictiva y que no contradirá en nada el asalto antihumanista en curso. Ahogados por nuestra pequeñez de miras, no dejamos de afirmar que nos estamos preocupando por esa maldita "libertad personal" sin por ello conmovernos por la cuestión éticopolítica principal: la preservación de nuestra autonomía de juicio y de nuestra libertad incondicional para ejercerla, la de tener "el coraje de valernos de nuestro propio entendimiento" para retomar la famosa fórmula de Kant, tan emblemática de las Luces. Nos debería preocupar la pérdida progresiva y más o menos hipócrita de ese coraje, nuestra negación a dar prueba de ese coraje, y entonces debería ser objeto sin

15. "'I Was Devastated': Tim Berners-Lee, The Man Who Created The World Wide Web, Has Some Regrets", Katrina Brooker, *Vanity Fair*, 1° de Julio de 2018.

demora de nuestra movilización total, sin lo cual cometeríamos una fatídica falta individual y colectiva.

Lo que se revela como imperioso no es "recuperar el control de nuestros datos" y toda esta ética mezquina, lamentable e improductiva, sino erigir una ética de la responsabilidad que se ofrezca como punto de apoyo a una *política de la acción* capaz de confrontarse con la extensión de los dilemas vigentes. Una ética de la responsabilidad que se preocupe por el modo en el cual nuestros principios, los fundamentos de nuestra humanidad y nuestra civilización, están en vías de ser erradicados. A tal efecto, deberíamos invocar la ética de la responsabilidad pregonada por Hans Jonas, que había entendido que la construcción de un nuevo entorno técnico nos compromete de un modo totalmente distinto, particularmente respecto de las posibles consecuencias que nos ordenan hacer a esos objetos blanco de una atención escrupulosa y una vigilancia continua. Seguimos estando, junto con nuestras representaciones, fijados a marcos que evolucionaron y se transformaron a tal velocidad que deberían llevarnos a repensar hasta los fundamentos de lo que entendemos usualmente por "ética": "Ninguna ética tradicional nos enseña las normas del 'bien' y del 'mal' a las cuales se deben someter las modalidades totalmente nuevas del poder y de sus creaciones posibles. El nuevo territorio de la práctica colectiva, en el cual entramos con tecnología de punta, es todavía una tierra virgen de la teoría ética".[16] Hoy urge tener una medida de las cosas, entender que, por la instauración de una infraestructura técnico económica inédita, lo que se instituyen son nuevos juegos de poder, modos de organización degradantes, retrocesos sociales y culturales. Es la razón por la cual nos corresponde afirmar

16. Hans Jonas, *El principio de responsabilidad: ensayo de una ética para la civilización tecnológica*, Madrid, Herder, 1995.

en voz alta nuestras exigencias fundamentales, esforzarnos por salvaguardarlas, y más todavía darles más cuerpo. Esa es nuestra responsabilidad, es ella lo que debe fundar la ética de nuestro tiempo presente y que, *de facto*, exige ser prolongada por actos, dados los asaltos violentos que se les oponen. Es un combate de alcance civilizatorio y que debe ser llevado adelante incluso con el riesgo de ver todo aquello por lo cual hemos luchado desde hace tanto tiempo, y por lo que queremos continuar luchando mucho más, derrumbarse irrevocablemente.

2 POR UN CONFLICTO DE RACIONALIDADES

La importancia cada vez mayor que adquirió la técnica en nuestras sociedades originó dos categorías en las antípodas una de otra: los *tecnofílicos* y los *tecnofóbicos*. En su origen, tomaban nota de modos de percepción radicalmente opuestos, enfrentando, por un lado, a aquellos que tenían a la técnica como la condición imperativa de la mejora de las condiciones de existencia y sentían placer equipándose con novedades y usándolas, y por el otro a aquellos que estimaban que toda fabricación de artefactos contribuye a corromper los modos de vida sobrios y "auténticos", a deteriorar nuestro medio, generando a la vez beneficios solo para algunos. Estas posiciones son profundamente irreconciliables. Habrían aparecido en los inicios de la Revolución Industrial, a inicios del siglo XIX, y constituyeron desde entonces el terreno de debates virulentos que volvían a intervalos regulares. La aceleración de la digitalización de la sociedad hacia mediados de los años noventa las habría llevado a expresarse con más fuerza todavía, hasta de ahora en más servir como un clivaje estructurante que se supone ilumina una amplia parte de las opiniones y fuerzas en juego.

Este antagonismo se impuso como si fuera una evidencia, mientras que trae consigo, incluso en su denominación, el defecto de focalizar solamente sobre los constituyentes, sin tener en cuenta suficientemente el contexto que los determina. Postula que los objetos son la causa primera sin buscar ponerlos en relación, como habría que hacer, con las intenciones que presiden su concepción. En este sentido, dicha división procede de una esencialización de la técnica que la restringe a sus funciones primeras, ocultando el hecho nodal de que no dejó de presentarse como un instrumento para la implementación de modos de organización. Lo que caracteriza a la técnica de la modernidad occidental, y particularmente a la de nuestra época, es que, más allá de los dispositivos que genera, representa el punto de apoyo principal para la instauración de lógicas económicas, sociales, y políticas, sirviendo de ahora en más como trama preponderante de gobernanza. Es la razón por la cual esa clasificación es perezosa e inoperante, dado que falla en considerar el factor decisivo: a saber, que la técnica, al encuadrar más que nunca la forma de nuestras existencias individuales y colectivas, *implica de facto valores*.

Es conveniente entonces proceder a una ampliación del espectro perceptivo. La cuestión ya no consiste en utilizar nociones que hagan oponer entre sí a aquellos que apreciarían de un modo general a los objetos, y aquellos otros que los aborrecerían, sino a quienes sostienen ciertos valores y a los que, en sus corazones y sus espíritus, sostienen otros absolutamente diferentes y quieren su preservación. Ya no asistiríamos a la manifestación de desacuerdos que tratan respecto de las herramientas, sino respecto *de un espíritu de la técnica*, en este caso aquel que está predominando y que alimenta un tipo específico de racionalidad: *una razón instrumental extrema*. Esta razón no genera controversias a la altura de los dilemas que plantea mientras que hoy en día se impuso de modo masivo y se convirtió en hegemónica.

En la medida en que nos oponemos a sus fundamentos, y que esta razón llegó a neutralizar todas las demás modalidades posibles, es nuestro deber afirmar que su posición dominante es ilegítima y defender una racionalidad abierta, crítica, inventiva, y que respete el axioma intangible de la pluralidad humana. Y a este título, nos tenemos que librar a *un conflicto de racionalidades*, porque pretendemos obrar con racionalidad, pero con una racionalidad establecida sobre principios en todo punto diferentes. Por esta razón se debe rehabilitar el conflicto –el *agón* de la antigüedad griega–, ya que condiciona la perennidad de ciertos modos de existencias que nos importan; lo que tiene lugar, en este sentido, y en un mismo movimiento, es un *conflicto de aspiraciones*. Nos ordena que anunciemos nuestras divergencias y rechazos, en eso es la misma ética en acto, es lo político que pretende actuar sobre lo real, aquel real del cual quisiéramos desprendernos, pero también aquel del que ya nos desprendimos poco a poco y casi en la indiferencia. Con esta finalidad, damos fe de una racionalidad sutil, analítica y determinada que sea propia para identificar, uno por uno, los valores a los cuales nos negamos, y para ponerlos en consideración respecto de aquellos que contamos con cultivar más que nunca.

En oposición a una racionalidad que se aplica a hacer de cada hecho y cada gesto el objeto de una transacción mercantil, y a desplazar indefinidamente los límites del mercado, pretendemos ubicar nuestras existencias al abrigo de estas ambiciones totalizadoras y, más todavía, pretendemos desplazar el acto de consumo desde el centro hacia la periferia, y no recurrir a él a menos que sea necesario. En oposición a una racionalidad que pretende erradicar todo desorden, luchar contra la entropía y asentar un dominio cada vez más extendido sobre el curso de las cosas, sostenemos que son las imperfecciones de la vida (que nunca se resuelven de una vez por todas) las que estimulan nuestro deseo de realizarnos y trabajar sin descanso para la construcción de un mundo común que se base en el axioma cardinal de no dañar a nadie. En oposición a una racionalidad que concibe lo humano como henchido de defectos y cuenta con paliarlos en favor de máquinas infalibles y todavía más productivas, que hacen de nosotros seres "superfluos" (Hannah Arendt), celebramos los poderes virtualmente infinitos de cada ser humano, y queremos obrar para que todos podamos beneficiarnos de las mejores condiciones que presiden su eclosión y expresión. En oposición a una racionalidad que genera una furia "innovadora" que converge en la extensión de su imperio y contribuye a la instauración de un utilitarismo generalizado, nos negamos a contar permanentemente con una ganancia en nuestras relaciones con lo real y los demás, ya que cultivamos los poderes de nuestra inventiva en vistas a experimentar múltiples modos de existencia que participen de nuestra plenitud individual y colectiva.

En oposición a una racionalidad que tiene la ambición, en toda circunstancia, de secundarnos, de anticipar nuestros deseos, de instituir una asistencia algorítmica de nuestras vidas cotidianas, hacemos nuestra la fórmula de Kant –"ten el coraje de valerte de tu propio entendimiento" (*sapere aude*)– para llevar adelante nuestros asuntos, porque contamos con darnos a nosotros mismos (*autos*) nuestra ley (*nomos*), usar plenamente esa autonomía nuestra que funda el deber de responsabilidad, este imperativo que constituye el honor del género humano. En oposición a una racionalidad siempre insatisfecha que, de modo neurótico, aspira continuamente a rectificar el curso de los acontecimientos o llevarlos a una condición supuestamente superior, vivimos el presente dentro de una forma saludable de conformidad, sin por ello renunciar a modificar el estado de las cosas sino con la única finalidad de contribuir a la salvaguarda de los valores que juzgamos fundamentales y la realización de nuestras aspiraciones más esenciales. En oposición a una racionalidad que pretende ejercerse de modo exclusivo y liquidar consecuentemente lo político –esa posibilidad que una comunidad de destinos se da a sí misma para actuar concertadamente–, respondemos que es dentro de la pluralidad y la contradicción que entendemos que se define libremente el curso de los asuntos públicos sin que este proyecto, por la fuerza de las cosas, pueda nunca terminarse. En oposición a una racionalidad sostenida por un grupo restringido de personas que se afanan para decidir, ellas solas, una amplia parte del destino de la humanidad, nos remitimos al fenómeno del antropoceno, hoy objeto, con tanto retraso, de una desolación unánime y que en su origen no dependió sino de un puñado de individuos que impusieron el uso generalizado del carbón despreciando todas sus consecuencias, con el único objetivo de satisfacer su sed de sacar ganancias, siguiendo un proceso que fue analizado con precisión por Andreas Malm en su libro *L'Anthropocène contre l'histoire* [El antropoceno contra la historia].[1]

En oposición a una racionalidad indefinidamente insaciable que ambiciona desplazar todo límite con vistas a responder a sus apetitos de poder total, dando testimonio de una *hybris* que pone en peligro el equilibrio de los elementos, cultivamos las virtudes de la sobriedad y glorificamos la conciencia del límite, la que nos hace conformarnos con las riquezas inagotables de lo real y tener en cuenta la fragilidad de nuestro medio y las vulnerabilidades de

1. Andreas Malm, *L'Anthropocène contre l'histoire. Le réchauffement climatique à l'ère du capital*, París, La Fabrique, 2017.

todos. En oposición a una racionalidad proyectada hacia un futuro fantaseado que pronto debería hacernos sentir la beatitud de los últimos fines, que procede de la negación de nuestros valores fundantes, que determina un camino trazado de antemano que pretende desde su base las virtualidades ofrecidas por el tiempo y la expresión de todas las subjetividades, y que llegó hasta forjar un término que ratifica en el lenguaje esta trayectoria -la disrupción-, afirmamos la grandeza de ciertos principios que nos llegan desde el pasado, a los cuales nos aferramos y que continuarán inspirando nuestros actos. Porque sabemos, junto con Simone Weil, que "el pasado destruido no vuelve más. La destrucción del pasado es quizás el principal crimen. Hoy, la conservación de lo poco que queda debería llegar a ser casi una idea fija".[2]

En oposición a una racionalidad que se obstina en reducir todo elemento, o cada uno de nuestros gestos, a códigos, procediendo a un reduccionismo miserable que de ahora en más debe gobernar nuestras relaciones con lo real, contamos más que nunca con valernos de los poderes que ofrece nuestra sensibilidad, la única que puede ponernos plenamente en contacto con las palpitaciones más indefinibles de la vida. En oposición a una racionalidad que no acepta la incertidumbre y teme todo imprevisto, conocemos el poder creativo del azar -el cual, particularmente, condicionó nuestra llegada al mundo-, y adoramos las sorpresas de la vida, que hacen descarrilar la rutina cotidiana, contribuyendo a desvincularnos de nuestros hábitos y a ampliar el horizonte de nuestras experiencias. En oposición a una racionalidad que se alimenta con una velocidad histérica destinada a optimizar indefinidamente cada acontecimiento de lo real, preferimos avanzar al ritmo de una temporalidad que no apunta jamás a una

2. Simone Weil, *Echar raíces*, Madrid, Trotta, 2014.

finalidad, sino que opera de manera cíclica, porque es la única que vale, la que nos vincula con la escansión de los astros y vegetales que, dentro de una forma de sabiduría inmutable, no pueden nunca ofrecer otra cosa que lo que pueden en cada temporada.

En oposición a una racionalidad que usa enunciados preformateados, trabaja duro para empobrecer el lenguaje y hacer hablar a las máquinas con estrictos fines funcionales, sabemos que una lengua que busque nombrar las cosas con precisión trabaja dentro de una relación más rica con los otros y con lo real, y exaltamos todavía el juego con las palabras, hasta la ironía, permitiendo que se manifieste así nuestra irreductible singularidad en el centro de un legado común. En oposición a una racionalidad que espera de los sistemas que nos formulen la verdad, queremos mostrar la *parresía* –el término griego que designa el hecho de "decirlo todo", de atreverse a dar testimonio de los acontecimientos con coraje y dentro de una absoluta libertad de palabra– la que nos obliga a denunciar sin descanso esta racionalidad que procede de una negación de nosotros mismos e instituye a grandes pasos un antihumanismo radical al cual nos negamos en cuerpo y alma. Y a dicho título, decidimos defender a todos esos valores que nos son tan caros, movidos por nuestros modos de racionalidad plurales, rigurosos e inventivos, armados para volver a posicionar este modo de racionalidad en el lugar que se merece –en el margen extremo de nuestras existencias, lo más apartado posible de nuestras realidades–; a eso nos aplicamos con método y determinación.

3 AHORA, HACEN FALTA ARMAS

Quizás nos demos cuenta ahora hasta qué punto el pensamiento tradicional chino es clarividente respecto de todo proceso evolutivo. La perpetua metamorfosis que impacta a cada partícula orgánica o inanimada de la Tierra no ocurre jamás de modo abiertamente manifiesto y con ruido, sino que en la mayor parte de los casos ocurre imperceptiblemente y sin previo aviso. Esta conciencia de las "transformaciones silenciosas", que analizó extensamente François Jullien[1], sabe discernir los movimientos infinitesimales pero continuos que condicionan todo cambio. Sin embargo, no se limita a constatar solamente esto; inspira también una ética de la acción que supone que un proyecto que quisiera cambiar un estado de cosas se equivocaría si pretendiera hacerlo bruscamente, ya que ambicionaría una inversión radical que además se tiene que cumplir en un tiempo reducido. Estaría destinada al fracaso en la medida

1. François Jullien, *Las transformaciones silenciosas*, Barcelona, Bellaterra, 2010.

en que contradiría la progresión inevitablemente gradual de toda sustancia. La verdad nos llamaría más bien a actuar con modestia y constancia a fin de dar cuerpo al deseo de trabajar en una renovación cualquiera. Desde hace siglos, cuando vivimos momentos de insatisfacción o situaciones de crisis, el primer reflejo que mostramos, embebidos por la mitología revolucionaria, consiste en querer romper todo a hachazos, a hacer *tabula rasa* para esperar ver porvenires gloriosos en su canto. Pero la historia nos enseñó que todo esfuerzo que apunte a una mutación repentina y definitiva no termina nunca por lograr las aspiraciones iniciales y provoca irremediablemente sufrimientos pesados que se sienten desde todo lugar. Además, esta inclinación tiene generalmente el defecto nodal de focalizarse sobre un blanco único, el único contra el cual habría que concentrar fuerzas y sublevarse. Todo impulso sedicioso designa un enemigo exclusivo, como el romanticismo del Comité Invisible, por ejemplo, que tiene la obsesión de "insurreccionarse contra el poder", y lanza llamados a motines, a levantar barricadas e involucrarse en batallas callejeras con la policía: "Quienes se detienen en las imágenes de la violencia no ven todo lo que se juega en el hecho de asumir juntos el riesgo de romper, de hacer *graffitis*, de enfrentar a la policía".[2]

Estamos saturados de utopías que pretendían suministrarnos vademecums universales capaces, de un día para el otro, de resolver la casi totalidad de nuestras situaciones sin salida. Llegó el momento de proceder a una crítica saludable de la utopía, la que *de facto* supone modelos ideales y que debería prevalecer para todos. Tantas decepciones trágicas nos enseñaron a ser modestos, ya no respecto de nuestras aspiraciones sino con relación a los procedimientos

2. Comité Invisible, *Maintenant*, París, La Fabrique, 2017, p. 13. Disponible en español en tiqqunim.blogspot.com

destinados a darles forma. En el momento en el que el utopismo mesiánico tecnoliberal ganó la batalla de las ideas, y produjo ya los efectos tan temidos en nuestras vidas, no es construyendo otra utopía como nos vamos a dar a nosotros mismos los medios de oponernos a ellos; más bien podremos hacerlo *procediendo con método*, quedándonos con un registro plural y abierto de acciones llamadas a ejercerse en el territorio, ahí donde las cosas pasan, ahí donde se cometen los abusos, ahí donde las indignidades de cada día se despliegan en las sombras. Esta resolución exige una *praxis* y no parlotear sin descanso sobre las "plazas", donde solo la palabra parece hacer las veces de la política, responde a una función catártica y no produce gran cosa. "Mantenerse en pie" no consiste en quejarse públicamente de las propias dificultades de la época: la "ética de la discusión" de espíritu social-liberal pregonada por Jürgen Habermas[3] probó sus límites hasta mostrar su ineficacia.

No hay que apelar a una "convergencia de luchas" sino a *una simultaneidad de operaciones llevadas adelante en los múltiples lugares donde deban ocurrir* e inspiradas por principios comunes. "El motín organizado", según el Comité invisible, "puede llegar a producir lo que esta sociedad es incapaz de engendrar: lazos, vivientes e irreversibles".[4] Y bien, estos lazos, forjémoslos no dentro de la exaltación momentánea de barricadas levantadas para enfrentarnos con un adversario único, sino en el marco de esfuerzos pacientes, continuos, tenaces y coordinados que, en cada caso, obstaculicen las intenciones de la multiplicidad de actores que pretenden desposeernos de nosotros mismos. Decidiéndonos a ser actantes a lo largo de nuestras experiencias vividas se puede manifestar el soplo primero de una "autoinstitución de la sociedad" como la

3. Ver Jürgen Habermas, *Aclaraciones a la ética del discurso*, Madrid, Trotta, 2000.

4. Comité Invisible, *Maintenant*, op. cit.

que reivindicaba Cornelius Castoriadis, que comprometa a cada uno de nosotros a gravitar tanto como pueda en las reglas que presiden nuestras vidas cotidianas.

Si nos vemos llevados cada tanto por súbitos impulsos fogosos, probablemente sea porque también están jalonados por largos momentos de apatía, como el que vivimos hoy, momento en que se produce la alianza entre la industria de lo digital, el mundo de la investigación, el social-liberalismo, los institutos de enseñanza superiores y otros *think tanks*. Frente a esta poderosa coalición que está organizando un desmoronamiento civilizatorio, los únicos signos de nuestra movilización consisten en defender la preservación de nuestros datos personales y a recurrir sin descanso a la "ética", lo que equivale a explicitar el nivel de letargia en curso y hasta qué punto "el pueblo es mudo, vegeta lejos de las altas regiones donde se regulan sus destinos" (Auguste Blanqui),[5] o bien nos complacemos con exigir más regulaciones, suponiendo que las regulaciones representan un cortafuegos para eventuales derivas. Ahora bien, contar con los legisladores es una ilusión, dado que son los políticos los que, en primera fila, sostienen ese espíritu técnico dominante gracias a los considerables fondos públicos que reciben, su sumisión al *lobbyng* y a las leyes redactadas con dicha finalidad, conforme a un "ordotecnoliberalismo" que se convirtió en norma en las grandes democracias y que hace eco a lo que Ivan Illich formulaba ya hace más de cuatro décadas: "La ley y el Derecho, en sus formas actuales, están, y de modo aplastante, al servicio de una expansión indefinida [...] la perversión del Derecho impide volver a pensar los límites de nuestro sistema".[6] Además, lo que caracteriza a los desarrollos tecnológicos en curso es que una amplia parte entre ellos se sustrae a

5. Auguste Blanqui, *Maintenant, il faut des armes*, París, La Fabrique, 2017.
6. Ivan Illich, *La convivencialidad*, Morelos, Ocotepec, 1978.

la posibilidad misma de enmarcarlos. No: más que engañarnos sobre un "control" garantizado por una asamblea de elegidos, es momento *de oponer relaciones de fuerza, de defender una ética de la acción*.

Esa voluntad de "ser actores de nuestros actos" (Descartes, *Las pasiones del alma*) que hemos desatendido pretende, gracias al ejercicio de nuestro libre arbitrio, hacer respetar los principios a los cuales adherimos, haciéndonos "dignos de estima ante los ojos de otro como de nosotros mismos". En la medida en que cada uno de nosotros se ponga a cultivar esta *virtus*, esta fuerza del alma, entonces se puede lograr una movilización en toda la escala de la sociedad decidida a contrarrestar los designios de las potencias que nos enfrentan. Sin embargo, una resolución semejante se puede ver disminuida por el abarrotamiento de discursos que velan los hechos, que son repetidos en todo lugar, que contribuyen a nublar nuestras percepciones. A esa farsa generalizada, debemos oponer el relato de las experiencias singulares, la expresión de los testimonios que narran realidades vividas y que quedan entonces expuestas a los ojos de todos. Es nuestro deber establecer, donde estemos, contraexperticias que desmientan las palabras de los expertos y los intereses de los cuales son portavoces a fin de despertar una "intolerancia activa". La expresión fue impresa en un volante del *Groupe d'information sur les prisons* (GIP) en 1971, dentro del cual se había involucrado Michel Foucault y cuyo objeto consistía principalmente en hacer públicas las condiciones vigentes en el mundo penitenciario: "No hay que dejar a las prisiones en paz, en ningún lado [...] nuestra indagación no se hizo para acumular conocimientos, sino para aumentar nuestra intolerancia y hacer de ella una intolerancia activa".[7] La neolengua tecnoliberal logró, por

7. Michel Foucault, *Dichos y escritos, Tomo 2*, Madrid, Editora Nacional, 2010.

sus fórmulas prefabricadas, generar un imaginario común e imponer una línea directriz trazada de antemano que ilustra de modo emblemático la expresión que se ha vuelto usual de "transformación digital". Nos horrorizamos por las *fake news* pero nadie se pone en guardia a propósito de esa retórica lamentable y usurpadora que modela las representaciones, participa de la insipidez de los debates y contribuye a neutralizar cualquier toma de conciencia y las iniciativas que podrían derivarse de ello.

George Orwell, en *Politics and the English Language* [La política y el lenguaje inglés], había alertado sobre los peligros de un empobrecimiento del lenguaje, dado a unirse con una "higiene de la lengua" que se niega a toda pomposidad capaz de travestir los fenómenos en curso, dado que "pensar claramente constituye un primer paso hacia la regeneración política".[8] Corresponde al escritor combatir "el mal lenguaje", "lo que Ingeborg Bachmann llama 'el lenguaje de los estafadores' ('*die Gaunersprache*'), el que reproduce y cristaliza el mundo en representaciones reductoras".[9] Porque valerse de una lengua precisa y rica, además cuando está hecha de claridad y elegancia -"La claridad es la cortesía del filósofo" (José Ortega y Gasset)-, representa un escudo de envergadura contra el léxico vulgar tecnoliberal. Por eso me esfuerzo, en este libro, como en los precedentes; porque lo considero un arma teórico-literaria.

"Porque la cuestión del trabajo es de una importancia suprema, si no de la más alta" (extraído de un decreto del gobierno provisorio de la república de 1848)[10]

8. George Orwell, *Politics and the English Languaje*, Londres, Horizon, 1946.

9. Françoise Rétif, *Introduction à Ingeborg Bachmann. Toute personne qui tombe a des ailes*, París, Gallimard, 2015, p. 37-38.

10. *Bulletin de la République, Journal officiel du gouvernement provisoire*, decreto del 28 de febrero de 1848, publicado el 1° de marzo de 1848 y citado por Michèle Riot-Sarcey, en *Le Procès de la liebrté. Une histoire souterraine du XIX siècle en France*, París, La Découverte, 2016, p. 23.

debe ser, en efecto, objeto de nuestra atención. Porque el trabajo –tanto para quienes ejercen uno como para aquellos que enlazan uno detrás del otro contratos precarios en su búsqueda– moviliza una amplia parte del tiempo de nuestra vida y debería, en teoría, ofrecer a todos la oportunidad de expresar las propias cualidades. Ahora bien, en su forma hoy predominante, el trabajo representa el lugar donde se juegan relaciones de poder de todo tipo, las más extremas de las cuales envilecen a las personas que las padecen y provocan la parálisis de sus capacidades. Están vigentes desde hace muy largo tiempo, pero hoy se ven exaltadas por la implantación creciente, dentro de los espacios profesionales, de sistemas de guía de la acción humana. Primero hay que dar testimonio de estos entornos recientes –"que no hay que dejar en paz en ninguna parte", para retomar los términos de Foucault– condiciones que imponen estas "fábricas 4.0" "piloteadas por el dato", que tanto ponderan las sociedades comerciales que conciben esas mismas arquitecturas, como Microsoft, SAP, IBM... como por los accionistas y políticos que se regocijan por el advenimiento de una nueva era industrial pronto liberada de toda escoria y fluida en toda su extensión gracias a la "transformación digital de las empresas". Les toca hacernos saber el modo en que operan estos mecanismos (que no apuntan sino a responder a estrictos imperativos de productividad) a las personas transformadas en robots de carne y hueso que viven de lleno el impacto estas situaciones, que se ven privadas de su espontaneidad y a las cuales se les niega su singularidad, pero también a aquellas que trabajan en el sector de servicios y que se ven ubicadas bajo la autoridad de ecuaciones matemáticas que tienen razón en todo, privándolas del uso de sus facultades de juicio y de su intuición. Estas personas deberían llevarnos a afirmar, junto con Simone Weil, "que a partir de ahora, tenemos que garantizar colectivamente la defensa de nuestra vida y nuestro trabajo contra los instrumentos y las instituciones que amenazan o desconocen el derecho de las personas a utilizar su energía de modo creativo".[11]

Sería tiempo de que los sindicatos ya no se preocupen solamente por los salarios o ciertas condiciones de trabajo, sino por estos dispositivos que ultrajan la dignidad humana a los que tenemos que combatir por un deber moral. Para eso, hay que valerse del derecho al retiro reconocido por el código de trabajo, hasta el momento de ver que estos sistemas cesan en sus funciones. Más todavía: nos corresponde hacer que estos procedimientos sean proscriptos por la ley, como nos incita la Constitución de la República Francesa, bajo la forma que le dio en 1789 la Declaración de los Derechos del Hombre y el Ciudadano: "La Ley es la expresión de la voluntad general. Todos los Ciudadanos tienen derecho a participar personalmente, o por medio de sus representantes, en su formación". Redactar textos de ley para favorecer "la innovación" corresponde a un proyecto de sociedad muy distinto, porque esta innovación lleva a extender lógicas inhumanas y a dar cuerpo al antihumanismo radical por venir. Pascal Lokiec analizó en su obra *Il faut sauver le droit de travail*[12] los procesos de subordinación hoy vigentes más que nunca en las relaciones profesionales, y expone las múltiples estrategias que despliegan las empresas para eludir ciertas restricciones del derecho, desde hace poco tiempo regularmente obstaculizadas porque los asalariados recurren cada vez más a los tribunales y a los derechos fundamentales. Estos son casos ejemplares de una política de la acción ejercida sobre el territorio y que da frutos, contribuyendo a neutralizar veleidades ilegítimas.

Tenemos que hacer valer nuestro derecho a la palabra en otros sectores de la sociedad, tenemos que establecer

11. Simone Weil, *Echar raíces*, op. cit.
12. Pascal Lokiek, *Il faut sauver le droit du travail*, París, Odile Jacob, 2015.

contraexperticias y oponer un rechazo cuando estimamos que las circunstancias así lo exigen. En las primeras filas de estos sectores está la educación que, a igual título que el trabajo, representa un campo cardinal de nuestras existencias. Es el campo dentro del cual se supone que los jóvenes –de los que los adultos son responsables– adquieren conocimientos, aprenden a ejercer su juicio, se desarrollan en un conjunto común y se constituyen como personas singulares dotadas de un espíritu crítico y plenamente capaces de expresar sus capacidades. Desde la última parte de la década de 2010, los políticos, embriagados por los discursos tecnoliberales y sometidos al *lobbyng*, hacen de la "transformación digital" de la escuela pública su prioridad absoluta, viéndose obnubilados de éxtasis respecto de los nuevos modelos pedagógicos que autoriza el uso de *tablets*, de las aplicaciones educativas y de la explotación de la inteligencia artificial, que permiten inaugurar la era de la "enseñanza personalizada". Alentados por inspectores académicos que no saben sino escuchar "el espíritu de los tiempos", no dejan de invertir fondos públicos masivos, preocupados y llenos de culpa como están, y firman con esa finalidad partenariados con grupos de la industria de lo digital que, dada la extensión del mercado, hacen brillar soluciones milagrosas que prometen resolver la crisis de la escuela que predomina en las grandes democracias desde hace una treintena de años.

Es responsabilidad de los profesores y de los padres de los alumnos no sometidos a esta doxa tan pobre afirmar que la escuela no está ahí para representar el reflejo exacto de la sociedad, que se debe a la vez inscribir en su tiempo y cultivar una forma saludable de retiro capaz de preservar ciertos principios que se juzgan indispensables para la formación de conciencias esclarecidas, como lo analizó perfectamente Hannah Arendt en *Entre el pasado y el futuro*: "Evitemos todo malentendido: me parece que el conservadurismo, tomado en el sentido de conservación, es la esencia misma de la educación, que siempre tiene como tarea envolver y proteger algo –el niño contra el mundo, el mundo contra el niño, el recién llegado contra quien está desde hace mucho tiempo, el que está desde antes contra el nuevo".[13] Frente al relativismo de la época, el desafío no consiste en relegar al profesor al rango de *coach* para que azuce a los alumnos a fin de que vayan rumbo a las plataformas, para que convierta su saber en marginal y para desposeerlo de su autoridad. Tampoco para que equipe a los niños y adolescentes de modo de que puedan, en el futuro, "encontrar su lugar" frente a la omnipresencia anunciada de la inteligencia artificial, de modo de ratificar, una vez más, movimientos en curso. No: la urgencia consiste en ofrecerles todos los medios necesarios que les permitan construirse como seres autónomos, particularmente gracias a la frecuentación regular de libros impresos que favorezcan la atención plena y la maduración de la reflexión, incluso que los disponga a dar muestras de una perspectiva crítica y de inventiva en numerosas circunstancias, y todo a lo largo de su existencia. Solo esta habilidad los volverá después capaces de tomar sus propias determinaciones dentro de una sociedad gobernada por sistemas, y no aptitudes utilitaristas cualesquiera que proceden de una visión mecánica y reduccionista de las cosas.

Nos corresponde una vez más denunciar el aislamiento paulatino de las competencias del médico y de sus facultades sensibles en beneficio de dispositivos que muy pronto estarán llamados a no garantizar una función meramente complementaria sino exclusiva, ratificando así el proyecto de confiscación de la medicina por parte de la industria de lo digital ligada al mundo farmacéutico. Nos toca a nosotros, tanto como al cuerpo médico, enfrentar

13. Hannah Arendt, *Entre el pasado y el futuro. Ocho ejercicios sobre la reflexión política*, Barcelona, Península, 1996.

estos procedimientos que ultrajan la integridad de la profesión y que socavan los principios de acceso universal a los cuidados terapéuticos y la solidaridad. Con ese objetivo, se debe afirmar el rechazo categórico a la incorporación de "robots de compañía" en los hospitales y dentro de los geriátricos, que se deriva además de una vergonzosa reducción de los efectivos, provoca una deshumanización de los cuidados terapéuticos y banaliza la falta de responsabilidad en nuestras obligaciones respecto de nuestros mayores.

¿Es aceptable que en ciertas cortes tribunalicias los sistemas sustituyan la apreciación de los jueces y que el régimen de la contradicción sea eliminado en favor de experticias automatizadas destinadas a siempre ocupar el lugar de la verdad? Nos toca a todos movilizarnos, a cada ciudadano susceptible de verse confrontado con la justicia, a fin de exigir la preservación de ciertos valores situados en los fundamentos de nuestra civilización, y que están destinados a ser erradicados en el transcurso de las dos próximas décadas. En caso contrario, quizás nos ocurra un día, como a Joseph K, el antihéroe de *El proceso*, de Kafka, que seamos objeto de un arresto abusivo emitido por una máquina supuestamente infalible, y a la cual no se le podría replicar ningún argumento contrario. Ante este espíritu que pretende excluirnos de la gestión de nuestros propios asuntos y que se extiende a un número cada vez más vasto de los sectores de la sociedad, tenemos que expresar a través de nuestras palabras y a través de nuestros actos nuestro desacuerdo en nombre de nuestra herencia común y de las convicciones compartidas.

Es conveniente también que nos mostremos por fin activos también en el marco de nuestras vidas individuales. Primero, negándonos a llevar sensores en nuestros cuerpos que transmitan informaciones relativas a nuestros flujos fisiológicos, a nuestra actividad sexual, a nuestro sueño, a nuestros estados emocionales, así como la integración de objetos conectados dentro de nuestros domicilios que den testimonio de nuestros usos –y que generan datos explotados con finalidades comerciales. Es también nuestra responsabilidad no recurrir a esos "asistentes virtuales" ni a esos futuros vehículos manejados por la industria de lo digital, que representarán la condensación o el colmo de aquello que no queremos: una vida asistida en toda circunstancia, que ofrece un confort apaciguador y que lleva a hacer de la captura del menor de nuestros gestos la oportunidad de generar beneficios. Además, podemos ejercer un nuevo tipo de presión a través de nuestros actos de consumo, eligiendo productos que se producen en pequeñas estructuras y cooperativas que rechacen los modos del *management* degradantes y que no busquen asfixiar los talentos humanos, sino que por el contrario favorezcan su libre expresión. Esta actitud exige de nosotros un deber de información que no es solamente saber de qué se componen los productos, o dónde hay trabajo infantil ilegal, entre otras cosas que supervisamos, sino conocer el espíritu prevaleciente, los métodos vigentes; es también a través de acciones de esa índole que damos muestra de una racionalidad metódica. Contra un modelo económico de apetito insaciable y que, con dicha finalidad, no duda en negar las capacidades de los individuos hasta querer, en nombre del primado de la productividad, excluir toda presencia humana, contamos con sostener, a través de nuestras compras, experimentaciones empresariales que estén decididas a garantizar la dignidad y la salud de cada cual, a favorecer la convivialidad y a preservar la integridad del medio y de los paisajes en todo el mundo.

Este asalto antihumanista podrá ser jaqueado a todas las escalas de nuestras vidas individuales y colectivas a través de una multitud de gestos concretos, sostenidos y acumulados. La verborragia incesante que afirma que esta trayectoria es ineluctable se deriva de la mera ideología, porque nunca pasó en la historia que un movimiento que ultraja la dignidad humana se desarrolle indefinidamente sin verse un día u otro rechazado por corrientes opuestas. Y porque toda resolución, incluso la más determinada, sigue siendo relativa, y finalmente bastante triste, si no procede sino de modo negativo, pretendemos también afirmar nuestro poder de positividad, dar testimonio de nuestras capacidades para hacer florecer otros modos de existencia y de ser en común que sean plurales, creativos y gozosos, porque es precisamente de esta doble tensión que extraemos nuestras fuerzas y, más todavía, los motivos de nuestras esperanzas.

4 EL CANTO DE LAS DIVERGENCIAS

No faltan figuras históricas que, inspiradas por una visión o por trabajos teóricos más o menos elaborados, han llegado a proponer un modelo de organización política que supone responder a todas las contradicciones, que se tiene por el más perfecto y que debe prevalecer para todos. Generalmente, esas construcciones siguen en el estado de una intención, o a veces son objeto de debates. Más raramente involucran la implementación de acciones destinadas a darles forma. Sabemos que, cuando las personas se agruparon y se dieron, en los hechos, los medios de realizarlos, los resultados no solamente no se correspondieron con las expectativas, sino que produjeron múltiples situaciones desastrosas. Sin embargo, esas posiciones siguieron manifestándose, como si la historia no revistiera un valor instructivo y como si del espíritu de un solo ser pudiera provenir la verdad sobre la manera más ideal de vivir juntos. En realidad, cuando un individuo tiene la impertinencia, la arrogancia –la locura, para decirlo con más exactitud– de proponer a la comunidad humana entera un modo de vida con pretensión de imponerse de manera universal, debería indicársele que se excede en sus derechos y su propuesta tendría que ser rechazada. En nuestros días, si la lista de estos profetas se redujo considerablemente (teniendo en cuenta su proliferación en los dos siglos previos), algunos especímenes sin embargo siguen esperando ver cómo sus tesis se imponen a escala de la Tierra entera; algunos encuentran además un eco entre el público y la prensa, y es entonces cuando lisa y llanamente deberían ser ignorados o puestos en ridículo.

Con seguridad, el caso más emblemático de dicha especie –y el más caricaturesco– es el de Alain Badiou, que, conforme al estatuto, oh, cuán obsoleto, del intelectual que da como pastura a su rebaño soluciones prefabricadas en una negación de los acontecimientos pasados desde un escritorio resguardado, insiste en afirmar de modo circular que el comunismo, "el verdadero" (no el que se corrompió por "el espíritu pequeñoburgués"), representa el único e insuperable horizonte de la humanidad.

Si estas visiones unilaterales y totalizadoras puede ser recibidas con tal buena disposición, es porque hacen eco de nuestra percepción dominante de las cosas, suponiendo, pese a la profusión nunca silenciada de las subjetividades, que solamente un modelo exclusivo permitirá regular bien los asuntos comunes, que una pluralidad de horizontes no puede dar testimonio sino de formas de extravío, y que la modalidad considerada la pretendidamente más superior debe *in fine* triunfar sobre todas las demás. Esta concepción proviene, en su origen, de los trasfondos de nuestra psiquis, de nuestro temor fundamental a lo real, que nos empuja a remitir todo a un orden trascendente, a un Dios monoteísta o a un modelo ideal de espíritu platónico, por ejemplo. Es resultado, de un modo u otro, de nuestra voluntad de encontrar la barrera más eficaz capaz de protegernos de todas las vicisitudes de la existencia. La búsqueda de una solución adecuada y perenne se relacionaría, a fin de cuentas, con una cuestión de vida o muerte. Nuestra desgracia consiste en habernos dejado llevar al hecho de ceder a nuestras angustias y a esa pereza del pensamiento, a habernos resuelto al imperativo de privilegiar un esquema predominante. Quien abre la puerta a todas las formas de dominación, de registro, quien restringe las capacidades de los seres humanos, paraliza el deseo de comprometerse en caminos divergentes y lleva a todos, inevitablemente, al abatimiento. Porque toda vida que se resigna a someterse pasivamente a un modelo mayoritario está condenado a la tristeza.

Lo que caracteriza al modelo tecnoliberal es que se impone con fuerza, que ahoga poco a poco toda alternativa, que modela siempre más profundamente nuestros modos de vida, pero sin tener la apariencia de estar haciéndolo porque, al mismo tiempo que procede de lógicas uniformes, sabe jugar con los encantos de la extrema individualización del acompañamiento de las conductas. Sin embargo, frente a esta hegemonía, sería un error, como lo pregonaba Gramsci, buscar oponerle otra hegemonía, una contrahegemonía. Más bien valdría expresar sin reservas nuestra pluralidad, intentar implementar una multiplicidad de esquemas, porque cuanto más numerosos sean, menos vigente estará la preponderancia de un solo orden. Defender la multiplicidad no supone decidirse por el relativismo, sino, muy por el contrario, hacerlo valer *sobre la base de una comunidad de principios* a partir de los cuales puede florecer una infinidad de estilos de vida posibles. Sin embargo, la pluralidad no se deriva de un estado dado, no depende de un vago anhelo, sino que está condicionada por la voluntad de ir por delante de las cosas y la vida, de animarse a emprender acciones con vistas a defenderse de las normas y hábitos que se juzgan molestos, de comprometerse en caminos no balizados que presentimos que podrían conducir a situaciones benéficas tanto para uno mismo como para los demás; en síntesis; la pluralidad nos convoca a ser movidos por convicciones y por el deseo resuelto de *experimentar*.

La experimentación permite manifestar en actos una distancia respecto de las reglas que se nos imponen, buscando implementar, bajo innumerables modalidades y en diversas escalas, modos diferentes de garantizar la conducta de nuestros destinos individuales y colectivos. La empresa supone el riesgo, el riesgo de perder a veces el propio confort, o una posición profesional, pero se ve llevada adelante por la imperiosa necesidad de no someterse a un orden que se juzga ilegítimo o que no nos conviene. Entonces opera como un acto político fundador que procede de un doble movimiento: la negación de una situación dada y la tensión hacia otra respecto de la cual estamos persuadidos de que es justa, pero de la cual ignoramos de antemano si podrá ser viable. Está hecha a imagen y semejanza de nuestra relación con el mundo, tejida por la inquietud, la sospecha, la búsqueda, el apetito de usar la propia libertad y por la hipótesis continua de que podemos engañarnos. Y si cada uno de nosotros toma el camino de experimentar, decide apropiarse de su existencia y dar forma a las aspiraciones que anidan en el fondo de su corazón, entonces podrá emerger una infinidad de proposiciones que alejan *de facto* todo modelo dominante, liberando la efervescencia de la vida hecha de apariciones inesperadas y de entrecruzamientos indefinidos de fuerza de toda naturaleza.

Si hay un campo en donde están vigentes esquemas cada vez más uniformes, ese es el campo de trabajo. Es el campo que, desde la Revolución Industrial, nos mostró la generalización de los procesos estandarizados de producción que luego tomaron un giro radical con el fordismo, seguido más tarde por la instauración de modos del *management* que procedían de las mismas lógicas, invocando la movilización continua e instaurando la puesta en competición permanente como modo de emulación, jugando con la inseguridad y la precariedad como armas de presión. Si se deriva de un deber el hecho de analizar estas modalidades que aplastan los cuerpos y agobian los espíritus, el hecho de comprender sus engranajes o denunciar sus abusos e indignidades, no basta con limitarse a lamentarse por el modelo liberal, según un reflejo habitual de nuestra época que recurre continuamente a la queja, pero no se da a sí misma los medios de oponerse en nada en los hechos mismos. Decidir la implementación de acciones prácticas supone antes que nada valentía, la de comprometerse en una vida que "deber ser vivida, en una amplia medida, en términos de esfuerzos" (George Orwell, *El camino a Wigan Pier*), la de romper las cadenas y arriesgarse en aventuras capaces de abrir los caminos de la libertad.

Pero asumir riesgos se emparenta menos con un salto en el vacío, y genera menos espanto, si se instituyen dispositivos destinados no solamente a sostener el movimiento sino también a favorecerlo, porque si existen en algunos países sistemas de mutualidad que permiten, cuando ocurre un despido, garantizar una ayuda financiera durante un tiempo dado, deberían ser implementados también sistemas destinados a atender a aquellos que deseen abandonar un puesto que no los satisface para que se puedan comprometer en otro proyecto, pero no en una enésima empresa o *start-up* que reproduzca el modelo dominante, sino un proyecto que busque experimentar nuevos modos de organizarse y producir. La definición de los criterios se revelaría decisiva, debería ocuparse de colocar una base que respete el derecho fundamental de las personas, alentando la parte creativa de todos y teniendo en cuenta el medio. Sería otro proyecto de sociedad, completamente diferente, pretender convertirnos a todos en pintor de domingo o en pescador eterno, gracias a un sueldo básico universal –nuevo dogma de la época poderosamente sostenido por la industria de lo digital–, que no hace sino iniciar, dentro de una dimensión culpable, la expulsión paulatina de las personas de los lugares de trabajo dejándole la mano libre a la incesante expansión tecnoliberal.

Es una herejía pensar que es el trabajo en sí mismo el que constituye una maldición; la maldición es más bien aquello en lo cual el trabajo se ha convertido, porque más que buscar eliminarlo de nuestra vida, inspirados por la cantinela según la cual la "máquina es redentora de la humanidad, el Dios que se ocuparía de los *sordidœ artes* y del trabajo asalariado, el Dios que le dará esparcimientos y libertad" (Paul Lafargue, *Le Droit à la paresse*), lo que hay que esforzarse por modificar es su naturaleza y sus condiciones, en la medida en que el trabajo puede, a lo largo de una vida, contribuir a la expansión y a la creatividad de las personas. Podemos realizarnos en el ejercicio de ciertas tareas, en aquellas que nos permiten expresar nuestras capacidades, aumentar nuestro *savoir-faire*, y perfeccionar nuestras cualidades. Frente a las bruscas mutaciones en curso, conviene que nos confrontemos con estos desafíos sin ceder a la facilidad social-libertarista, la que, por ejemplo, hace decir de manera perezosa y grotesca a Benoît Hamon, candidato "socialista" en las elecciones presidenciales francesas de 2017: "Concibo el salario universal como un derecho a controlar la propia vida".[1] Estas cuestiones revisten una importancia decisiva; ¿y nos conformaríamos con soluciones inmediatas y expeditivas que apuntan a "tasar con impuestos a los robos" y a abandonar la existencia de construirnos en la adquisición de competencias y la práctica de un oficio?

Más que un salario básico envilecedor que lleva a la ignominia de una sociedad de esparcimientos perpetuos,

1. "Le travail n'est pas un valeur!", diálogo entre Benoît Hamon y Pierre-Ives Gomez realizado por Martin Legros y Samuel Lacroix, *Philosophie Magazine*, nº 108, abril de 2017.

haríamos mejor sosteniendo una eclosión de iniciativas que nos vuelvan a vincular con el placer del trabajo, que favorezcan la expresión de los talentos de todos, que instauren un espíritu de convivialidad y de ayuda mutua que genere lazos de comunidad entre pares, en oposición a los primados actuales de la puesta en competencia permanente, de la imposición y la sujeción a jefes prendados del poder. Con estas condiciones se podría instaurar una "república en el taller", según la expresión de Henri Feugueray, autor de *L'Association ouvrière, industrielle et agricole* (1815).[2] Y estas iniciativas, basadas en el principio de la cooperación, son estructuralmente reacias a todo modelo único, se inspiran más bien en principios comunes, entre ellos aquel que consiste en privilegiar antes que nada la calidad del trabajo –la calidad extrema del trabajo–, aquella ante la cual nos sentimos felices de uncirnos cuando la llevamos adelante antes de someterla, después, a la apreciación de otro. Aquella calidad del trabajo a la cual se aferra particularmente el artesano y que constituye su orgullo, ese artesano a propósito del cual William Morris quería recordar que dominaba el conjunto de las etapas de la fabricación, que podía decir, respecto del objeto que creaba, "que era *su* obra", ya que no estaba desvinculado de sus poderes, en oposición a los procesos de despersonalización vigentes hoy por la culpa de los modos del *management* que se abocaron a la fragmentación de las tareas.

Se trata de algo completamente distinto de los *fab labs* y otros *hackerspaces*, y de toda esa "filosofía del hacer" celebrada por ciertos sociólogos que, yendo al terreno, se maravillan cuando asisten al formidable movimiento de emancipación que ofrece la oportunidad, para quien quiera, de transformarse en *bricoleur*, finalmente liberado del yugo del capitalismo y pudiendo dar forma a

2. Citado por Michèle Riot-Sarcey, en *Le Procès de la libertè,* op. cit., p. 47.

todo tipo de objetos por medio de impresoras 3D, conforme a la ideología *hacker* que disfruta del advenimiento de un "modelo alternativo" basado en la farsa de un "espíritu colaborativo" que no apunta *in fine* sino a responder al interés particular de cada cual. Y es una cosa completamente diferente de la "economía circular", la "economía solidaria" o la llamada "economía del bien común", del cual el supuesto "premio Nobel" de economía Jean Tirole se hace el vate y a la cual más bien habría que adjudicarle el precio de la doxa y la neolengua social-tecnoliberales. Lo que cuenta no es levantar el reciclaje como un imperativo mayor, es decir, poder adquirir a menor costo un cochecito infantil usado, o imaginar que lo "local" nos va a salvar de numerosas derivas, sino que es la voluntad deliberada y sostenida de ir hacia la emergencia de formas de trabajo dignas y creativas. Se trata del mayor proyecto político, ético y civilizatorio que se pueda concebir.

Sin embargo, esta resolución supone no superar una cierta escala, porque si la superamos inevitablemente aparecen los obstáculos. Hay que escuchar a aquel ebanista austríaco en la película *Nul Homme n'est une ile*[3] –mientras se encuentra en un bosque por el que siente afecto, alaba las virtudes de ese entorno preservado, evoca con amor los árboles que lo alimentan y cuyos ciclos de vida se siente confiado de poder respetar–, cuando dice que, dada la calidad de los productos fabricados gracias a su estructura que no dejó de desarrollarse, no hay que superar el umbral de diez personas dentro de él para no desnaturalizar el espíritu que lo inspira desde sus comienzos. La cuestión de la escala reviste un alcance ético y político nodal, determina la forma de una sociedad y, más todavía, de una civilización, conforme a lo que ya había subrayado

3. *Nul homme n'est une île*, realizado por Dominique Marchais, producción de Zadig Films, 2017.

en su momento Ernst Friedrich Schumacher en un libro cuyo título tiene el valor de un manifiesto, *Lo pequeño es hermoso*: "¿Cuál es la escala más conveniente? Depende de lo que se quiera hacer. La cuestión de la escala hoy es crucial, y es un punto muy álgido en los asuntos políticos, sociales, económicos, al igual que en cualquier otra cosa, o casi".[4] Para intentar responder a esta exigencia, hay que cuestionar las normas pedagógicas que, desde la posguerra, denigraron progresivamente las humanidades y el aprendizaje de los oficios en beneficio de las matemáticas y de una enseñanza abstracta y utilitarista. Es normal que hoy estemos pagando el precio. Nos corresponde a nosotros, y sin demoras, buscar invertir esta tendencia lamentable. Entonces debemos volver a pensar toda nuestra concepción de lo social, que ya no debe ser considerado solamente bajo la medida de las ventajas adquiridas, de la recuperación del poder adquisitivo de los salarios y de ciertas condiciones de trabajo, sino como la reivindicación legítima de beneficiarnos del mayor margen posible de expresión y las propias capacidades en el ejercicio de las propias tareas.

La voluntad de experimentar -de lo que puede ser tenido como una necesidad vital y un deber moral- debe desbordar el marco estricto del trabajo para expresarse en una multiplicidad de campos de la sociedad. Frente a todas las dificultades de la escuela pública, le toca a cualquiera que tenga deseos de ello y tenga las competencias necesarias intentar implementar estructuras mínimas y calificadas que puedan dispensar una enseñanza basada en el apetito por el saber, en el gusto por los libros y las lecturas, en el desarrollo de la creatividad y en el aprendizaje de las tareas manuales que favorezcan una relación sensible con las cosas, así como le corresponde

4. Ernst Friedrich Schumacher, *Lo pequeño es hermoso*, Madrid, Akal, 2011.

a todos aquellos que estén deseosos de hacer entender a otros los resortes de los grandes principios que nos fundan. Del mismo modo, se podrían constituir colectivos de médicos y enfermeras con vistas a defender una filosofía del cuidado del otro totalmente diferente, que se ubique deliberadamente fuera del asalto de la industria de los datos y de la omnipresencia anunciada de la inteligencia artificial, como se pueden también inaugurar geriátricos, a escala reducida, dentro de los cuales prevalezca una atención plena para todos y donde los robots llamados "de compañía" no muestren su presencia sino bajo la forma de posters pegados en las paredes cubiertos de dibujos infantiles que les han agregado bigotes o alguna nariz de payaso, por ejemplo. Cada uno de nosotros debería poder montar proyectos alternativos que se juzguen virtuosos para el conjunto común y que se beneficien, por eso mismo, del sostén de la colectividad. De ese modo, nos encontremos donde nos encontremos, estaremos en la medida de trabajar por el advenimiento de un régimen democrático diferente, no ya basado sobre el primado de la boleta de voto sino sobre el derecho, y el deber de experimentar y construir *Zones à Défendre* [zonas a defender] de toda naturaleza, hasta hacer intervenir la jurisprudencia cuando lo juzguemos necesario, movidos por la convicción de que "el movimiento de los pueblos resulta [...] de la actividad de TODOS los hombres que toman parte en el *acontecimiento*" (Tolstoi).[5]

Tenemos necesidad no tanto de "bienes comunes" –alabados en todas partes por una cierta ideología cenagosa de la época– basados en el goce, sino de *modos de ser en común* que se niegan a toda estructura asimétrica de poder, favorecen el despliegue pleno de cada uno y respetan el principio inalienable de nuestra pluralidad. ¿Cómo definir ese humanismo que deberíamos defender?

5. León Tolstoi, *La guerra y la paz*, Buenos Aires, Losada, 2011.

No como a aquel que tiene la ambición de dotarnos de un poder sin límites sobre las cosas, que proviene de un antropocentrismo dominador y devastador, sino como aquel que nos ordena cultivar nuestras capacidades, las únicas que nos pueden volver plenamente amos de nuestros destinos, que nos ordenan favorecer la eclosión de una infinidad de posibles, sin pisotear los derechos de nadie y dando voz al canto polifónico e ininterrumpido de las divergencias.

Probablemente esto sea hacer de la propia vida una obra de arte -individual y colectivamente- buscando liberarnos de las normas y ataduras que nos paralizan gracias al ejercicio sin contención de nuestro poder creativo, abordado por Bergson como condicionando en la base la expresión de nuestra libertad-, el que da testimonio del "élan vital" de un mundo que "se inventa sin cesar" y que, gracias a dicha llama, no padece los acontecimientos de modo pasivo, resignado y triste: "En todo lugar en donde haya alegría, hay creación; cuanto más rica sea la creación, más profunda es la alegría".[6] Porque ubicar nuestra relación con los otros y lo real bajo el sello de la inventiva supone trazar paso a paso nuestro propio camino y contribuir, en la medida de cada cual, a la obra común, sin frustración, resentimientos o envidia, porque estaremos totalmente movidos por todas las facultades de nuestro cuerpo y nuestro espíritu así como por nuestro amor sin límites a la vida.

6. Henri Bergson, *La energía espiritual*, Buenos Aires, Cactus, 2011.

EPÍLOGO

YO, UN PULPO ESCÉPTICO

Estamos tan cerca y tan lejos. Lo que nos diferencia profundamente es que, como ustedes, si nos sometemos a los avatares de la vida, a múltiples peligros, a la enfermedad, a la corrupción, no nos esforzamos, generación tras generación, por perfeccionar los medios destinados a protegernos y a defendernos, a tallar sílices, a poner a punto ballestas o todo tipo de armas, a levantar murallas, a edificar casas de piedra, castillos-fortalezas, a someternos a reyes y sistemas políticos para garantizar nuestra seguridad o nuestra supervivencia. Todos estos procedimientos los ponen a ustedes más o menos a resguardo, pero muchas veces los obligan a desarrollarse dentro de marcos restringidos, hasta a veces encerrarlos entre cadenas. Ustedes no han dejado, en el transcurso de las eras, de elaborar técnicas de toda naturaleza con esa finalidad. Y, sin embargo, a pesar de todos esos esfuerzos, y a pesar de tantos éxitos, su vulnerabilidad persiste, no hay ninguna solución provisoria que permita erradicarla definitivamente, ya que vivieron desde la noche de los tiempos, y hasta hace muy poco tiempo, esta condición como una fatalidad. Porque nosotros, al revés que ustedes, si estamos también confrontados a los riesgos de la existencia, no queremos hacer de esta inquietud fundamental el pivote de todas nuestras acciones, y nos conformamos con haber desarrollado, caso por caso, en el presente y del mejor modo posible, capacidades para responder a las circunstancias. Últimamente apareció otra. Circuló rápidamente entre nosotros: les habría ocurrido a ustedes, los humanos, un milagro. No sería fruto del Cielo o de un descubrimiento realizado gracias a una casualidad, no, emana de su mismo espíritu y voluntad. Ustedes han encontrado, en todo caso, algunos entre ustedes se encomendaron a ello, una defensa definitiva que los libera de todas sus dudas, resolviendo todas sus contradicciones, preservándolos de la incertidumbre y las desdichas, y que pronto promete llevarlos hacia una eterna beatitud.

Vengo del océano, de los fondos arenosos. Me llaman Virgilio, en referencia a su príncipe de los poetas. Descendemos de un linaje común que, hace aproximadamente 650 millones de años, tomó caminos divergentes. Después de una etapa decisiva del proceso de evolución, mis ancestros lejanos se negaron a tomar la trayectoria a la cual ustedes sí consintieron, se negaron a ver cómo se constituían estructuras simétricas, de distribuciones ilimitadas y de formas homogéneas. Esta idea no les gustaba, les daba la impresión de que dicha osamenta, marcada por una armonía aparente, limitaría el horizonte de su experiencia, sus relaciones con los elementos, con sus semejantes y con las demás especies. Prefirieron pedir a la naturaleza que nos construyera cuerpos proteiformes, de conformaciones maleables, miembros proliferantes, órganos que ignoren las fronteras. Sin embargo, no consideramos que nos beneficiamos de una posición más ventajosa que la de ustedes, porque están en contacto, a partir de su constitución singular, con muchas otras riquezas del mundo. Ustedes las sienten bajo prismas diferentes, ustedes sienten las alegrías a la medida de ustedes, y esto forma parte de la variedad sin límite del universo.

¿Pero qué les pasó? Me lo pregunto. No dejamos, junto con mis congéneres, de preguntárnoslo. ¿Por qué razón tantos entre ustedes se tomaron por Hamlet, que tuvo un cráneo entre las manos y se puso a meditar sobre su condición trágica? ¿Cómo llegaron a decir que este objeto –esta parte de ustedes, aquella que consideran que los vuelve capaces de tantos prodigios, de ecuaciones de lo más imprevisibles, de las obras más imaginativas, de las sonatas más emotivas, todo ese genio que piensan que los caracteriza más que a cualquier otra criatura–, en la medida en que estaban dispuestos a reproducirlo y otorgarle un poder infinitamente superior, entonces haría que ustedes mismos detentaran la panacea a todas sus dificultades? Esta pasión por ustedes mismos los habría llevado a buscar en ustedes el remedio definitivo a sus tormentos inmemoriales.

Quería hablarles a ustedes. Pero sepan que les hablo en nombre de los míos. En este instante, habría podido elegir enrollarme en un colchón de algas oscuras, errar en medio de pólipos luminiscentes o flirtear con alguno de mis pretendientes, pero una voz me obliga a hablarles en virtud de nuestra filiación común. Tomen mis palabras como una puesta en guardia. Harán con ellas lo que les plazca, puesto que no dejan de pretender preocuparse mucho por su libertad; en todo caso tenía que decírselas. ¿No piensan que los medios que han conseguido, en lugar de salvarlos de sus males y angustias, van a contribuir, por el contrario, a un debilitamiento de sus capacidades mentales, a un empobrecimiento de sus facultades sensibles, a una pereza general por culpa de los dispositivos a los cuales conceden tantas prerrogativas y poder? Sin embargo, como tantas criaturas de la naturaleza, ustedes están llenos de ingenio e inventiva y son capaces de muchas proezas. ¿No hay otra forma de intentar vivir mejor que inspirarse en modelos replegados sobre su propia constitución? ¿No consideran que este designio carece de espíritu y de audacia, de toda esta audacia que sin embargo los caracteriza? ¿Ignoran acaso que querer superar su propia condición con vistas a sustraerse a las propias imperfecciones, encarnizarse, como ciertos héroes antiguos tomados por la desmesura, en igualar a los dioses es ir hacia la pérdida? ¿Leyeron bien a Sófocles y toda la tragedia griega que, desde hace muy largo tiempo, les han hecho la advertencia –a nosotros también, porque somos curiosos respecto de sus obras y pretendemos extraer una enseñanza de todo–, de que, se haga lo que se haga, no se puede escapar a la fortuna? ¿No piensan que habría sido necesario, dado el estado tan sofisticado de su ciencia, buscar, por el contrario, deshacerse de ciertos de sus esquemas para agregarse agenciamientos totalmente diferentes, que habrían generado pensamientos inéditos, o los habrían hecho sentir sensaciones desconocidas, que los hubieran abierto a un enjambre de dimensiones insospechadas? En verdad, ¿no piensan que, más que haber sido invadidos por la extraña ambición de edificar una "inteligencia artificial", habrían debido concebir una "inteligencia extraterrestre", o subacuática, por ejemplo?

Entonces podrían, igual que nosotros, los cefalópodos, percibir los colores no ya bajo el único prisma de sus ojos, sino también bajo el de su piel, gracias a la presencia de cromatóforos en su capa superior. Toda su sensación de las cosas ganaría en profundidad y relieve. También podrían estar adornados de tintes que varíen en función de las flores, frutos, animales, objetos con los que entraran en contacto, dando testimonio así, por su aspecto caleidoscópico, de todo el mosaico del mundo. Incluso podrían, cuando ocurran crisis inútiles, en lugar de buscar batirse a sable y espada inútilmente, optar por un camuflaje, fundirse con el entorno y disfrutar sin parásitos de cada ocurrencia del presente. ¿Lo saben ustedes? Ya no tendrían un corazón sino tres, porque desde el comienzo presentíamos, con el saber que es el nuestro, que estar dotados con dos de los atributos del sentimiento habría generado pasiones contrarias difíciles de padecer, que un número proliferante de estos atributos nos habría hecho perder la cabeza. Es la razón por la cual hemos implorado la providencia de equiparnos con una composición ternaria, la única que puede garantizar una atención perfecta a cada objeto de nuestro apego, evitándonos así derramarnos en un romanticismo excesivo posiblemente destructor. Ustedes se entregarían entonces a experiencias amorosas de toda índole, no exclusivas unas de otras, y nunca afectarían el honor de nadie, ni sentirían culpabilidad y celos.

Estarían, según sus ganas o necesidades, provistos de una constitución que no tendría a primera vista ninguna forma definida, sin articulaciones y ángulos naturales, permitiéndoles entonces la máxima flexibilidad; cada uno de ustedes se podría convertir en Nadia Comăneci, la gimnasta rumana que, por primera vez en la historia, obtuvo una nota perfecta en los Juegos Olímpicos de Montreal en 1976. Tan elástico parecía su cuerpo que no encontraba ninguna resistencia y realizaba figuras dignas de un molusco. Podrían replegarse sobre ustedes mismos, convertirse en una bola compacta, entrar por completo en un carrito de supermercado o alojarse confortablemente en el baúl de un automóvil, por ejemplo. Tendrían ocho brazos alrededor de su boca que les permitirían experimentar en tiempo real una infinidad de combinaciones culinarias personalizadas, relegando a sus jefes con forma de estrella al rango de pálidos estudiantes aplicados. Y ustedes, que parecen venerar tanto sus neuronas y sinapsis hasta querer reproducirlas por miles de millones en chips de silicio con vistas a maximizar cada coyuntura, conforme a un objetivo tan pobremente conexionista, podrían verse gratificados con esas mismas neuronas y sinapsis y no solamente dentro de su cerebro sino también en la porción superior de su tubo digestivo, así como en sus brazos. Por fin aprehenderían lo real al margen de las inoperantes categorías binarias que proceden de una separación entre cuerpo y espíritu, viendo más que nunca sus capacidades sensibles y conceptuales evolucionar de modo concertado, abriéndose con felicidad a todos los espesores de la vida.

Nunca más tomarían, para ir de un punto al otro y luego volver, el mismo camino a la ida que a la vuelta. Descubrirían sistemáticamente nuevos territorios en cada una de sus escapadas. Ustedes, que no dejan de celebrar las virtudes de la reactividad, de la adaptabilidad y de la flexibilidad, en lugar de imponerlas con la finalidad de optimizarlo todo, vivirían por el contrario estas aptitudes naturales para ganar en libertad, desviándose sin demora de las situaciones que los desagradan y vibrando en plena concordancia con los elementos del cosmos. Habrían podido conocer esto y bastantes más cosas que yo mismo ignoro, dado que todos estos dispositivos se agregarían a sus cualidades existentes; seguirían siendo humanos pero que tienden, según sus caprichos o circunstancias, hacia un devenir pulpo. Sería una oportunidad tan hermosa de hacer metamorfosearse sus angustias y su pasión mezquina por el poder en los júbilos de los descubrimientos, las ganas de lo desconocido, la curiosidad por el afuera. Se encontrarían así dispuestos para responder sin reservas a la exhortación de Victor Hugo de "hacerse a la mar". Y entonces quizás ustedes evolucionen no tanto dentro de una sociedad pacificada sino viéndose recorrer el mundo a zancadas sin buscar sistemáticamente protegerse, ganarle a los demás y acumular tesoros.

Estoy ante ustedes, los queremos, muchas veces hablamos sobre ustedes, dado que nos visitan con frecuencia para observarnos o comprendernos mejor, y a veces en vistas a atraparnos para hacernos terminar en una salsa, o asados en sus platos. Sin embargo, no sentimos resentimiento alguno. Sí, sépanlo, quizás no sea demasiado tarde. Todavía les es posible abandonar su espejismo de réplica omnipotente de ustedes mismos para quizás reanudar el lazo, después de centenas de millones de años, con dimensiones que, finalmente, los liberarían de sus cadenas y permitirían realizarse en cuanto que seres hechos de tantas inteligencias. Un mito hawaiano, con justeza, me considera a mí, el pulpo, como el "sobreviviente solitario" de un mundo anterior. ¿Se los puedo decir? Este "mundo anterior" es fantástico, y no tanto por los fondos marinos en medio de los cuales deambulamos, sino por su obstinación en no perder jamás de vista ese soplo primero de vida cuyos garantes todavía somos. Querer sentirlo desde nuevas bases ampliaría súbitamente su horizonte de vida -al infinito-, poniéndolos, todo el tiempo que quieran, como frente a "al mar, al mar, siempre recomenzado" (Paul Valéry).

FUTUROS PRÓXIMOS

La corriente de eventos que conforman nuestra vida cotidiana adquirió en el último tiempo un nuevo y exótico tono. Cada vez con más frecuencia nos sorprendemos desenvolviéndonos en escenarios cuyas características parecen pertenecer más al mundo de la ciencia ficción que a lo que habitualmente interpretamos como realidad, y cuyas claves de comprensión parecieran venir a nosotros desde la proximidad de un futuro inminente antes que del pasado. El modo en que el trabajo y el consumo abandonaron su lugar y tiempo tradicionales para colonizar la totalidad de nuestras vidas, incluyendo aquellos momentos más íntimos y solitarios; el hecho de que la abrumadora mayoría de las preguntas que le hacemos al mundo tienda a resolverse en la superficie de contacto entre la yema de nuestros dedos y el teclado de nuestras computadoras; la inquietante mutación de la subjetividad en un perfil que cotidianamente rediseñamos y compartimos con los demás, y tantas otras manifestaciones del presente, nos invitan a reconsiderar las categorías con las que tradicionalmente pensamos a la sociedad, la política y el arte, y a crear nuevos conceptos allí donde aquellas hayan entrado en una suerte de desfasaje teórico respecto de los fenómenos que intentamos comprender.

El propósito de nuestra colección de ensayo, *Futuros Próximos*, es promover una escritura experiencial y cargada de afecto que extraiga sus formas de la íntima proximidad que mantiene con su objeto. Un tipo de crítica cultural expandida, de cualidad elástica, con flexibilidad para recibir materiales de fuentes diversas como la teoría política y la música pop, la filosofía y la cultura digital, el pensamiento sobre la técnica y las artes visuales, con el objetivo de elaborar un repertorio de recursos críticos que nos ayude a leer las transformaciones del mundo que nos rodea. Y, por sobre todas las cosas, a sobrevivir en él.

Este libro se terminó de imprimir en
julio de 2023 en Elías Porter y Cía. S.R.L.,
Plaza 1202, Ciudad de Buenos Aires, Argentina.